Ferdinand Schmidt

Burggraf Friedrich von Nürnberg

Geschichtliche Erzählung aus der letzten Zeit des 14. und der ersten Zeit des 15. Jahrhunderts

Ferdinand Schmidt

Burggraf Friedrich von Nürnberg
Geschichtliche Erzählung aus der letzten Zeit des 14. und der ersten Zeit des 15. Jahrhunderts

ISBN/EAN: 9783743630215

Hergestellt in Europa, USA, Kanada, Australien, Japan

Cover: Foto ©ninafisch / pixelio.de

Weitere Bücher finden Sie auf **www.hansebooks.com**

Geschichtliche Erzählung

aus der letzten Zeit des 14. und der ersten Zeit des 15. Jahrhunderts.

Von

Ferdinand Schmidt.

„Derhalben ist es rühmlich vnd zu loben, das man der Vorfaren Erbare thaten vnd Geschichten erstlich beschreibet, darnach die fremdden Historien erkündiget."
(Aus dem Jahre 1561.)

„Was dem bedrängten Reiche fehlt, —
Es ist ein Pfleger alles Heilsamen,
Ein Hort des Friedens und ein Hort des Rechts,
Ein ernster Rächer alles Uebermuths."
Uhland.

Zweite Auflage.

Berlin.
Verlag von Max Boettcher.

Vorwort.

C. Klüpfel bespricht in der Einleitung zu seinem „Weg=
weiser durch die Literatur der Deutschen, Nach=
trag 3" die geschichtlichen Romane und sagt, nachdem er über
eine Art derselben mit vollem Rechte den Stab gebrochen hat:
„Die andern stellen sich eine höhere Aufgabe, sie wollen
die Geschichtsforschung ergänzen, machen eigene Studien
für's Einzelne, und bemühen sich, die Auffassung, die
sich daraus ergiebt, die man aber nicht durch Belege
aus den Quellen, wie der Geschichtsschreiber sie braucht,
nachweisen kann, mit Hülfe der Phantasie darzustellen."
In den „Blättern für literarische Unterhaltun=
gen, Jahrgang 1844, S. 203" heißt es:
„Die Vergangenheit lehrt die Gegenwart verstehen und
umgekehrt. Deshalb sind der historische Roman
und das moderne Lebensbild zwei gleich wirkliche
und sich ergänzende Hälften der nämlichen objectiven
Dichtungsweise. Dem modernen Lebensbilde liegt es
ob, uns diejenigen geistigen Elemente zu versinnlichen,
die gerade unsere Zeit in Bewegung setzen. Vom
historischen Roman hingegen darf man mit Recht
verlangen, daß sein Stoff von einer solchen
Idee beherrscht werde, die der gewählten

Zeitepoche eigenthümlich und durch sie selbst bedingt sei. „Die geschichtlichen Verhältnisse und die lebende Idee müssen sich, wie Körper und Seele gegenseitig durchbringen. Die Philosophie und die Geschichte hat hier der Poesie schon vielfach in die Hand gearbeitet und wird es immer mehr und mehr thun."

In diesen beiden Aussprüchen liegen hohe Anforderungen für Den, der es unternimmt, eine geschichtliche Erzählung zu schreiben. Daß der Verfasser redlich gestrebt hat, ihnen möglichst zu genügen, kann er versichern; in wie weit sein Bemühen Erfolg gehabt hat, wird er von einsichtigen Beurtheilern erfahren.

F. H.

1.
Die Raben.

Ein leiser Wind war erwacht, durch den dichten schwarzen Kiefernwald ging ein unheimlich Brausen und Flüstern. Die Eulen kehrten heim vom nächtlichen Raubzuge, wetzten die blutigen Schnäbel und schlüpften in ihre Baumhöhlungen, um zu ruhen von dem Mordgeschäft. Seltsame Laute aus Haide, Sumpf und Rohr wurden hörbar. Alles schien von dem Nahen des Morgenlichts ein Vorempfinden zu haben. Wolf und Fuchs, Iltis und Marder eilten dahin, um nicht von den Strahlen der Sonne überrascht zu werden. Die Frösche, die in der ganzen Nacht nicht geschwiegen hatten, verstärkten ihr Concert. Die Vöglein in den Bäumen und in den Gebüschen mochten dies vernehmen; manches Haupt, das „unterm Flügel geruht" hatte, erhob sich. Die Rothkehlchen im Erlengebüsch verließen zuerst ihre Sitze; noch deckte Dämmerung die Erde, und schon hüpften sie wie Schatten auf und ab, hin und her. Dünner und dünner ward der nächtliche Schleier.

Plötzlich blitzte ein Lichtstrahl über den Wald dahin und traf den Wipfel des höchsten Fichtenbaumes. Wunderbar rauschte es in dem vergoldeten Gezweige, das ein Rabennest barg. Vier Junge befanden sich im Neste. Als sie kleiner gewesen waren, hatte die Mutter des Nachts auf ihnen gesessen und sie mit ihrem Federkleide gedeckt. Doch war sie endlich von den herangewachsenen Kindern verdrängt worden und hatte sich entschließen müssen, auf dem Rande des Nestes ihren Sitz zu nehmen. Jetzt erhob sie ihr schwarzes Haupt mit den schwarzen, klugen Augen. Ihr erster Blick fiel auf die Jungen, die, dicht an einander geschmiegt, in tiefem Schlafe ruheten. Sie beugte sich über sie, schauete jedes derselben einzeln an und betüpfte es leise mit dem Schnabel. Zufrieden mit dem Ergebniß ihrer Beobachtungen, schauete sie nach dem schwarzen Gemahl, der auf einem nahen Zweige noch fest schlief. Der Rabenvater, der viel mit der Herbeischaffung der Speise für die junge Brut zu thun hatte, pflegte des Morgens etwas länger zu ruhen, als sonst, so daß die sorgsame Hausmutter ihn gewöhnlich wecken mußte. Heut hätte sie in ihrem mütterlichen Eifer beinahe einen großen Fehler begangen. Sie wollte den Gemahl wecken, ohne ihren Anzug geordnet zu haben. Zum Glück gedachte sie noch zur rechten Zeit daran. Nun wurde gezupft und geglättet und geordnet und geölt, und zwar mit einer größeren Kunstfertigkeit, als sie jemals von einer Kammerzofe geübt worden ist. Der Schnabel diente ihr zugleich als Kamm, Bürste, Scheere und Hand, und gar bald glänzte unsre Hausfrau im schwarzen Atlaßkleide und war glatt und sauber vom Schnabel bis zu den Zehenspitzen, ohne einen Spiegel gebraucht zu haben.

Nun schwang sie sich auf den Ast, auf dem der gestrenge Hausherr saß, und gurgelte diesem einige liebkosende Worte zu. Der Rabenvater erwachte und war augenblicklich bereit, seiner Pflicht nachzukommen. Er ordnete sein schwarzes Kleid ebenfalls und flog darauf hinweg. Den Kopf bald rechts, bald links drehend, hatte er gar bald für seinen Schnabel und für die Schnäbel seiner

Jungen etwas ausgewittert. Eine kleine Strecke flog er noch, setzte er sich auf einen Eichbaum nieder, unter dem in einer dann Blutlache das zum größten Theil abgenagte Gerippe eines Pferdes lag. Sattelzeug, Zaum und ein Reisesack waren zur Seite gezerrt worden. Offenbar hatten Wölfe das Pferd in der vergangenen Nacht zerrissen. Der Rabe machte sich mit Eifer an's Werk, riß kleinere Fleischstücke, die noch an den Knochen hängen geblieben waren, ab, sättigte sich und flog dann mit einem Vorrath für seine Jungen zurück. Als die Rabenmutter ihn sah, weckte sie ihre Jungen, die unter lautem Geschrei ihre Schnäbel sogleich emporstreckten. Nachdem sie geatzt worden waren, flogen beide Alte nach Speise aus'. Sie fanden auf dem Gerippe bereits eine ganze Schaar von Raben, und da die Knochen von den neuen Gästen bereits leer gemacht worden waren, verständigten sie sich in ihrer Sprache dahin, neue Beute aufzusuchen. Ihr scharfer Geruchssinn führte sie auf den Pfad, auf dem das Pferd gekommen war. Dicht über dem Boden dahin fliegend und die Köpfe niederhaltend, verfolgten sie denselben. Er führte kreuz und quer durch dichte Haide. Endlich gelangten sie auf einen Waldweg, und als sie denselben eine kleine Strecke verfolgt hatten, erblickten sie unter demselben eine liegende Menschengestalt. Ein grauer Mantel umhüllte sie bis über die Augen, die bleiche Stirn war frei, neben dem Haupte lag ein Lederhelm. Die rechte Hand des Mannes, die aus dem Mantel hervorsah, hielt ein Schwert am Knaufe; bleich wie die Stirn war die Hand; an dem Baume lehnte ein Speer. An einem der unteren Aeste des Baumes hing ein Stück eines zerrissenen Zaumes, der Boden war von Pferdehufen zerwühlt.

Als die Raben die Gestalt am Boden erblickt hatten, waren sie erschreckt emporgeflogen. Auf einem Aste sitzend, schaueten sie nun herab und stellten ihre Beobachtungen an.

Sie kümmerten sich nicht um Helm und Mantel und Schwert, ihnen kam es vielmehr darauf an, zu wissen, ob der dort Liegende dem Tode und damit ihnen als Beute verfallen sei, oder nicht. Sie mußten ihrer Sache nicht sicher sein, sonst wären sie nicht so vorsichtig von Ast zu Ast hinab gehüpft, sondern hätten sich ohne Weiteres auf die Beute niedergelassen. Endlich hatten sie den Boden erreicht, gingen, von Zeit zu Zeit stehen bleibend und horchend, näher und begannen den Mann leise mit dem Schnabel zu berühren.

Jetzt hüpfte der kühnere Gemahl auf die Brust des Mannes. Da aber bewegte sich plötzlich das Gewand, das Tod und Leben umschlossen hielt, die Raben flogen mit einem jähen, rauhen Aufschrei empor, und aus der grauen Umhüllung erhob sich ein frisches, blondgelocktes Kindeshaupt.

Das Kind — es war ein kleiner Knabe in schmucken Kleidern — arbeitete sich ganz heraus und schauete verwundert überall umher. In solcher Umgebung mochte er noch nicht erwacht sein. Den am Boden ruhenden Mann kannte er. Derselbe hieß Kaspar und war einer der Dienstleute seines Vaters. Der Knabe zog dem Knechte den Mantel vom Gesicht, und es war fast, als erschrak er über das bleiche Aussehen desselben. Er berührte die Schulter Kaspar's und rief ihn bei Namen.

Keine Antwort, keine Regung.

Er ist noch so müde, dachte der Knabe; mag er noch schlafen!

Sich erhebend, schauete er umher im Walde. Wie rothes Gold schimmerte das Morgenlicht an den Stämmen der Fichten. Die Vöglein suchten, in den verschiedenartigsten Tönen singend und rufend, ihr Morgenbrot. Goldhähnchen und Meisen hingen an den stachlichten, frischgrünen Fichtenzweigen. Baumläufer spazierten an den Stämmen hinauf, ein Eichhörnchen raschelte zur Seite im Laube, setzte sich auf die Hinterbeine und streckte lauschend seine buschigen Ohren empor. Solches Anblicks hätte sich Joachim sonst wohl erfreut, heut aber war ihm bange zu Muthe, denn die schwarzen Gesellen, die bei seinem Erwachen mit heftigen Flügelschlägen und durchbringendem Geschrei vor ihm aufgeflogen waren, schaukelten sich in den Wipfeln der Fichten, und herunter tönte es schauerlich: „Grab! Grab!" — Joachim rief den Knecht wieder und zwar noch lauter und ängstlicher, als das erste Mal, aber er erhielt auch jetzt keine Antwort. Der Knabe setzte sich unter dem Baum nieder und begann zu weinen. Seine Bangigkeit steigerte sich, ob er gleich immer noch meinte, der Knecht schlafe. Bald meldete sich indeß der Hunger bei ihm. Vielleicht giebt's Beeren in der Nähe, dachte er, stand auf und ging weiter in den Wald hinein.

„Grab! Grab!" ertönten der Raben Rufe ihm nach.

2.
Schnapphähne.

Schwarze Nacht lag auf der Erde, die Sterne am Himmel blinkten wohl, aber kein Strahl durchdrang die Wipfel der hohen Fichten. Nichts war zu vernehmen, als ein unheimliches Rauschen und Aechsen und Knarren in den Zweigen und Aesten und dazwischen von Zeit zu Zeit der dumpfe Ton der Rohrdommel und der vereinzelte Aufschrei des Todtenvogels. Viele Stunden in der Runde war keine Stadt, kein Dorf in diesem brandenburgischen Fichtenwalde.

Nahe an einem Hohlwege brannte ein Feuer. Wilde Gestalten saßen und lagen rings umher. Die lodernden Flammen beleuchteten schauerliche Gesichter, von Wetter gebräunt, einige derselben mit Narben oder mit frischen, noch blutrünstigen Schmarren gezeichnet, Gesichter, die geeignet waren, Grauen zu erregen. Einige der Männer hatten halbverrostete Harnische um, andre Schienen an Armen oder Füßen; Der trug eine eiserne Haube, Jener eine von Leder, ein Dritter eine Pelzkappe, die Meisten aber waren baarhäuptig. Der Anführer der Bande hatte ein gutes Schwert an einer Stahlkette hängen. In den Gürteln trugen fast Alle Beile, an einigen derselben klebte Blut. Auf dem Haidekraut lagen Säbel, Schilde, Arm=

brüste, auch ein Knüttel mit scharfer Eisenspitze, eine Art
Morgenstern; Spieße lehnten an den Bäumen.

Jetzt vernahm man einen kurzen, durchdringenden Pfiff.

An die Arbeit! rief der Hauptmann.

Alles sprang auf und griff zu den Waffen. Husch! husch!
stoben die Mordgesellen dahin und verschwanden in dem Dunkel
— es mußte wohl Alles vorher angeordnet worden sein. Nur
Einige machten sich noch ein Weilchen auf dem Lagerplatze zu
schaffen, indem sie in dem Boden wühlten und das Feuer mit
Erde löschten.

Eine kurze Zeit verging. Da gesellte sich zu dem Aechsen
und Knarren der Zweige ein Aechsen und Knarren anderer
Art, das, wie es schien, von schwerbeladenen Wagen kam.
Es war so. Die Wagen näherten sich dem Hohlwege. Voran
ritten drei Bewaffnete. Jeder der Wagenführer saß auf einem
der sechs starken Zugpferde, an der Seite hing ihm an einer
Lederscheide ein Messer. In dem ersten der Wagen, deren
Zahl fünf betrug, befanden sich drei Kaufherrn aus Frankfurt
an der Oder. Zwei derselben schliefen, der dritte hielt einen
Rosenkranz in der Hand und betete. Es galt, diese mit Kauf=
mannsgütern beladenen Wagen nach Berlin zu führen — ein
für die damalige Zeit wahrlich nicht leichtes Unternehmen! —
Zwar befanden sich im Ganzen sechs schwerbewaffnete, kriegs=
tüchtige Männer beim Zuge, indessen wußte ein Jeder, daß
zwischen Alt=Landsberg und Berlin mehrere größere Banden
von Schnapphähnen hausten, gegen die eine so geringe Zahl
von Helfern nicht ausreichten.

Jetzt war die Stelle erreicht, in der der Hohlweg sich zu
senken begann. Hier lichtete sich der Wald ein wenig. Nie=
mand im Zuge ahnte, daß der Ausgang des Hohlweges mit
Steinen und abgehauenen Fichtenstämmen versperrt sei. Plötz=

lich krachte eine Armbrust, und gleich darauf gab es einen
scharfen Schlag. Die Teufel können selbst im Finstern treffen!
Einer der Reiter wankte, dann stürzte er nieder, daß der Har=
nisch klang. Sein Kamerad sprang vom Rosse und zog den
Schwergetroffenen, der keinen Laut von sich gab, auf die Seite,
riß sein Schwert aus der Scheide und kehrte sich gegen das
Gesträuch, von dem die aufsteigende Wand des Hohlweges
bewachsen war. Indeß bohrte sich ein neuer abgeschossener
Bolzen einem der Pferde des ersten Wagens in die Seite,
daß es wie toll aufsprang, vorwärts arbeitete und auch die
übrigen Pferde wild machte. Vergebens mühte sich der auf
dem Handpferde sitzende Wagenführer, das Gespann zu bän=
digen — es raste mit dem schweren Wagen dahin, so daß
der vorderste Reiter zur Seite geschleudert ward. Eben war
dem zweiten Wagenführer ein Bolzen dicht vor dem Haupte
vorüber gesaust. Als er nun bemerkte, wie der erste Wagen
plötzlich hinweggerissen ward, glaubte er, der Fuhrmann treibe
die Pferde, um sich der offenbaren Gefahr durch die Flucht
zu entziehen, und er meinte nun, dasselbe thun zu müssen.
Aber obgleich ihn der vorübersausende Bolzen ein wenig ver=
wirrt gemacht hatte, vergaß er der nachfolgenden Kameraden
nicht. In die Pferde peitschend, rief er, sich im Sattel halb
umwendend: „Strauchdiebe! Strauchdiebe! Halloh! vorwärts!"

Aber welch ein Höllenlärm erhob sich jetzt von allen Seiten!
Das Echo war es nicht, denn es ertönten ganz andere Laute
und Rufe, als die eben gehörten. Das brüllte, kreischte
und heulte, als ob Haufen der wildesten Thiere von allen
Seiten wuthschnaubend herbeistürzten. Da hätten die Fuhr=
leute sich freilich gar nicht bemühen brauchen, die Rosse an=
zutreiben — sie liefen schon selbst genug. Aber darauf war
es von Seiten der Angreifer sicher auch abgesehen! Plötzlich

bemerkte der erste Wagenführer dicht vor sich etwas von dem Verhau. Wagen und Pferde waren auf dem sich senkenden Wege in Schuß, des Wagenführers verzweifelte Anstrengungen, die Pferde zu zügeln, vergebens. Noch einen Augenblick, und es gab einen Schlag und ein Krachen und ein Aechsen. Hoch= auf stand die Deichsel, der Wagenführer war zur Seite ge= schleudert worden, die Pferde, mehr oder weniger schwer ver= letzt, lagen zwischen und auf den Steinen und Bäumen, der Wagen, dem ein Vorderrad gebrochen war, hing zur Seite, aus dem Innern des Wagens erscholl der Wehruf der Kauf= herren.

Der Einbildungskraft der Leser bleibe es überlassen, es sich auszumalen, was mit den übrigen Fuhrwerken geschah, die alle hinter einander hergejagt kamen. Ein verzweifelter, aber vergeblicher Versuch, anzuhalten, oder rechts und links — obgleich es an dem erforderlichen Raume fehlte — auszu= biegen, das war Alles, was die Fuhrleute in dem Augenblick thun konnten, in welchem sie mit Schrecken ihren Vorder= wagen gehemmt sahen. Die fünf Wagen, die zum Theil schwer verwundeten Leute, die am Boden liegenden oder sich verzweifelt zum Aufkommen anstrengenden Rosse und die nun von beiden Seiten mit lautem Geheul herbeistürmenden Räuber — das Alles bot ein gräuliches Bild der Verwirrung dar. Niemand dachte an Widerstand, als die drei Bewaffneten, die den Zug schlossen. Doch da auch ihnen, wie den übrigen Männern der in seiner Art unerhörte Vorgang die Zuversicht geraubt hatte, und sie auch nicht unterstützt wurden, so war ihr Widerstand nur gering. Einen der Räuber hieben sie zu= sammen, aber von allen Seiten umringt, suchten sie alsbald ihr Heil in der Flucht. Auch einem der Kaufherren gelang es in der Verwirrung, zu fliehen; seine beiden Standesgenossen, wie auch die Wagenführer und die beiden zurückgebliebenen Reiter wurden gefangen genommen, nach der Feuerstelle geführt und mit Stricken an Bäume gebunden. Einige der Räuber blieben zur Bewachung zurück, die übrigen zündeten Fackeln an und begannen die Wagen auszuplündern.

3.
Der Franziskaner.

Mehrere Stunden schon arbeiteten die Wald-Ameisen an ihren gethürmten Gebäuden, die Vögel hatten ihre Frühkost längst verzehrt, Hirsche durchstreiften nach allen Richtungen das Dickicht, im Luch standen Rehe und wählten sorgsam weiche Gräser aus, fleißige Bienen, gelbliche Wachshosen tragend, umsummten das blühende Haidekraut — es war Alles wach, was in der lauen Sommernacht geschlafen und geträumt hatte. Nur unter einer großen Buche lag auf dem braunen Laube ein Kind und schlief. Joachim war es, der gestern von seinem todten Kaspar hinweg gegangen war und sich nicht wieder zu ihm zurück gefunden hatte. Wie mochte der Knabe sich am Abende vorher geängstigt haben, ehe er, müde vom Weinen, Rufen und Wandern, hier niedergesunken und eingeschlafen war! Und doch lag Frieden auf seinem Angesichte. Gewiß hatte ihm der Traum süße Bilder vorgeführt — den Vater im schimmernden Stahlgewand und der wehenden Feder auf dem Helm, die hohe Mutter mit den Augen voll Liebe! Neugierig gukten Eichhörnchen und Drossel auf das Kind, eine grüne, im Sonnenlicht schimmernde Eidechse rannte über seine Hand, ja eine Schlange — es war zum Glück eine ungefährliche Ringelnatter — wand sich unter einer Buchenwurzel empor und näherte sich dem Knaben. Nachdem sie an einem der hellen Thautropfen, die an des Knaben blonden Locken hingen, gezüngelt hatte, richtete sie plötzlich das Haupt empor, schlüpfte dann schnell hinweg und verschwand im Haidekraut. Auch das Eichhörnchen rannte am Stamm hinauf, und die Drossel flog in die dichtbelaubte Krone der Eiche. Sicherlich hatten die Thiere das Geräusch der nahenden Räuber vernommen, die mit ihren Gefangenen und der Beute daherkamen.

Da sahen die Räuber den Knaben. Was ist das? sagte der Hauptmann und schauete überall umher, als vermuthe er noch andre Personen in der Nähe. Hiernach gab er einem Räuber ein Zeichen, den Knaben herbeizuholen.

Joachim fühlte sich emporgehoben, schlug die Augen auf und sah vor sich ein gräuliches struppiges Menschenhaupt. Der Räuber schauete den Knaben mit freundlichem Grinsen an, dieser aber begann zu weinen und stemmte, sich abwendend, Jenem die Hände gegen den Hals.

Sei still! herrschte der Hauptmann den Knaben an, nahm ihn auf den Arm und suchte ihn durch freundliche Worte zu beruhigen.

Wie heißest Du?

Joachim.

Wie heißet Dein Vater?

Keine Antwort.

Wie nennen sie ihn? Wie sagen die Leute zu Deinem Vater? —

Der fünfjährige Knabe kannte den Vatersnamen nicht; er hätte blos sagen können: der Vater heißt Vater und die Mutter Mutter.

Führ' mich heim! sagte Joachim.

Ja, wo ist Dein Heim? Wie heißt Deines Vaters Haus?*)
Das wußte der Knabe auch nicht.
Wer brachte Dich hierher?
Der Kasper.
Wo ist er?
Weit weg. Die Raben wollten ihn beißen.
Es ist ein feines Büblein, ein Herrenkind, sagte der Haupt=
mann zu seinen Leuten.
Thut's auf den Karren, gebt ihm zu essen, und dann
müßt Euch, es heraus zu bringen, wer sein Vater ist. Das
gäbe ein gutes Lösegeld! —
Der Zug ging auf dem Diebspfade weiter. Jeder der
Kaufleute, die die Köpfe hängen ließen, war auf 20 Schock
böhmischer Groschen**) abgeschätzt worden, die als Lösegeld
von den Ihrigen für sie erlegt werden sollten. Den Wagen=
führern und Reitern hatte man Pferde, Waffen und Baar=
schaft genommen und sie dann laufen lassen.
Jetzt erblickten die Räuber einen Franziskanermönch, der
eilig seitwärts ging, als wünsche er ungesehen hinwegzukommen.
Ein lauter Zuruf des Hauptmanns brachte ihn zum Stehen.
Er trug einen langen Mönchsrock mit Kapuze von braun=
grauer Farbe. Um den Leib war ein Strick geschlungen, in
dem ein Rosenkranz mit einem Kreuze hing. Die Rechte
führte einen langen Stab, und die Linke hielt einen groben,
ziemlich angefüllten Sack, der ihm über den Rücken hing.
Der Franziskaner kam auf den Wink des Hauptmanns
herzu. Was machst Du in meinem Revier? herrschte dieser
ihn an. Du bist gekommen, um zu kundschaften, daher wollen

---

*) Siehe Anm. 1 am Schluß der Erzählung!
**) Siehe Anm. 2!

wir kurzen Prozeß mit Dir machen und Dich an Deinem Stricke an den ersten besten Baum hängen!

Heiliger Franziscus, stehe mir bei! entgegnete, bleich werdend, der Mönch. Ich und kundschaften! Ich war in Alt-Landsberg und auf einigen Schlössern, um Almosen für unser Kloster in Berlin einzusammeln, und bin nun auf dem Rückwege in die Irre gerathen. Gute Leute, zeigt mir den Weg und laßt mich in Frieden von dannen ziehen!

Hoho! Wer in mein Revier kommt, der wird geschoren. Haare mußt Du lassen! Den Ranzen herunter und aufgemacht!

Dem dicken Mönch traten die Schweißtropfen auf die Stirn. In seiner Angst rief er: Willst Du ewiglich brennen im Sündenpfuhl? Willst Du sieden in Theer, Pech und Schwefel? Was ich bei mir habe, ist Kirchengut, — ach, es ist nicht viel! Wer sich daran vergriffe, deß Sünde wäre so groß, daß sie durch alles Meerwasser nicht abgewaschen werden könnte!

Der Hauptmann hatte sich indeß schon eines Bessern besonnen. In einen freundlichen Ton fallend, sagte er: So sollst Du uns Beichte abhören und uns die Sünden vergeben. Willst Du das?

Heiliger Franciscus! ja, das will ich thun! entgegnete der Mönch hoch aufathmend. Dann fügte er hinzu: Und wenn Ihr dann ein Einsehen habt und mir für mein Kloster etwas verehrt, so lese ich mit meinen grauen Brüdern eine Messe für Euch, wenn Euch einmal — ein Unglück widerfahren sollte. —

Nu, nu, sie haben uns noch nicht! Freilich, unser Beruf hat seine Gefahren, und man kann an den Strick kommen, ehe man's denkt. Doch wir wollen hier Halt machen, um unser geistliches Geschäft vorzunehmen. Ist's vorüber, so essen wir einen Bissen und trinken ein Schlücklein dazu.

Wohlgesprochen! entgegnete der Mönch mit erheitertem Angesichte. Sich jetzt vollkommen sicher fühlend, fuhr er fort: Ihr lagert Euch hier, ich aber werde auf jenem Stein niedersitzen, und dann kommt Einer nach dem Andern zu mir und wir machen das Geschäft ab. Du, Hauptmann, als der Vornehmste der Sünder, Du fängst an!

Mit martialischen Gesichtern gingen jetzt die Mörder einzeln zum Mönch und kehrten bald erheitert zurück. In kurzer Zeit war die Sache abgethan, und die Gesellschaft saß schmausend beisammen. Die Räuber hatten einen guten Vorrath von Fleisch, Brot und Bier bei den Kaufherren gefunden.

Was habt Ihr für einen Zug am Leibe! sagte der Hauptmann. Ich denke, Ihr lebt in Eurem Kloster von Hunger und Durst?

Eben, weil wir im Kloster von Hunger und Durst leben! entgegnete der Mönch. Kommen wir dann einmal zu Leuten, die etwas haben und die damit nicht geizen, dann . . .

Holt Ihr's nach! Hahaha! Na, nur zu, ich gönn's Euch! Eßt und trinkt, daß Euch die Schwarte knackt! Schenk ein, Schlagtodt! Faullenzer, paß' auf! — Ha, so hat mir's lange nicht geschmeckt! Es saß einem doch so manches Sündhafte an; daher kam's. Das wär' man jetzt los. Hol's der Henker, was sollte man wohl machen, wenn es keine Priester gäbe! Man könnte ja zuletzt das Sündenzeug gar nicht mehr erschleppen! Nun ist man wieder einmal rein, als ob man eben aus der Wäsche gekommen wäre . . .

Um wie frische Wäsche an die Leine gehängt zu werden? lachte der Mönch.

Anton, es geht Dir an den Kragen, wenn Du mir die Freude verdirbst! — Na, Du bist ein lustiger Bruder und hast Risse und Kniffe in Deinem Kopf. Ha, Ihr Gesellen, unser Anton, unsre Glatze soll leben!

Alles schrie, daß es weithin schallte.

Die Kaufherrn waren ein wenig bei Seite geführt worden; man hatte auch ihnen etwas zu essen und zu trinken gegeben.

Ihr scheint einen guten Fang gemacht zu haben, sagte Anton. Bekämen die eblen Herrn davon Wind, — sie würden Euch das sehr übel nehmen! Sie wollen allzumal die besten Bissen für sich haben!

Freilich, aber wir wollen auch leben und fragen dem nicht nach! Wenn wir nicht einmal an Kaufmannsgüter gehen sollten, was bliebe uns dann? Hier und da ein armseliger Wandersmann mit einem Päckchen unterm Arm; — wer kann davon bestehen? Euch dürfen wir nichts nehmen von wegen der Höllenqualen, denn Ihr vergebt wohl Sünden, die wir gegen Andere, nicht aber Sünden, die wir an Euch begehen. In diesem Punkte seid Ihr nun einmal, wie aller Welt kundbar ist, ein unbarmherzig Volk! Aber wie ich sagte, dem Adel fragen wir nicht nach. Er besitzt Mittel genug, sich auf andre Art zu nähren. Er hat das Fehderecht und kann es gegen Land und Leute anwenden, so oft es ihm beliebt.. Was hier durch die Wälder läuft, das müßte er eigentlich von Rechts wegen uns allein lassen. Aber wo herrscht jetzt Recht? —

Das Bier ist gut, sagte der Mönch und setzte den Krug an. Nachdem er sich den Mund gewischt hatte, fuhr er fort: Alles hat seine Zeit, hat ein weiser Mann gesagt. Jetzt ist es nicht Zeit zu streiten, sondern Zeit, lustig zu sein. Da fallen mir eben einige Schnurren ein. Habt Ihr Lust, sie zu hören?

Von allen Seiten forderte man ihn auf, zu erzählen.

Nun gab der Mönch einige höchst unfläthige Geschichten zum Besten und erntete den allgemeinsten Beifall ein. Eine bestialische Lustigkeit hatte die Gesellschaft ergriffen. Ein

Räuber holte eine Fiebel hervor und begann, hin und her
springend, darauf zu kratzen. Bald tanzte das tolle Volk
zu Zweien, und mitten darunter mit Jauchzen und Gröhlen
der Hauptmann und der dicke Mönch, die sich an den Schul-
tern gefaßt hielten.

Endlich war dem Mönch der Athem ausgegangen, und
er setzte sich schweißtriefend auf den Stein, auf dem er kurz
zuvor die Beichte abgehört hatte. Während er sich wieder
erholte, ging der Hauptmann zu einem Karren und kam mit
zwei dicken Wachslichten zurück. Lustige Glatze, sagte er,
hier bring' ich auch etwas für Dein Kloster.

Der Mönch griff mit beiden Händen nach den schönen
Kerzen.

Aber höre, fuhr der Hauptmann fort, Du stellst sie vor
die Mutter Maria. Versprichst Du mir das?

Es soll geschehen, so wahr ich Anton heiße!

Doch zu welcher Zeit werden sie angezündet?

Wann Du willst, Tag oder Nacht.

In der Nacht treibe ich mein Gewerbe. Sorge also, daß
sie stets zur Zeit der ersten Frühmette angezündet werden.

Es soll geschehen, und es wird Dir zu dieser Zeit nie
etwas Uebles widerfahren!

Jetzt veränderte der Mönch plötzlich wieder Geberde und
Ton der Stimme. Sich emporrichtend, begann er: Bei uns
heißt es:

Der Minorit soll nit studier',
Der Bettelsack ist seine Zier,
Und kann er's, mag er preb'gen schier!

Dieweil ich es nun vermag, zu predigen, und dieweil Alles,
wie gesagt worden ist, seine Zeit hat, muß ich auch noch
einmal als Priester zu Euch reden. Nieder mit Euch, ihr

Mordgesellen, beuget Eure Nacken, beuget Eure Knie vor einem geweihten Priester!

Weder der Hauptmann noch seine Gesellen zeigten Lust, der Aufforderung des Mönches nachzukommen. Als derselbe aber, indem er seinen Rosenkranz mit der Rechten emporhob, Latein zu radebrechen begann, da knieten die Räuber nieder, falteten die Hände und stierten zu Boden.

Der Mönch schloß seinen Sermon mit einem Segen, worauf er die Wachskerzen in seinen Sack that, denselben vorsichtig auf seinen Rücken nahm und sich anschickte, hinwegzugehen.

Dem Hauptmann die Hand reichend, sprach er: Befiehl einem von Deinen Leuten, mir den rechten Weg zu zeigen!

Es soll geschehen. Doch auch Du sollst mir einen Gegendienst erweisen. Wir haben ein Kind gefunden und können's nicht herausbringen, wohin es gehört. Es ist uns im Wege, darum nimm Du es mit und mach' mit ihm, was Dir beliebt.

Kurze Zeit darauf wanderte der Mönch mit dem Knaben durch den Wald dahin.

4.

Der Pilger.

Die Sonne stieg höher; es wurde heiß im Walde, in dem das Laubholz nur sehr vereinzelt stand. Der Mönch hatte ebenfalls von dem Knaben herauszubringen versucht, woher er sei, oder wie sein Vater heiße, aber auch ihm war es nicht gelungen.

Da hat man sich nun was auf den Hals geladen! brummte er vor sich hin, und Joachim sah ängstlich empor.

Die Hitze nahm indeß zu, und der Weg wurde schlechter. Die Luft war angefüllt von dem Harzdufte der Kiefern, eine unheimliche Stille ruhete auf dem Walde, hier und da nur ließ sich das Hämmern eines Spechtes vernehmen. Immer mühsamer ward das Wandern. Hier sank der Fuß tief ein in den heißen Sand, dort auf der dürren Moosdecke, die reichlich mit glatten Fichtennadeln bedeckt war, glitt er aus. Längst schon wurden beide Wanderer, der Franziskaner und das Kind, vom Durst gepeinigt, aber nirgends fanden sie einen Quell, der ihnen Labung geboten hätte. Hin und wieder trafen sie ein stehendes Wasser, das aber nicht trinkbar war, und aus dessen schmutziger Decke graue Frösche ihre Köpfe streckten und sie dumm anglotzten.

Wir sind bald zu Hause! sagte der Mönch zu dem von

Schweiß bedeckten weinenden Knaben, wodurch derselbe einigermaßen beruhigt ward, da er meinte, nun bald zu Vater und Mutter zu kommen. Nahe war ein See, dessen Rand mit Eichen besetzt war. Dort gedachte der Mönch ein wenig auszuruhen. Bald sahen sie das blaue, glänzende Gewässer zwischen den Bäumen hindurchschimmern.

Am Wasser sitzen wir nieder und essen auch einen Bissen, sagte der unter seiner Last keuchende Mönch; auf sein Geheiß mußte ihm der Knabe die Holzsohlen tragen.

Jetzt hatten sie das Ufer des Sees erreicht. Als sie sich nun zur Rechten wandten, sahen sie einen Mann unter einem schattigen Eichbaum sitzen, der sich mit dem Rücken an den Stamm gelehnt hatte. Er trug ein langes Pilgergewand; ein Muschelhut, ein Rosenkranz, ein wohlgefüllter Ranzen und ein langer Stab lagen neben ihm im Grase.

Als der Pilger die Ankommenden sah, erhob er sich.

Gelobt sei Jesus Christus! sagte der Mönch.

In Ewigkeit! erwiederte der Pilger den Gruß.

Bald saßen die Männer bei einander und waren in lebhaftem Gespräch begriffen, während Joachim, indem er ein Stücklein Brot aß, nach den grünen und blauen Libellen schauete, die das leise lispelnde Schilf fröhlich umgaukelten, oder seine Blicke über den See schweifen ließ, auf dem wilde Enten in großen Schaaren umherschwammen.

Der Pilgersmann befand sich auf dem Wege nach Wilsnack. Ich gehe nun schon seit sechs Jahren in jedem Sommer dahin, sagte er.

Von wegen Deiner eigenen Sünden?

O nein, ich bin ein stellvertretender Pilger, ich gehe für Andre. Ich ging zum ersten Male für einen Grafen, der niederlag und erlahmt war an den Beinen, und da der Ablaß, den ich aus Wilsnack ihm brachte, ihn bald gesund machte, so kam Einer und der Andre und sagte: Geh' im nächsten Sommer für mich! — Dieweil man nun in Wilsnack Opfer bringen muß, so wählte ich Den, der am meisten bot. So blieb's, und ich gehe nun für Gesunde und Kranke, und wenn's nicht gleich hilft, so kommt's nach. Uebrigens, da ich ein so guter Kunde bin, erhalte ich für mich dann immer den Ablaß umsonst. —

Der Pilger hatte dabei seinen Ranzen aufgeschnallt und ein rundes irdenes Gefäß herausgenommen. Er reichte es dem Mönch, indem er ihn nöthigte zu trinken.

Der Mönch ergriff mit beiden Händen das Gefäß und that einen langen Zug. Du bist ein Goldmann! sagte er darauf, sich den Mund wischend und mit der Zunge schnalzend. Ha, hätte ich doch nimmermehr gemeint, zu solch einem Labsal heut noch zu kommen! — Er faltete die Hände. Dann fuhr er fort: O, das Wunderblut und Euer Glaube übt seinen Segen bis auf einen verschmachteten Franziskaner hier unter der Eiche aus! Wer jetzt noch Zweifel hegen könnte an dem Mirakel, der müßte von dem Teufel besessen sein! —

Du gehörst zum Berliner Kloster?

Ei freilich, und die Weihe hab' ich auch, wie Du an der Kapuze sehen kannst. Ah, setzte er, nach dem irdenen Gefäße schielend, hinzu, ich war gänzlich aufgelöst, halb ohnmächtig. Ist Dir's nicht unrecht, so gieß ich auch dem Kinde ein Tröpflein auf die Zunge!

Thu' es, Franziskaner, und trink' auch Du ohne Nöthigung! Langt's nur bis Berlin, so bin ich zufrieden. Dort im Rathskeller laß ich das Krüglein wieder füllen.

Daß Dich! rief der Mönch, indem er einige Ameisen von sich schüttelte. Laß uns eine andre Stelle suchen! Hätte ich die Macht unsers heiligen Ordensstifters Franziskus, so müßten die Ungeziefer weichen und nicht wir!

Dem Pilger war es anzusehen, daß er den Sinn dieser Worte nicht verstand.

Du hast davon noch nichts vernommen? fuhr der Mönch fort, indem Beide sich auf einem andern Platze niederließen. So höre! Als der heilige Franziskus bei Citerna in Italien unter einer Eiche predigen wollte, so kamen unzählige Ameisen aus der Erde hervor. Da gebot er dem ihn umstehenden Volke, eine schmale Gasse zu machen, und auf dieser Gasse zogen die Ameisen auf seinen Befehl wie ein Heer — in Reih und Glied — ab.

Der Pilger gab seine Verwunderung zu erkennen.

O, fuhr der Mönch fort, unser heiliger Franziskus vermochte viel mehr noch als dies! Er heilete Aussätzige und Gichtbrüchige, machte Stumme redend, Blinde sehend. Das haben auch schon Andre vor ihm gethan; aber wer hat, wie er, einem, dem beide Augen ausgestochen worden waren, die Sehkraft wieder verliehen? Du staunst, und doch ist das noch nicht Alles! Der heilige Franziskus erweckte Todte, er erlöste Seelen aus dem Fegefeuer, er hob durch bloßes Anhauchen einen Mann — Maseus hieß dieser — in die Luft, weissagte, wußte die Gedanken der Ordensbrüder, machte einen dürren Stab grünen und schlug, wie Moses, mit einem Stabe Wasser aus dem Felsen.

Des Pilgers wiederholte Ausrufe und Geberden des Erstaunens reizten den Mönch, noch Anderes von dem Stifter seines Ordens zu erzählen. Seine Glorie, meinte er, umstrahle auch ihn, wie wir denn überhaupt neben gläubiger Hingabe und begeisterter Verehrung dem Bestreben, seine Kirche und seinen Stand und damit sich selbst möglichst hoch zu stellen, die Dichtung der großen Zahl fabelhafter Heiligen zu verdanken haben. Einst, fuhr der Mönch fort, predigte der heilige Franziskus in der Nähe eines Dorfes, als ein schreiender Esel ihn störte. Da rief er dem Thiere zu: Frater asine, orem te ut sileas, nec inturbes verbum Dei, quod sitienti huic populo propono! — Der Esel gehorchte, kam herbei und hörte, gleich allen Anwesenden, der Predigt aufmerksam bis zu Ende zu. Auf der Stelle, auf der dies geschehen, stehet jetzt ein Kloster. Ein anderes Mal störte ihn beim Predigen ein Mädchen, das die Cymbel spielte. Da rief er mit lauter Stimme: Tolle, tolle, Diabole, quod tuum est! und sogleich ward das Mädchen vor Aller Augen durch die Lüfte geführt. Eine Zeit lang hatte er ein Schaf, das mit den Mönchen die horas blöckte. Und noch Eins, Pilgersmann. Eine Heuschrecke kam auf sein Geheiß, setzte sich auf seine Hand und sang. Er gebot ihr, die laudes Dei zu singen, und das that sie so lange, bis er sie wegfliegen hieß. Sie kam eine Woche lang Tag für Tag. Am letzten Tage sprach er: Jetzt hast Du zur Ehre Gottes genug gesungen! — Sie flog hinweg und kam nicht wieder.

Welch einen Heiligen habt Ihr! sagte der Pilger. Da könnet Ihr wohl getrosten Herzens sein!

Sind wir auch! entgegnete der Mönch, indem er wieder nach dem Weingefäße griff.

Während er trank, fragte ihn der Pilger: Was war wohl die Ursache, daß der heilige Franziskus so hoch begnadigt ward?

Wer kennt aller Dinge Grund und Ursach? entgegnete der Mönch. Eines weiß ich, was wohl meist dazu mitwirkte: er war dem heiligen Vater unterthan, wie selten ein Mensch. Dir ist es bekannt, Pilgersmann, welche Entbehrungen unser Orden verlangt. Als nun Franziskus dem heiligen Vater die Ordensregeln zur Genehmigung vorlegte, warf dieser ihm die Schrift vor die Füße und sagte: Das sind Regeln für Schweine, nicht für Menschen! — Franziskus ging gesenkten Hauptes hinaus und bemerkte eine Sau in der Pfütze. Sogleich wälzte er sich in derselben Pfütze umher, ging dann zum heiligen Vater zurück, sank auf seine Knie nieder und sprach: Siehe, ich habe nach Deinem Worte gethan! Da erkannte alsbald der heilige Vater, welch ein Segen ein Orden werden müßte, der einen Gehorsam dieser Art sich zur Pflicht machte, und er genehmigte den Entwurf der Ordensregeln. So bestehet unser Orden seit zweihundert Jahren, unser berliner Kloster aber wurde im Jahre 1271, also gerade vor 120 Jahren erbaut.*)

Und Euer Kloster ist reich?

Der Mönch machte eine Bewegung, die eine entschiedene Bejahung ausdrücken sollte.

Und Alles durch den Bettel?

Zumeist. Hier und da hat eine gläubige Seele uns freilich auch ohne unser Zuthun Hab und Gut vermacht.

Einen vertraulichen Ton anschlagend, sagte der Pilger: Lebt Ihr denn nun bei Eurem Reichthum auch noch so elend, wie Eure Brüder vormals? Dabei reichte er dem Angeredeten das Gefäß hin.

Der Mönch, danach greifend, glotzte den Pilger einige Augenblicke starr an und sprach dann zögernd: Nun, so elend wohl gerade nicht, dieweil Alles seine Zeit hat! —

Er trank, es trat eine Pause ein. Dann fuhr er fort: Ich sag' es noch einmal: Dieweil Alles seine Zeit hat! Unser Ordensstifter hat gethan, was er sollte, ja mehr als dies. Er hat für unser Kloster einen Schatz von guten Thaten aufgehäuft, und die Ordensbrüder haben noch, so lange das Kloster arm war, ihre guten Werke dazu geliefert. Siehe, guter Pilger, daher kommt es, daß wir jetzt nicht mehr so darben dürfen,

---

*) Siehe Anmerkung 3 am Schlusse der Erzählung!

dieweil jene überschüssigen guten Werke unsre Schwächen decken, so deren vorkommen sollten. —

Der Mönch wurde immer offenherziger. Weshalb, fuhr er fort, sollte ich Dir's verschweigen? Ja, Pilgersmann, wir essen Eins und das Andere, was die Leute gute Speisen nennen, und wir trinken auch von dem Gewächs des Weinstocks, welches Getränk allgemein gelobet wird. Aber, guter Bruder, sage mir Eines: wird man's, wenn man immer gleich gut isset und trinket, nicht auch gewöhnt, so daß es nicht mehr als was Besonderes gilt, und fühlt man sich dadurch nicht elend, daß man sich noch bessere Speisen und Getränke vorstellt? — Aber laß uns aufbrechen. Es weht ein kühles Lüftchen vom See her, auch führt der Weg jetzt durch Laubholz.

5.
Ein Rittersmann.

Es wurde aufgebrochen; mehr und mehr äußerte der Wein seine Wirkung; die beiden Männer waren aufgeräumt und erzählten einander lose Streiche. Gleichsam um sich zu rechtfertigen, sagte der Mönch: Wo so viel bei Tage und bei Nacht gebetet wird, wie bei uns, da kann wohl dann und wann etwas mit durchschlüpfen, was nicht sein soll. —

Ei freilich, antwortete der Angeredete, wozu nützten dann überhaupt sonst auch unsre guten Werke und unsre Rosenkranzgebete? Sie löschen unsere Sünden weg wie ein Schwamm, so daß Satanas keine Rechnung mehr vorfindet und abziehen muß mit langer Nase. —

Da kam ein Bauersmann des Weges gefahren. Der mag das Kind nehmen! sagte der Mönch. Was soll ich mit ihm anfangen? Ich hab's ausgefragt, es aber auch nicht herauszubringen vermocht, woher es stammt. Höre, guter Bauersmann, halte an! So. Hier setz' ich Dir ein Kind auf Deinen Wagen. Es stammt von guten Leuten, das siehst Du ihm an. Du wirst dahinter kommen, wem es gehört, und da wird's eine gute Belohnung geben. Solltest Du's nicht herausbringen, so mag Dir's die Gänse hüten. So, nun fahre heim; mein Segen folge Dir!

Damit schritt er eiligst hinweg. Der Bauersmann sah bald das Kind an, bald nach den Männern, die, ohne umzuschauen, dahin schritten. Nach einigen Minuten aber nahm er den Knaben bei den Armen, setzte ihn auf die Erde, trieb dann seine Rosse an und fuhr davon. Nun rannte der weinende Knabe den Männern nach.

Als der Mönch das Kind kommen sah, rief er: Daß Dich die Pest! Warum läufst Du nicht hinter dem Bauer her? Ich kann Dich nicht brauchen! Fort, immer dem Bauer nach, bis Du kommst, wo er wohnt! Daß Du mir nicht folgst!

Der Mönch und der Pilger gingen schnellen Schrittes hinweg. Joachim blieb stehen, lief aber nach kurzem Besinnen den Männern dennoch wieder nach. Nun ward der Mönch zornig. Was willst Du, Hexenbrut? rief er dem schreienden Kinde zu, das sich an seiner Kutte festhielt. Ja, komm, ich will Dich in die Spree werfen, wie eine junge Katze, dieweil Du mir nicht vom Leibe bleibst!

Da wieherten Rosse, und zwischen den Bäumen daher kam ein Trupp Reiter, alle wohl bewehrt. Den Zug eröffnete ein Reitersmann, dessen kräftiger Bart schon gesprenkelt war; ihm zur Rechten und Linken ritten zwei Jünglinge. Harnische und Waffen blitzten, Reiherfedern wogten auf den vergoldeten Helmen. Das Banner, das einer der Leute trug, war roth und weiß, schräg getheilt, und hatte im rothen Felde einen weißen und im weißen Felde einen rothen Stern.

Was hast Du da mit dem Kinde? fragte der ältere Rittersmann in barschem Tone.

Der Mönch entgegnete, das Kind sei nicht sein, daher er's gern los sein möchte. In die Stadt dürfe er's nicht mitbringen, da die Thorwärter den strengen Befehl hätten, elternlosen Kindern den Eingang zu wehren. Ließe es dennoch nicht von ihm, so werde es vor den Thoren bleiben müssen, und sein Schicksal werde sein, in der Nacht von den Wölfen gefressen zu werden. Er habe dem Knaben geheißen, einem Bauersmanne nachzugehen, dem er die Gänse hüten könne, aber der Knabe wolle ihm nicht vom Halse. Was nun machen?

Auf weitere Fragen erzählte der Mönch, was er von den Räubern über das Kind gehört habe.

Der eine der jugendlichen Reiter, die offenbar die Söhne des Alten waren, sprach leise zu demselben. Der Alte nickte. Dann murmelte er: Ein Knecht floh ja mit dem Kinde. Sich hierauf wieder an den Mönch wendend, sagte er: Du wirst das Kind mit in die Stadt nehmen und sorgen, daß es irgendwo sein Brod isset! Wir treffen schon wieder einmal zusammen, — und dann werde ich Rechenschaft von Dir über das Kind fordern! Du kennst mich wohl?

Ja, gestrenger Herr, sagte der Mönch.

Nun, so richte Dich nach meinem Wort!

Damit ritt der Alte mit seinen beiden Söhnen und den Knechten hinweg.

Wer war der? fragte der Pilgersmann. Gewiß der Statthalter von Brandenburg?

Der Mönch schüttelte das Haupt.

Nun, so hast Du auch nicht nöthig, ihm zu gehorsamen! Ich wollte, es wäre der Statthalter gewesen! Dessen Befehle kann man schon eher auf die leichte Achsel nehmen!

So laß doch hören: wer war Jener?

Nun wer Anderes, als der alte Ritter Quitzow... Kennst Du das Quitzow=Banner nicht? Wenn der alte Raufbold sich etwas in den Kopf setzt, so handle einmal Einer dagegen! In der ganzen Mark wagt dies Niemand, selbst nicht der Statthalter! Daß dich! — Leiser sprechend, fuhr der Mönch fort: Dahinter steckt übrigens etwas! Sahest Du nicht, wie aufmerksam der Alte und seine Jungen auf das Kind schauten? und

vernahmst Du nicht auch die Worte: Ein Knecht floh ja mit
dem Kinde? Das wird einen Ueberfall und ein Todtschlagen
gegeben haben — ich wette darauf! Der Alte versteht sich
auf solche Geschäfte, und die Söhne, Dietrich und Hans, sollen
schon in ihren jungen Jahren wahre Eisenfresser sein. Nun,
aus eines Habichts Nest fliegen wieder Habichte aus. Aber
was mich wundert, ist, daß man doch noch ein Tröpfchen
Erbarmen mit dem Kinde hat — freilich ein sehr kleines
Tröpfchen. Denn sonst würde man ja selber etwas für das
Kind thun! —

In dieser Weise redete der Mönch noch Mancherlei.
Dann begann er zu überlegen, wie er den Knaben in die Stadt
brächte. Dies und Jenes, auf das er kam, erwies sich bei
näherer Ueberlegung als unausführbar. Endlich sagte er:
Pilgersmann, nun weiß ich, wie wir's machen! Du nimmst
den Inhalt meines Ranzens in den Deinen auf, ich aber stecke
das Kind in meinen Ranzen. Und dabei richten wir uns so
ein, daß wir bei einbrechender Dämmerung das Thor er=
reichen.

Gesagt, gethan. Eben rief der Thorwart des St. Georgen=
thores zwei Knechte herbei, um in Gemeinschaft mit ihnen die
von dicken Eichenbohlen gearbeiteten und mit gewaltigen eisernen
Bändern und Nägeln beschlagenen Thorflügel zu verschließen,
als der Mönch und der Pilger aus der sich bis in die Nähe
der Stadt hinziehenden Waldung hervortraten. Da hielten
Jene in ihrem Werke inne, bis die beiden Männer durch das
Thor eingegangen waren.

Ehrwürdiger Pater Anton, sagte der Thorwart, es war
die höchste Zeit! Wahrlich, es wäre mir leid um Euch ge=
wesen, wenn Ihr die Nacht vor dem Thore der Stadt hättet
zubringen müssen, zumal Ihr, wie ich sehe, schwer traget. Und
gar etwas Lebendiges im Sack?

Der Mönch that, als habe er nichts gehört und schritt eiligst die Georgen-, heutige Königsstraße hinab.

Das schleppt zusammen! brummte der Thorwart, verstimmt über die Schweigsamkeit des Mönches, diesem nach.

Was er nur haben mag im Ranzen? sagte das Weib des Thorwarts. Es bewegte sich doch.

Was wird's sein? entgegnete Jener. Vielleicht ein Ferkel.

Ei was Ferkel! Das würde sich durch Schreien verrathen. So ein dummes Vieh versteht ja neben dem Fressen und Fettwerden weiter nichts als Schreien, wenn ihm etwas Unbequemes widerfährt!

Nu, er kann ihm ja das Maul verbunden haben, daß es nur schnuffeln kann! S'ist übrigens auch möglich, daß er ein junges Reh oder Hirschkalb im Walde aufgelesen hat.

Indeß erreichte der Mönch ungefährdet sein Kloster. Nachdem er dem Bruder Küchenmeister abgeliefert hatte, was von ihm erbettelt worden war, und er sich eben nach seiner Zelle zu begeben beabsichtigte, rief die Glocke zur Komplette, und die Mönche kamen zu Zweien in dem Säulengange daher.

Bruder Anton, rief ein Mönch, der Abt ministrirt selbst; es darf Niemand fehlen!

Der Mönch wandte sich an den Pilger und sagte:

Harre hier im Gange mit dem Knaben, oder folge uns nach zur Kirche. Es währt nicht lange — sieben Paternoster, Credo in Deum und Gloria patri sind bald absolvirt.

Damit schloß er sich dem Zuge an, der sich langsam in die erleuchtete Kirche hinein bewegte.

Der Pilger nahm den Knaben bei der Hand, folgte den Mönchen und setzte sich nahe der Thür in einen Chorstuhl. Hohe Wachskerzen erleuchteten das Bild der Himmelskönigin. Wie funkelten Goldborten und Steine an ihrem köstlichen Purpurkleide! Wie glänzten die Kronen, die sie und das Christ-

kind trugen! Und Beide, Maria und das Christkind, lächelten
so freundlich hernieder! Joachims Blicke hingen an den schönen
Gestalten, vor denen Weihrauchwolken emporstiegen. Während
der Gesang der Mönche erscholl, fielen indeß dem ermüdeten
Kinde die Augen zu. Der Pilger nahm den Knaben auf seinen
Schooß, und bald ruhte das Haupt desselben an seiner Brust.

Als die Töne des heiligen Gesanges verklungen waren,
die Mönche den Segen empfangen und die Kirche verlassen
hatten, begab sich der Pilger mit dem schlafenden Kinde nach dem
Säulengange, wo der Mönch seiner harrte und ihn zum Bruder
Küchenmeister führte.

6.
Der Wolf.

Vor einem großen geschriebenen und mit dicken Eckstücken beschlagenen Buche saß ein behäbiger Priester. Der Ausdruck seines Gesichts verrieth indeß keineswegs Eifer oder Andacht, es schienen vielmehr die Geberden des Lesenden darauf hinzudeuten, daß es ihm lediglich darauf ankomme, die Zeit hinzubringen. Endlich schlug er das Buch zu, stand auf, sah zum Fenster hinaus, ging dann einige Male im Zimmer auf und ab, schüttelte den Kopf und brummte vor sich hin: Der Teufelsbraten! ich verdurste schier! — wo er nur bleibt!

Ein kühler Trunk Zerbster — o, was wäre ihm in diesem Augenblick darüber gegangen! Aber was war zu thun? Unser ehrwürdiger Priester konnte doch mit dem Kruge in der Hand nicht nach der Herberge gehen, und es war nun weder Joachim noch ein Anderer im Hause, den er hätte hinsenden können. So laß uns einen Bissen essen! dachte er und holte aus der Kammer eine Schüssel mit Fleisch und ein Brot herbei. Wohl bekomm's, Herr Pater, denn wahrlich, Ihr habt einen absonderlichen Appetit! —

Endlich ging die Thür auf, und ein frischer Bursche von etwa sechzehn Jahren sprang in die Stube.

Wo bleibst Du, Teufelsbraten? prustete ihm der Pater

aus vollem Munde entgegen und zog die fettige Oberlippe empor.

Joachim hielt dem Fragenden ein Thier entgegen, dessen Augen hell funkelten.

Was hast Du, Taugenichts?

Seht Ihr's nicht, ehrwürdiger Vater? Es ist ein junger Wolf.

Was willst Du mit der Bestie? Schleppst so schon einen Wolf in Deinem Herzen — Deine Unnützigkeit — mit umher; und nun willst Du Dich auch noch mit diesem plagen? Hättest wohl Lust, ihn groß zu füttern, bis er Dir eines Tages die Kehle durchbeißt?

Joachim lachte.

Du meinst, weil die Bestie sich jetzt, ohne zu zucken, am Genick festhalten läßt! Wäre sie nur ein, zwei Jahre älter, so verginge Dir schon in seiner Nähe das Lachen!

Mag sein, ehrwürdiger Pater, aber fürchten thät ich mich dann auch noch nicht!

Joachim machte die Thür auf und zog einen ausgewachsenen todten Wolf an dem Schwanze in die Stube.

Pater Anton riß die Augen auf und sprang von seinem Holzsessel empor, indem er rief: Teufelsbraten, was ist das? S'ist doch wohl nicht gar die Wölfin, der Du das Junge raubtest?

Ei freilich! entgegnete Joachim mit siegesstrahlender Miene. Sie wollte mich umbringen, mir aber gelang es, ihr den Spieß mitten in die Brust hinein zu bohren!

Pater Anton schauete einen Augenblick voll Staunen auf den jugendlichen Helden. Du, fuhr er dann fort, hast dies Unthier erlegt? Und mit Deinem Spieß? Hast Du denn einen Spieß?

Ja, ehrwürdiger Pater.

Du haſt mir ja noch nichts davon geſagt! Wo haſt Du denn Deinen Spieß?

Er iſt ſchon wieder in meiner Waffenkammer.

In Deiner Waffenkammer? Wo iſt die?

Im Walde — es iſt eine hohle Eiche.

Taugenichts! Es iſt doch gar zu wenig Geiſtliches an Dir! Ich werde es am Ende doch aufgeben müſſen, aus Dir einen guten Franziskaner=Mönch zu machen.

Ja, ehrwürdiger Pater, das thut! Der Waffenrock gefällt mir abſonderlich gut. Ihr habt es mir ja ſelbſt erzählt, daß es noch ſo viele böſe Thiere auszurotten giebt, Wölfe, Bären, Luchſe, und dann auch Räuber, die den andern Menſchen eine arge Plage . . . . .

Nu, nu, wenn Du Dich gut führſt, ſo kann es ſpäter vielleicht geſchehen, daß man Dich zum Kloſterknecht annimmt, in Lehnin, dieweil die Lehniner ſich oft gegen Feinde zu wehren haben! Davon reden wir noch. Jetzt aber ſcheer' Dich ſogleich nach der Herberge und hole mir einen Krug Zerbſter. Doch halt! Erſt die Beſtie hinaus, der noch das Blut aus der Naſe läuft!

Der Leſer kennt beide Perſonen bereits. Es waren über zehn Jahre ſeit jenem Abende vergangen, an welchem der Franziskaner Anton das Knäblein Joachim in ſeinem Ranzen in Berlin einſchleppte. Vor einigen Jahren war Anton der Prieſterſchaft zu Wilsnack, wo es jetzt wegen des Wunder= blutes viel geiſtliche Geſchäfte zu verrichten gab, beigeordnet worden, und er hatte den Knaben mitgenommen.

Als Joachim das Bier brachte, ſchob ihm Pater Anton die Schüſſel mit den Ueberreſten des Fleiſches hin, auch goß er ihm in einen Holzbecher Bier ein.

Joachim hielt ſeine Mahlzeit auf der Ofenbank ab, und

es gewährte ihm keine geringe Freude, daß der Wolf die Fleischstücke, die er ihm hinhielt, verschlang.

Möchtest wohl das Thier gern behalten? sagte Anton.

Schier zu Tode würde ich mich grämen, entgegnete Joachim, müßte ich's von mir thun!

Nu, so behalt's! Trag's aber jetzt auf den Boden in den alten leeren Kasten und thu' ihm etwas Stroh hinein. Dann komm zurück, denn ich habe Dir etwas Wichtiges zu sagen.

Ja, ehrwürdiger Vater! sagte Joachim und eilte mit dem Wolfe froh zur Thür hinaus.

Bald kehrte er zurück. Anton räusperte sich, zog die Stirn kraus, blickte ernst zu Boden und schaute dann wieder mehrmals nachdenklich auf Joachim. Es war, als überlege er, ob er Jenem die Mittheilung, die er auf dem Herzen hatte, machen sollte, oder wie er sie ihm machen sollte. Endlich begann er:

Mein Sohn, Dir soll eine große Gnade zu Theil werden, Du sollst ein Geheimniß der Kirche erfahren. Kniee nieder und vernimm mit Demuth meine Worte. Du weißt es, daß die Sünderwage, die in unserer Kirche hergestellt worden ist, dazu dient, die Sünden der Pilger, die nach Wilsnack kommen, um vor dem Wunderblut anzubeten, zu wägen. Staune nun ob des Greuels, der geschehen ist, und hinter den wir gekommen sind! Satanas ist mehrmals hinzugetreten und hat die Wageschale, in der arge Sünder saßen, zu früh aufgehoben, so daß die andre Schale nicht von den Gaben der Pilger genug beschwert werden konnte, und somit der heiligen Kirche großer Abbruch geschahe. — Nun haben wir einen geweihten Draht an die Wage anbringen lassen, der bis zu einem Stein des Fußbodens geht. Auf diesem Stein sollst Du stehen, wenn ein Pilger sich auf die Wage setzt, um seine Sünden abwägen zu lassen. Dort bleibst Du so lange stehen, bis ich die Finger

meiner linken Hand so halte. Dann trittst Du leise erst mit
einem, dann mit dem andern Fuß von dem Stein. Durch
dies Mittel wird des Satanas Werk vernichtet. Du brauchst
gar nicht ein solch' bedenklich Gesicht zu machen! Satanas
vermag Dir kein Haar zu krümmen, so lange Du im Dienst
der Kirche handelst. Freilich, — jetzt erhob Pater Anton seine
Stimme, und sein Angesicht nahm einen drohenden Ausdruck
an — freilich, wenn Du das Schweigen brächest, das Dir
die Kirche in dieser Sache auferlegt, wenn Du gegen irgend
Jemand auch nur ein einziges Wörtlein darüber verlauten
ließest, so könnten wir Dich nicht mehr schützen. Dann hätte
Satanas, der, wie Du wohl denken kannst, sehr ergrimmt ist
über unsre neue Einrichtung, Gewalt über Dich, und es würde
nicht ausbleiben, daß wir Dich eines Morgens mit umgedreh=
tem Halse auf Deinem Lager fänden! —

Joachim fuhr unwillkürlich mit der Hand nach dem Nacken,
um sich zu überzeugen, ob Satanas nicht etwa seine Kralle
schon leise angesetzt habe.

Erhebe Dich jetzt! sagte Anton, sichtlich erfreut über den
Eindruck seiner Rede. Er griff zur Seite nach dem Kruge,
hieß Joachim mit seinem Holzbecher herzutreten und füllte
ihm denselben noch einmal mit Bier. Blitzjunge, sagte er,
also einen Wolf erlegt! Und im Besitze von Waffen! Aber
weshalb diese im Walde und nicht hier in Deiner Kammer?

Ihr habt mir schon einmal einen Spieß bei Seite gebracht,
ehrwürdiger Pater. —

Ja damals! Da warst Du noch zu jung, um mit einem
Spieße hantiren zu können. Jetzt aber magst Du immerhin
die Waffen hier unter'm Dache haben. Wie aber kamest Du
zu den Waffen?

Wißt Ihr nicht, daß ich für Schwertfegers Mägdlein
mitten in der Nacht Weihwasser aus der Kirche geholt hab'?

Der Sacristan schlief so fest — von wegen des Schlaftrunks —, und die Eltern schrien um Ihr einziges Kind, das schwer krank darnieder lag. Und da nun auch der Kirchenschlüssel nicht zu finden war, ergriff ich ein Gefäß, rannte zur Kirche, bestieg den Baum zur Seite des Thurmes, und es gelang mir, durch ein offenstehendes Fenster die Thurmtreppe zu erreichen. Nun stieg ich hinab in die Kirche, nahm Weihwasser in mein Gefäß und kehrte auf demselben Wege, auf dem ich gekommen war, zurück. Die Eltern wuschen ihr Kind mit dem Weihwasser, und am andern Morgen war es gesund. Da hat mir denn der Schwertfeger aus Freude und Dankbarkeit einen kleinen Spieß und ein Schwert geschenkt. Das sind Waffen! Ihr werdet Eure Freude daran haben! Der Spieß hat eine dreikantige Spitze und eine Quaste und das Schwert eine Stahlkette!

Vergiß nicht, vergiß nicht, sagte der schlaue Priester eifrig, daß Dir das Weihwasser die Waffen eingebracht hat! Sonst wärest Du des Wolfes nicht Herr geworden! Aber wo hast Du ihn hingethan?

Unter die Treppe. Dürft' ich, so ließe ich mir sein Fell vom Gerber zur Nachtdecke zubereiten.

Thu' es, ich zahl's.

Joachim war frohen Sinnes. Erzählt mir etwas, Pater Anton, bat er.

Ja, was? Von Heiligen und Märthyrern habe ich Dir schon Alles erzählt, was ich weiß, ebenso die Märchen von den fliegenden Todtenköpfen, von dem Armensünderhemd und von der Diebeshand. Aber Du möchtest auch lieber von Helden, die gegen einander männiglich gestritten haben, hören?

Ja, ehrwürdiger Pater, ja!

Die Götter- und Heldenzeit der Griechen und Römer war der damaligen deutschen Welt fast ganz verborgen, ebenso die

mythologische Vorzeit des eigenen Volkes. Auf dem geschicht=
lichen Gebiete kannte man nur die hervorragenden Vorgänge
der neuesten Zeit.

Pater Anton begann von David und Goliath zu erzählen.
Gelesen hatte er freilich die Geschichte Davids nicht, weil er
des Hebräischen nicht mächtig war; seine Kenntniß von dem
Kampfe Davids gegen Goliath beschränkte sich auf eine höchst
mangelhafte Mittheilung eines berliner Klosterbruders. In
welche Gestalten aber hatten sich in dem Kopfe unsers Priesters
nach und nach David und Goliath verwandelt! Er schilderte
Beide als Ritter, die, auf stolzen Rossen reitend, vor einem
Kreise von Zuschauern einen Kampf auf Leben und Tod ein=
gehen. Wie Blitz und Ungewitter stürmen sie gegen einander,
zweimal zersplittern ihre Lanzen, beim dritten Gange durch=
bohrt der Ritter David dem schwarzgeharnischten Riesen Goliath
den Hals, daß er stirbt.

Auf seinem Lager durchlebte Joachim noch einmal die Vor=
gänge des heutigen Tages. Ein Held zu sein und zu kämpfen
gegen schwarze Goliathe, Lindwürmer, Türken und Räuber,
das schien ihm das Herrlichste von Allem zu sein, was es auf
der Welt gäbe. In seiner Erinnerung traten der alte Quitzow
und die beiden Söhne desselben, Dietrich und Hans, auf. Wie
sie einst auf stolzem Rosse dahin zu reiten, bereit zu jedem
gefahrvollen Unternehmen — was ginge darüber! — In solchen
Gedanken schlief er ein.

7.

Der Kaufherr aus Böhmen.

Anton, der am heutigen Tage frei vom Dienste der Kirche war, hatte eben seinen langen Mittagsschlaf beendet, als er's an der Thür klopfen hörte. Auf seinen Hereinruf, trat ein Knecht der seinem Hause gegenüber liegenden Herberge in das Zimmer, welcher ein Kästchen trug. Mit diesem Kästchen, sagte er, sende ihn ein vornehmer Pilgersmann aus Böhmen an den ehrwürdigen Pater, indem er zugleich anfragen lasse, ob er denselben in seiner Behausung besuchen dürfe. Anton befahl dem Knecht, das Kästchen auf die Truhe zu stellen und dem Pilgersmanne zu sagen, daß er ihm willkommen sein würde. Kaum hatte der Knecht das Zimmer verlassen, so ward der Priester von der Neugier getrieben, das Kästchen zu öffnen, und er fand in demselben sechs schön geformte Gefäße, gefüllt mit köstlichem Ypocras,[4] dem vorzüglichsten der damals gewürzten Weine, von dem es in einer alten Chronik heißt, er sei „recht anmuthig und schleckerhaftig" gewesen. Der Priester öffnete einen der mit Blei künstlich geschlossenen Gefäße, füllte einen Becher, bog das Haupt zurück, so daß im Nacken über seinem Kragen eine röthliche Wulst emportrat, setzte den Becher an die vorgestreckte dicke Unterlippe und schlürfte nun, indem er die Augenlider halb schloß, von dem „köstlichen

Naß" ein. Wer sein Angesicht beobachtet hätte, das sich alsbald förmlich zu verklären schien, der würde in demselben das günstigste Urtheil über den Würzwein gelesen haben. In langen Zügen leerte er darauf den Becher.

Da verrieth das Knarren der Hausthür, daß Jemand komme. Schnell verschwanden Krüge und Becher in der Truhe, und Anton saß mit dem Ausdruck der Andacht vor einem, auf seinem Tische aufgeschlagenen Legendenbuche. Der Eingetretene war der Pilgersmann, der von dem Knecht angemeldet worden war. Kaum hatte der Priester aus den Anredeworten des Mannes sich überzeugt, daß er den Erwarteten vor sich sähe, so ging er ihm entgegen, reichte ihm beide Hände dar, hieß ihn in seinem armseligen Hause auf's Wärmste willkommen und bat ihn, den Mantel abzulegen und auf einem Sessel Platz zu nehmen.

Ehrwürdiger Pater, sagte der Fremde, der Mantel umschließt weltliche Kleidung....

Thut nichts! thut nichts! entgegnete Anton mit Lebhaftigkeit. Sehet, nun ist der Riegel vorgeschoben; Niemand kann uns überraschen! Möget Ihr — nach Vorschrift der heiligen Mutter Kirche — den Pilgermantel tragen auf der Straße, in der Kirche, auf Eurer ganzen Wallfahrt; hier in meinem Hause spreche ich Euch frei von dem Gebot. Macht es Euch bequem! Thut, als ob Ihr zu Hause wäret!

Damit war er dem Fremden selbst behülflich beim Abnehmen des Mantels, und vor ihm stand ein Mann in vornehmen Kleidern.

Heiliger Franziskus, rief Anton verwundert, ist's doch, als ob so ein schöner Tagesfalter plötzlich seine Hülle durchbrochen habe! Nun ja, Böhmen, will sagen Prag stehet voran in allen weltlichen, wie Rom in geistlichen Dingen.

Der kurze, nur bis zur Mitte der Oberschenkel reichende Rock des Fremden, sowie seine eng anliegenden Hosen waren aus kostbaren farbigen Seidenstoffen verfertigt; seine Fußbekleidung bestand in rothen, von Goldstreifen umzogenen Schuhen mit langen Spitzen, sogenannten Schnabelschuhen.⁵) Die meisten Näthe an der Kleidung waren mit dichten Reihen von Knöpfen besetzt; die unteren Theile der Hängeärmel, Zatteln genannt, reichten bis über die Kniee hinab.⁶) Mehr als dies Alles aber würde den heutigen Beobachter, wenn ein Mann in dem Anzuge jenes Böhmen vor ihm erschiene, die sogenannte „Getheiltheit" oder „Halwirtheit" der Kleidung in Verwunderung setzen. Der Rock sowohl, als die Hosen, bestanden aus zwei verschiedenen Grundstoffen. Der Aermel und das Hosenbein der rechten Seite waren von gelber, dieselben Stücke auf der linken Seite dagegen von grüner Farbe. Außerdem waren Rock und Hosen von aschfarbenen seidenen Streifen schräg durchzogen und zwar absichtlich gegen die Forderungen des Ebenmaaßes.⁷) Ein stehender, von Gold- und Silberdraht reich durchflochtener kleiner Kragen umschloß den Hals. Aus einer Art das Haupt umhüllenden Kapuze von gelber Seide schauete ein kleiner Theil des bartlosen Angesichts hervor.

Der gänzlich verkommene Sinn des Zeitalters spiegelte sich im Großen und Ganzen nirgends deutlicher ab, als in der Kleidung. Die Kirche hatte, da in ihr einmal — dem Worte des Heilandes: „Mein Reich ist nicht von dieser Welt," zuwider — das Streben zur Geltung gekommen war, sich zur Beherrscherin der Welt in leiblichen und geistigen Dingen aufzuschwingen, theils mit Bewußtsein, theils instinktartig dafür gesorgt, daß die Forderungen des Christenthums der Menschlichkeit fern blieben. Der Born der den Völkern allein heilbringenden Lehre war verdeckt; statt der Lehren des Heilandes hatte sich die Kirche eine Unzahl nebelhafter Legenden- und Heiligengeschichten zurecht gemacht, die den Sinn der

Menschen verwirrten. Da nun die Führer blind waren, so
konnte es nicht fehlen, daß der Sinn der Menge sich mehr
und mehr verdüsterte. Die Geistlichkeit, die durch ihren Wandel
zu einem solchen Urtheil aufforderte, wurde zumeist verachtet,
dennoch aber beugte man sich ihren gerechten und ungerechten
Forderungen, da sie nun einmal den Schlüssel Petri zur Hand
habe und somit die Himmelsthür einem Jeden öffnen und
verschließen, die Fegefeuerqualen verkürzen oder verlängern
könne. Und da nun die Geistlichkeit immer schamloser mit
der Behauptung auftrat, daß durch Opfer (womit sie nur Dar=
reichung von Geld und Gut meinte) Vergebung jeglicher Sünde
und somit sichere Erreichung der ewigen Seligkeit zu erlangen
sei, so kann es nicht Wunder nehmen, daß es mit dem Sit=
tenleben der damaligen Zeit übel aussah. Der finsterste Aber=
glaube und die frechste Verhöhnung der göttlichen Gebote
bestanden neben einander.

Die völlige Zerfahrenheit des Sinnes spiegelte sich nun
eben auch in dem bunten, krausen Allerlei der Kleidung ab.
Unser Böhme giebt nur ein mäßig gehaltenes Bild von der
Modetracht der damaligen Zeit. Neben der Umhüllung des
ganzen Kopfes mit der Kaputze, so daß nur Löcher für die
Augen gelassen waren, und die vordere Seite derselben, wenn
ihr Träger essen wollte, aufgeknöpft werden mußte, der „Ge=
theiltheit der Kleidung," den Schnabelschuhen, deren Spitzen
zuweilen die Höhe der Kniee erreichten, dem Ausstopfen der
Mannesbrust, um derselben die Form eines weiblichen Busens
zu geben, herrschte in jenem Zeitalter die Schellentracht. Hüte,
Röcke, Hosen und die Spitzen der Schnabelschuhe wurden mit
Schellen und Glöckchen besetzt, ein Schmuck, der gleichzeitig
an dem Riemzeug der Rosse großer Herren auftrat, später der
Narrentracht auf lange Zeit eigenthümlich blieb, und von dem
jetzt noch ein Ueberbleibsel an den Fuhrmannspferden zu be=

merken ist. Das gab ein gewaltiges Klirren in Männerversammlungen jener Zeit! Nur dem Wallfahrer und dem Besucher der Kirche war es von der Geistlichkeit untersagt, Schellen und Glöckchen an den Kleidern zu tragen, in welchem Verbot auch der Grund des Umstandes lag, daß sie an der Kleidung unsers Böhmen fehlten.[8])

Indeß war der Priester mit seinem Gaste, der sich niedergelassen hatte, bereits in einem lebhaften Gespräch begriffen. Der Böhme hatte dem Priester u. A. mitgetheilt, daß er ein in Prag seßhafter Kaufherr sei und Petrzko de Ach heiße, ihm ferner auch einen Franziskaner genannt, von dem er an ihn gewiesen worden sei. Anton fragte den Kaufherrn jetzt nach dem Anlaß seiner Wallfahrt, worauf dieser den weiten linken Aermel ein wenig aufstreifte und sagte: Sehet, meine Hand ist mir verdorret. Kann man auch von solchen Uebeln hier genesen?

O, entgegnete Anton, hier sind schon ganz andre Uebel und Gebresten geheilet worden! Wofür wäre denn sonst das Wunderblut!

Möget Ihr recht geredet haben, ehrwürdiger Pater! Dann solltet Ihr auch erkennen, daß ich nicht mit leeren Taschen gekommen bin!

Wohl dem, antwortete Anton, der der liebenden Mutter Kirche Gaben anvertraut! Verwendet sie solche doch nur zum Wohl ihrer geistlichen Schäflein!

8.
Das Wunderblut.

Der Kaufherr gab seinen lebhaften Wunsch zu erkennen, heut noch von einem der Sacristane in die Kirche geführt zu werden, worauf sich Anton erbot, das Führeramt selbst zu übernehmen. Er geleitete nun den Gast durch eine Nebenpforte auf den Kirchhof und von da in die Kirche. Jenes geheimnißvolle Licht, das durch farbige Glasfenster, wie sie die gegenwärtige Zeit in gleicher Güte nicht mehr herzustellen vermag, in die hohen, von Säulen und Bogen gebildeten Räume fiel, die von den Schritten widerhallten, umgab die Eintretenden. Die Blicke des Kaufherrn richteten sich nach dem Altar, auf dem sich in einem Behältniß die Mostranz befand, die, wie er unzweifelhaft wähnte, Blut des Heilandes enthielt. Heilige Schauer durchschütterten ihn, und indem Thränen aus seinen Augen stürzten, sank er auf seine Kniee und küßte den Boden des Gotteshauses.

Erschütterungen solcher Art mochten wirklich bisweilen bei Gläubigen Hemmnisse im Organismus des Körpers beseitigt haben, so daß sicherlich nicht Alles, was von den Heilungen in Wilsnack erzählt wird, Trug ist.*)

Als der Kaufherr sich erhob, fühlte er sich so wohl, so leicht, so selig, gleichsam von einem neuen Leben durchströmt, und er war der festen Hoffnung, daß, wenn schon die bloße Nähe des Wunderblutes eine solche Wirkung hervorzurufen im Stande sei, das leibliche Anschauen desselben am nächsten Tage ihm gewiß Genesung bringen werde.

Gebet mir Bericht von dem heiligen Blute, ehrwürdiger Priester, sagte er. Die Welt ist voll von dem Wunder, allein ich trage inniglich Verlangen darnach, eine unverfälschte Darstellung an dieser Stätte aus Eurem Munde zu empfangen!

So vernehmet denn die Geschichte des Mirakels!

Der Kaufherr legte die gefalteten Hände auf die Brust und senkte andächtigen Sinnes sein Haupt.

Es war — also begann nun der Pater Anton — im Jahre 1381, als Heinrich von Bülow, ein Edelmann aus der Priegnitz, mit dem hochwürdigsten Bischofe von Havelberg in Streit gerieth. Da geschah es, daß er in's Havelbergische einfiel, elf Dörfer in Asche legte und das Vieh aus denselben hinwegtreiben ließ. Eines der Dörfer war Wilsnack, deren Einwohner bei der Annäherung des grimmen Feindes in die Wälder geflohen waren. Unter ihnen befand sich der Priester des Ortes, Namens Johannes. Dieser führte am achten Tage seine, der irdischen Habe beraubte Heerde wieder zurück nach Wilsnack. Aber welch einen Greuel der Verwüstung mußten die Augen der Heimkehrenden erschauen! Sämmtliche Häuser waren bis auf den Grund niedergebrannt; von der Kirche stand nur noch das Mauerwerk. Da gab es des Heulens und Klagens viel zu hören, und selbst Johannes fand kein Wort des Trostes, weder für sich, noch für seine Gemeinde. Indem Thränen über seine Wangen rollten, ging er zum verwüsteten Kirchlein, aus dem der Rauch noch emporstieg. Ueber heißes Gestein und niedergestürzte, zum Theil verkohlte Balken hinwegsteigend, nahete er sich dem Altare. Des Feuers Gewalt hatte ihn verschont, aber der Schmuck desselben, zu dem ein

kunstreiches Bild der Mutter Gottes gehört hatte, war ein
Raub der Flammen geworden. Statt dessen bedeckte Schutt
die heilige Stätte. Johannes rief den Sacristan herbei, und
Beide räumten den Schutt von dem Altare. Unter demselben
fanden sie nicht nur zwei umgestürzte Leuchter, sondern auch
die Altardecke noch völlig unversehrt. Der Anblick des Altars
mit den aufgerichteten Leuchtern mitten in der Verwüstung
stützte den gesunkenen Glauben des Priesters; er fiel auf
seine Kniee und betete an. Während deß hatte sich der Sa=
cristan nach der Hinterseite des steinernen Altars begeben und
die eiserne Thür einer daselbst befindlichen Nische geöffnet,
in der sich zwei Wachskerzen und, in einer Büchse verschlossen,
drei Hostien befanden. Er übergab die Büchse dem Prie=
ster, zündete darauf an einem noch glimmenden Balken die
Kerzen an und stellte sie auf die Leuchter, während Johannes
mit zitternden Händen die Hostienbüchse öffnete. Aber welch
ein Wunder erschaueten jetzt seine Augen! Die Hostien — der
Leib des Herrn — waren gleich der Altardecke, den Leuchtern
und den Kerzen unversehrt geblieben, aber sie hatten in des
Feuers Pein Blut geschwitzt, das sie jetzt zusammenhielt! In
demselben Augenblicke erschienen einige Einwohner des Ortes
an dem Eingange der Kirche, und als sie nun ihren getreuen
Seelenhirten vor dem unversehrten Altare, auf dem die Kerzen
brannten, anbetend stehen sahen, schrieen sie laut auf vor Er=
staunen. Da wandte sich Johannes um, und sein Angesicht
schien zu leuchten, als er den blutigen Leib des Herrn em=
porhielt und den Herzutretenden das geschehene Wunder ver=
kündete. Er pries sich selig, daß er, der arme Knecht Gottes,
gewürdigt worden, des Herrn Stimme zu hören und sein
heiliges Blut zu schauen; er pries die Gemeinde selig, in
deren Gotteshaus dies Wunder geschehen sei. Dann gedachte
er unter lautem Schluchsen der Pein, die der heilige Leib des

Herrn in den Flammen erlitten habe, worauf wieder Frohlocken folgte in der Hoffnung des Heils, das den gläubigen Beschauern des Wunderblutes zu Theil werden würde. Da bebten die Herzen aller Zuhörer, und Weinen und Frohlocken wechselten ab im Gotteshause. Also bereitete er dem Herrn das Meßopfer. Danach wurden Leute gestellet, die den Altar Tag und Nacht bewachten. Johannes aber ergriff seinen Stab, wanderte gen Havelberg zum Bischof und verkündete ihm das Mirakel. Der Bischof und der Dompropst zu Havelberg, so wie einige dort anwesende Geistliche aus Alt-Ruppin beschlossen, sich sogleich nach Wilsnack zu begeben, um mit eigenen Augen zu schauen, was geschehen sei; eine Zahl von Mönchen folgte ihnen. Auf dem Wege schlossen sich ihnen Leute aus der Umgegend an, denn schon hatte das Gerücht von dem Wunderblute weit umher Verbreitung gefunden. Als der Zug der Kirche nahe war, hub, vom Geiste getrieben, Johannes an zu singen, und die Geistlichen stimmten mit ein. So zogen sie in das Gotteshaus, in dem nun das Gedränge der Leute groß ward, da Alle von heiligem Eifer erfüllt waren, die blutigen Hostien zu schauen. Und als nun Johannes den Leib des Herrn Aller Blicken enthüllte, erhob sich plötzlich unter den Leuten ein Getümmel, und es ward gerufen: Heil! Heil! ein neues Wunder ist geschehen! Jesus Christus, Sohn Gottes, sei gelobet in Ewigkeit! — Der hochwürdigste Bischof winkte, um zu erkunden, was sich zugetragen habe. Da drängte sich ein altes Mütterchen hervor; ihre Blicke waren wie verklärt, doch vermochte sie nicht zu reden. Und es folgten ihr Leute nach mit Krücken in den Händen und sagten aus, diese Krücken habe das alte Mütterchen seit Jahren getragen, beim Anblick des Wunderblutes aber habe es sich plötzlich hoch aufgerichtet, wie man es nie gesehen, und die Krücken von sich geworfen. Befragt von dem Bischofe, bestätigte das Mütterchen die Wahrheit dieser Aussage. Da traten auch Andre herzu, die von Schmerzen geplagt worden waren, und verkündeten, daß sie genesen seien. Ueber dies Alles wurde nun vom Bischofe eine Schrift aufgesetzt, die von ihm, dem Domprobst und den übrigen Geistlichen unterzeichnet ward. Mit dieser Schrift begab sich der Bischof von Havelberg zu dem Erzbischofe von Magdeburg, der, nachdem er Gott gepriesen hatte für die Gnade, die einem Orte seines Sprengels widerfahren sei, das Wunder beglaubigte und einen Ablaßbrief für Wallfahrer nach Wilsnack ausstellte.

In dieser Weise erzählte Anton seinem andächtigen Zuhörer, dem Kaufherrn aus Prag, den Hergang der Sache.[10]) Darauf führte er ihn nach einem Seitenaltar, auf dem der, unter einen Rahmen gebrachte Ablaßbrief sich befand. Derselbe lautete:

„Im Namen des Herrn. Albert, durch Gottes Barm=
„herzigkeit Erzbischof zu Magdeburg; Johannes, Bischof
„zu Lebus; Dietrich, Bischof zu Brandenburg, und
„Dietrich, Bischof zu Havelberg, allen Christgläubigen,
„an welche unser gegenwärtiges Schreiben gelangen wird,
„ewiges Heil im Herrn!

„Weil wir Alle, wie der Apostel sagt, stehen werden
„vor dem Richterstuhl Christi, zu empfangen, wie ein
„Jeder sich in seinem Leben verhalten hat, entweder Böses
„oder Gutes, und wiederum der, so reichlich säen, auch
„reichlich das ewige Leben ernten wird, so müssen wir
„dem Tag der letzten Ernte mit Werken der Barmherzig=
„keit zuvorkommen. Da wir nun bemerken die offenkun=
„digen Wunder, welche in der gewaltsamen Verbrennung
„der Pfarrkirche St. Nicolai zu Wilsnack (so von einigen
„Kindern der Bosheit mit Hintansetzung der Furcht Gottes
„und aller Erbietung verursacht ist), unser Herr Jesus

„Christus an seines heiligen Leibes Sacrament gethan
„hat, daß an dreien Hostien, welche von dem Pfarrherrn
„genannter Kirche vor dem Brande consecriret, und acht
„Tage nach dem Brande auf dem Altar im Corporal*)
„unverfehrt wunderbarer Weise gefunden worden, an einer
„jeglichen Hostie gesehen sind offenbare Blutstropfen,
„neben noch andern Zeichen und Mirakeln, welche der
„barmherzige Gott an bemeldetem Orte wirkte; so wollen
„wir Allen und Jeden, die wahrhaftig Buße thun und
„Leid tragen, und genannten Ort Wilsnack und den Leib
„des Herrn allda in Demuth und Andacht besuchen, er=
„theilen für das Passiren einer jeden Meile Weges 40
„Tage Ablaß, im Hin= und Weggehen; und so oft er
„um den Kirchhof der erwähnten Kirche geht, gleichfalls
„40 Tage, und so oft er vor dem Sacramente nieder=
„knieet und betet, wiederum 40 Tage, welche wir obge=
„nannte Bischöfe ihnen gnädiglich im Herrn ertheilen.
„Damit aber am Frohnleichnahmstage und die folgenden
„acht Tage nachher bemeldeter Ort fleißiger besucht und
„betrachtet werde, so wollen wir über gedachte Special=
„Privilegien noch 40 Tage, ein jeder für sich, mehr Ab=
„laß ertheilen denen, so zu der Zeit anhero in wahrer
„Buße kommen, und Messe hören werden.

Gegeben im Jahre 1434, zwei Tage nach Oculi unter
unsern Siegeln. [11])

Anton theilte ferner dem Kaufherrn mit, daß die schöne Mon=
stranz, die unter einem Kryſtall den blutigen Leib des Herrn
berge, und die er am folgenden Tage schauen werde, ein Ge=
schenk des Bischofs von Havelberg sei. Arm und gering,
fuhr Anton fort, war das Kirchlein, das noch vor zwanzig

---

*) Ein Altartuch, mit dem die heiligen Gefäße bedeckt wurden.

an dieser Stelle stand; jetzt hat sich dieser schöne Bau, einem Phönix gleich, aus der Asche erhoben, und zwar ist dies allein das Verdienst gläubiger Pilger, die reichliche Opfer dargebracht haben. Aber auch der Ort ist neu erstanden. An Stelle der ärmlichen Lehmhütten erblickt Ihr jetzt stattliche Häuser, und das Ansehen des Ortes ist so gewachsen, daß ihm Stadtrecht verliehen worden ist. Auch dies ist den Schaaren der Pilger zu verdanken, denn sie begehren hier Herberge und schaffen dadurch den Einwohnern Verdienst. Wie Ihr bemerkt haben werdet, ist fast jedes Haus zu einer Herberge eingerichtet, und dennoch geschieht es nicht selten, daß Schaaren von Pilgern unter freiem Himmel zubringen müssen, so groß ist der Zudrang. Wir haben Zulauf aus entfernten Gegenden, aus Böhmen, Ungarn, Polen, Dänemark, Schweden und andern europäischen Ländern. Sehet, diese Wachskerze, die ihrer Höhe wegen von der Kanzel angezündet werden muß, ist ein Geschenk polnischer und schwedischer Pilger, die alljährlich, gegen vierhundert Mann stark, hier erscheinen und die Kerze zu unterhalten versprochen haben. Wäret Ihr einen Monat früher gekommen, so hättet Ihr die Königin von Dänemark hier sehen können, die ebenfalls gekommen war, um an dieser Stätte zu opfern und anzubeten. Dort zur Linken sehet Ihr eine Zahl von Krücken. Es sind Geschenke von Pilgern, die hier Genesung gefunden haben. Das heilige Blut wird auch auf Euch seinen Segen ausüben; seiet nur fest im Glauben!

Auf der Straße erhob sich Getümmel. Es wird ein neuer Zug von Pilgern sein, sagte Anton und führte den Böhmen auf das Chor. Sie traten an das Fenster und sahen eine Schaar von Leuten, die eine Fahne mit einem Heiligenbilde trugen. Es sind Ungarn, sagte Anton, ich sehe es an ihren Bärten und Gesichtern, wahrscheinlich meist stellvertretende Pilger. Die reichen ungarischen Herren wenden lieber schweres Geld auf, als daß sie sich selbst zu einer Pilgerfahrt anschicken. Nun, Wilsnack ist jetzt so besetzt, daß diese Leute wohl kaum noch genug Plätze in Häusern und Ställen finden werden.

In der That, es wimmelte von Pilgern in den Hauptstraßen, die Anton und der Böhme vom Chor aus übersehen konnten. Dicht gedrängt saßen und standen die Pilger unter den Vorlauben, wie sämmtliche Häuser von buntem Fachwerk sie hatten; selbst auf der Straße sah man Pilgersleute an Tischen sitzen. Neben den Schildern der Häuser, durch die dieselben recht bekannt werden sollten, und den Marien- oder Heiligenbildern sah man hier und dort Wappenzeichen und Fahnen vornehmer Pilger ausgehängt.

Dieser Tempel, sagte der Böhme, diese ansehnliche Stadt, dies Zusammenströmen von Menschen aller Stände und aller Himmelsstriche — alles dies hat das Blut des Herrn hervorgerufen! Und doch giebt es Menschen, die daran zweifeln! Haben wir doch selbst in Prag einen Priester, der dagegen gelehrt und geschrieben hat, und der um so verderblicher wirkt, da er vorgiebt, hiergewesen zu sein. Sein Name ist Johann Huß.

Heiliger Nicolaus, Schutzpatron dieser Kirche, rief Anton, sich entfärbend, indem er sich bekreuzte, verzeihe es dem Pilgersmanne, daß er jenen Namen aus Unbedachtsamkeit in deinem Heiligthum aussprach!

Der Böhme, dadurch erschreckt, wollte zu seiner Entschuldigung etwas erwiedern, aber Anton fiel ihm in's Wort und sagte: Still, still, guter Pilgersmann, Ihr habt es nicht böse gemeint, ich weiß es; ist doch Euer Herz auch rein geblieben von dieser Ketzerei des falschen Propheten! — Dann ergriff er des Böhmen Hand und fuhr fort: Ich sage es und verkündige es Euch: Den Felsen Petri wird Jener — ich nenne seinen Namen nicht — nicht erschüttern durch seine Ketzereien; der Felsen wird ihn zermalmen! Denkt an mich! Doch lasset uns nun schweigen von den Werken des Satans!

Beide verließen die Kirche. Der Böhme bat den Pater Anton, bei ihm eine Nachtmahlzeit anrichten lassen zu dürfen, was von Letzterem gern gestattet ward. Nun begab sich der Böhme nach der Herberge, um seiner Dienerschaft die nöthigen Befehle zu ertheilen.

9.

Der Gefangene.

In der Nähe von Wilsnack war heut eine Saujagd abgehalten worden, und die Jagdgesellschaft hielt ihre Mahlzeit im Schatten einiger uralten Eichen, unter denen eine lange Tafel aufgestellt war. Fünfzehn Wildschweine, zumeist alte Keuler mit gewaltigen Hauern, lagen auf einer Seite, auf der andern Seite sah man einige bespannte alte Wagen und neben diesen Knechte, die gesattelte Rosse hielten. Ein Knecht zerhieb mit einem Saufänger ein erlegtes Reh und warf Stücke Fleisches den vor ihm gierig lauernden Hunden zu, die von einem Jägersmann mittelst eines Ziemers in Zucht gehalten wurden. Der Küchenmeister in einer Kleidung von weißem Linnen stand zur Seite eines der großen Wagen und ordnete das Auftragen der Speisen und Getränke, während Küchenjungen den Dienst an der Tafel verrichteten.

Der Kleidung und den Waffen nach hätte ein Jeder die Männer sofort für „Herren" erkannt. Die meisten trugen grünsammtene, einige grünwollene Wämser (Lendner), dagegen allesammt hirschlederne Strumpfhosen mit starken Sohlen. Auf den grünen Filzhüten prangten Federn von erlegten Reihern und Habichten. Die Jagdkleidung hatte sich bisher noch von dem Zottel= und Knopfschmuck und der „Getheiltheit"

freigehalten. Die „Herren," märkische Edelleute, waren zumeist
Häupter und Zugehörige hervorragender Geschlechter, doch be=
fanden sich auch einige Zaunjunker[12] und ein dicker Priester,
der sich in dem Jagdanzuge wunderlich genug ausnahm, unter
ihnen. Bis auf den Priester waren Alle höchst markige Gestalten
mit wettergebräunten Gesichtern, deren einige Narben trugen.
Ehrliche und unehrliche Fehde, zu welcher letzteren der offen=
bare Straßenraub zu rechnen ist, Jagd und Prasserei, das
waren die drei Sterne am Lebenshimmel der märkischen Edel=
leute jener Zeit.

Unter der Gesellschaft war Hans von Quitzow die her=
vorragendste Erscheinung, hervorragend keinesweges durch Wohl=
gestalt, sondern dadurch sich auszeichnend, daß er den bornirten
und gewaltthätigen Sinn seiner Standesgenossen überall am
unverschämtesten zur Schau trug. Neben diesen Eigenschaften
machte ihn heut noch insbesondere der Umstand, daß er der
Gastgeber war, zum Mittelpunkte der Gesellschaft. Seine
dunklen Augen und Haare, mehr aber noch seine Gesichts=
bildung verriethen auf den ersten Blick die slavische Ab=
stammung.[13]

Daß die eben stattgefundene Jagd den ersten Stoff der
lärmenden Unterhaltung bei Tafel gab, ist selbstverständ=
lich. Die Jagd auf Keuler, wie deren einige mit aufgeschlitzten
Kehlen und bluttriefenden Nasen auf dem Haidekraute lagen,
war freilich kein Kinderspiel, und man konnte es denen, die
mit kräftigen Fäusten und unverzagten Sinnes den Unthieren
das Fangmesser in den Hals gebohrt hatten, wohl zu Gute
halten, wenn sie sich in die Brust warfen und die näheren
Umstände ihrer Heldenthaten schmucklos oder auch mit einiger
Uebertreibung zu verkündigen strebten. Aber es ging bei der
Unterhaltung so wie überhaupt im Leben dieser edlen Herren:
nur die Gewaltthätigkeit hatte Aussicht zum Ziele zu kommen.

Die Rücksichtslosesten und an Kraft der Stimmen Mächtigsten hatten die Befriedigung, von ihren nächsten Nachbaren verstanden zu werden. Einem gesitteten Manne, dem eine geordnete Unterhaltung die Würze des Mahles ist, würde in diesem wüsten Durcheinander, aus dem Flüche und gotteslästerliche Reden allerlei Art als Bekräftigungen heraustönten, über alle Maßen unbehaglich zu Muthe gewesen sein.[14])

Ging es etwa unserm Priester so, der doch gänzlich still war und keine Miene verzog?

Weit gefehlt! Seine Schweigsamkeit hatte einen andern Grund. Der Priester war Hauskaplan bei Hans von Quitzow. Früher hatte er gern gejagt, ja auch gelegentlich seinen Priesterrock mit einem Panzerrocke vertauscht und eine Fehde mitgemacht, um in sein eintöniges Leben einige Abwechslung zu bringen. Jetzt aber, bei seinem Umfange, saß er nicht mehr gern zu Rosse, am wenigsten gern nahm er Theil an einer Saujagd, da er wohl wußte, welche Gefahren er bei seiner Unbehülflichkeit auf solchen Fahrten ausgesetzt war. Allein so oft der Ritter Hans seine Jagdgefährten zu einer großen Jagd zusammenrief, zwang er dem Kaplan den grünen Jagdwamms auf und schleppte ihn mit, und zwar einzig und allein um an ihm einen Gegenstand des Spottes für die Gesellschaft zu haben.

Hierin lag der Grund der Schweigsamkeit des Kaplans. Das wilde Getose, dessen Inhalt oben bezeichnet worden ist, das Fluchen und Lästern gefiel ihm ganz wohl: je länger dies währte, je länger konnte er ja ungeschoren essen und trinken, und Beides that er in einer Weise, die seinem körperlichen Umfange entsprach.

Allein seine gute Zeit bei Tafel hatte am längsten gewährt. Der erste Gegenstand der Unterhaltung war erschöpft, und es begannen ihn aus den Augen des Einen und des Anderen der

edlen Herren spöttische Blicke zu treffen. Einer der Zaun=
junker bemerkte dies, und es gelüstete ihn, auch einmal etwas
zum Besten zu geben, von dem er hoffte, es würde ihm den
Beifall der Gesellschaft eintragen. Herr Hans von Quitzow,
rief er, ich wollte Euch rathen, Eurem Kaplan künftig den
Anblick der wilden Sauen zu ersparen, dieweil sie ihn doch
gar zu sehr in Schrecken setzen. Heut, als er eine Sau von
fern erblickte, sprang er, trotz seines Schmerbauches, flink wie
ein Häslein zur Seite, und er hätte mir bei einem Haar sein
Saumesser in den Leib gerannt!

Damit war die Aufmerksamkeit der Gesellschaft auf den
Kaplan gelenkt, obgleich es nicht sonderlich behagte, daß es
der jüngste der Tischgenossen war, der den ersten Pfeil auf
den geistlichen Herrn abgeschossen hatte. Der Kaplan trug
in der Regel bei Angriffen solcherlei Art eine große Gleich=
gültigkeit zur Schau und gab nur selten eine Erwiederung.
Hier, meinte er, könne ein Gegenwort nicht schaden, und er
sagte, indem er nach dem Zaunjunker hinblinzelte: Es ist nicht
Alles gelogen, was der Junker Keck oder Kiek in die Welt,
oder wie er sonst heißen mag, wenn er überhaupt einen Namen
hat, sagte: ich habe ihn wirklich beinahe an einen Baum ge=
spießt. Aber das kam daher, weil ich ihn, mit Bedauern sei es
gesagt, für ein — Sauferkel hielt, und Ihr müßt mir gestehen,
edle Herren, daß eine solche Verwechslung im Gebüsche leicht
möglich ist. Schauet nur einmal, wie er in die Welt hinein
glotzt, und ob seine lange weiße Nase nicht beinahe einem
Rüssel gleicht!

Das gab einen gewaltigen Ausbruch des Lachens und
Beifallrufens. Der Junker aber war aufgefahren, und blut=
rothen Gesichts und die geballte Faust schwenkend, donnerte
er drohende Worte gegen den Kaplan. Indeß die nächsten
Sippen des so schwer Getroffenen nahmen ebenfalls die Worte

des Kaplans als Beleidigung auf, und während die meisten der edlen Herren noch unter erneutem Lachen über die Antwort Worte des Beifalls äußerten, ward von den Zaunjunkern und den ihnen zunächst sitzenden Herren bereits ernstlich berathen, in welcher Art die Beleidigung zu rächen sei. Stand doch sogar schon einer der Zaunjunker auf und faßte den Kaplan beim Kragen, um ihn vom Tische wegzuzerren. Das war ein Eingriff in die Rechte des Gastgebers, der auch gewaltig dazwischen rief, wodurch der Angreifer mehr noch als durch das Dazwischentreten Anderer sich veranlaßt fühlte, auf seinen Sitz zurück zu kehren. Aber er rief: Wie darf ein Pfaffe[15]) einen Edelmann beleidigen! —

Das gab nun ein buntes Durcheinander von Reden und Gegenreden. Ritter Hans rief, ein Pfaffe könne reden, was ihm beliebe! —

Ja, hieß es, auf der Kanzel und im Beichtstuhl, da kann er das freilich. Da hat er Macht über uns, und wir müssen's hinnehmen. Ihn schützt dort sein geistlich Gewand. Aber hier! —

Ihr seid auf falscher Fährte, entgegnete Hans. Mit meinem Kaplan wenigstens steht es anders. Mir ist er bald Pfaffe, bald Narr, je nachdem ich sein bedarf für Geistliches oder Weltliches. Hier gilt er uns als Narr, und daß ein Narr reden darf, was ihm behagt, das müßt Ihr doch wohl wissen! Höchstens darf ihm sein Brotherr die Peitsche geben, wenn er's zu arg macht! —

Damit war die Sache in das rechte Geleis zurück gebracht. Die Ritter gaben ihre volle Zustimmung zu erkennen, und die Zaunjunker suchten den Rest ihres Aergers unter höhnischem Lachen zu bergen.

Es war nun aber in einigen der edlen Herren die Stimmung angeregt worden, ihrem Hasse gegen die Geistlichkeit

Luft zu machen. Nachdem manche Schimpfworte gefallen waren
ergriff Hans das Wort. Der sollte unser Mann sein, sagte
er, der uns das Mittel sagte, wie wir uns gegen diese Pfaf=
fenbrut zu verhalten haben, daß sie uns nur nützen und nicht
schaden könnte! In den alten guten Zeiten gehörten uns Ländereien, Wald, Fluß und See, und das Volk diente uns.
Jetzt aber haben die Pfaffen schon den fünften Theil des
Grundes und Bodens des großen heiligen römischen Reiches
inne, abgesehen von den Schätzen an Gold und Silber, die sie
in ihren Truhen angehäuft oder in heiligen Gefäßen sich ge-
sichert haben. Und wie kamen sie in's Land? Mit dem Bettel=
stabe und im härenen Kleide! Der Krummstab ist jetzt von eitel
Gold und mit Edelsteinen besetzt, und die Priestergewänder
starren von Gold! Und unter ihrem Schutz haben sich ein
Theil der Hörigen zusammengethan und sich Städte erbaut,
und die Abkömmlinge der Hörigen, die sich jetzt Bürger
nennen, beginnen auch mehr und mehr uns unsre alten Rechte
streitig zu machen und stützen sich dabei auf die Pfaffen, ohne
zu bedenken, daß diese ihr Gedeihen nur fördern, wie die
Hirten das Gedeihen der Schafe — um der Wolle willen!
— Es ist schon weit gekommen, denn wer glaubt einem Pfaffen
noch, außer wenn er ein geistlich Werk verrichtet? Ihr Zeug=
niß gilt im öffentlichen Leben eben so wenig, als das der
Gaukler, Zigeuner, Wunderschauer und Juden. Wird es doch
auch schon an Gerichtsstätten abgewiesen! Aber schon reden
die Steine! Ja, die Steine, fuhr Hans fort, sie reden. Ihr
werdet mich gleich verstehen! Es war zum Feste des heiligen
Michael ein Edelmann aus Pommern bei mir, der von einem
Ritte nach dem Rheine zurückkehrte und mir wundersame
Dinge erzählte. Ueber dem Hauptportal der Marienkapelle
zu Würzburg sah er ein Steinbild, welches das jüngste Ge=
richt darstellt. Auf einer Seite sieht man die Seligen, die

— 59 —

von Engeln gen Himmel geleitet werden, auf der andern die Verdammten in der Hölle. Und unter den Verdammten befinden sich zumeist — Pfaffen, sogar hohe Prälaten und Pröpste! — In der Pforzheimer Kirche sah er ein Bild ähnlicher Art. Ein Wolf in einer Mönchskutte, aus der eine Gans den Hals vorstreckt, predigt einer Schaar von Gänsen, die Rosenkränze in den Schnäbeln halten, und darunter stehen die Worte:

   Ich will Euch wohl viel Fabeln sagen,
   Bis ich füll' all' meine Kragen.

Daraus könnet Ihr entnehmen, daß sogar denen schon ein Licht über die Pfaffen aufgegangen ist, die ihnen die schönen Dome bauen! Aber was hilft dies Alles? Die Pfaffen sind wie die Feldmäuse. Je reicher die Saat, je mehr vermehren sie sich. Zuletzt werden sie alle Körner nehmen, und uns wird das Stroh bleiben.

Es soll schon, bemerkte ein Edelmann, unter den Pfaffen selbst hier und da Einer aufgetreten sein, der gegen den schlechten Lebenswandel seiner Genossen angekämpft hat.

Ja, nahm Hans wieder das Wort, davon hat man schon gehört. Aber auch davon, daß die Kirche solche Leute bald genug stumm zu machen weiß. Einige sind zu Kreuze gekrochen, Andere hat man verbrannt oder lebendig eingemauert. Wird es dem Huß anders ergehen, der jetzt in Prag gegen seine eigenen Genossen predigt? Er soll ein Mann von großer Gelehrsamkeit sein und einen frommen Lebenswandel führen. Es heißt, er habe die Geschichte von der silbernen Hand schon mehrmals von der Kanzel verkündigt.

Nicht alle Anwesende kannten die Geschichte. Deshalb fuhr Hans fort: So will ich Euch kurz darüber berichten. Ein reicher Böhme, der eine verdorrte Hand hatte, kam nach Wilsnack und hoffte dort Genesung zu finden. Sein Glaube an die

Kraft des Wunderblutes war so groß, daß er eine Hand von gebiegenem Silber mitgebracht hatte, um, wenn seine Heilung geschehen sei, sie der Kirche zu schenken. Doch er wurde trotz der Verheißungen der Pfaffen von seinem Uebel nicht erlöst. Diese, die von der werthvollen Gabe erfahren hatten, strebten danach, sie zu erhalten, und setzten dem Manne zu, indem sie sagten, er solle um seines Leibes und seiner Seelen willen nicht vom Glauben abfallen, wodann auch die Heilung nachfolgen werde. Da gab er die silberne Hand und reiste ab. Nach acht Tagen aber kehrte er auf seiner Reise wieder zurück, weil ihm die Pfaffen Mißtrauen eingeflößt hatten. Und als er nun, ohne daß man in Wilsnack etwas davon ahnte, unter dem Volke in der Kirche saß, zählte ein Pfaffe alle Heilungen auf, die das Wunderblut bewirkt habe. Dabei nannte er auch den Namen des Böhmen und sagte, dieser sei bei seinem letzten Gebete vor dem Wunderblute plötzlich genesen und habe darauf der Kirche aus Dankbarkeit diese silberne Hand — der Pfaffe zeigte sie dem Volk — geschenkt. Als der Böhme dies hörte, fuhr er auf und erhob seine verdorrte Hand, daß sie Allen sichtbar ward, indem er rief: Pfaffe, Du lügst! — Diesen und ähnlichen Trug soll Huß in Prag mit großer Kraft verkünden.

Wenn er dabei bliebe, sagte ein Edelmann, so wäre Alles gut! Der Pfaffenbetrug kann nicht kräftig genug aufgedeckt werden! Aber er geht weiter! Er eifert — es ist mir dies von Leuten erzählt worden, die ihn gehört haben — gegen das heilige Blut selbst! Er bestreitet, daß des Herrn Leib in der Feuersgluth Blut ausgeschwitzt habe!

Es war sichtlich zu merken, daß diese Nachricht alle Hörer erschreckte.

Thut der Pfaffe dies, sagte Hans, so ist er ein gefährlicher Ketzer, der mehr als Tod verdient! Wie darf er ein heiliges Wunder antasten, das durch so viele geistliche Zeugen beglaubigt ist? In weltlichen Dingen lügen die Pfaffen, ja, das ist war, in geistlichen Dingen reden sie jedoch die Wahrheit. Das Blut an den Hostien ist des Herrn wahrhaftiges Blut, selbst wenn die Pfaffen mit Hülfe desselben nebenher trügen. Doch unsre Unterredung ist viel zu ernsthaft für eine Jagdmahlzeit geworden. Sehet, während wir hier eifern, ist mein Kaplan in größter Seelenruhe eingeschlafen. Schwäher, gieb ihm doch einmal einen derben Nasenstüber, und dann lasset uns von anderen Dingen reden!

Das unsanfte Erwecken des Kaplans, seine Gebehrden und seine zornigen Aeußerungen gaben der Gesellschaft willkommenen Stoff zu neuem Gelächter und zu mancherlei Bemerkungen.

Da wurde plötzlich die Aufmerksamkeit der Herren auf einen andern Gegenstand gelenkt. Zwei Knechte kamen mit einem Gefangenen herbei, einem blühenden Jünglinge, dem man die Hände auf dem Rücken zusammengebunden hatte, und dem ein Mann in geistlicher Kleidung folgte.

Ein junges Blut noch und soll schon henken, sagte ein Edelmann. Was mag er verbrochen haben?

Aber weshalb führt man ihn zu uns? versetzte ein Anderer. Sollen wir Henkers Zeugen sein?

Jene waren indeß näher gekommen. An dem Haar und an den Kleidern des Gefangenen sah man Blut.

Es handelt sich um etwas Anderes, sagte Hans, es sind ja meine Knechte. Aber weshalb mag ein Pfaff hinter ihnen hertrotten? — Was hat der Bursch ausgefressen? rief er den Knechten zu.

Gestrenger Herr, antwortete einer der Knechte, er hat Eure beiden besten Saupacker, Blaff und Beiß, erschlagen.

Hätte Hans vernommen, zwei seiner Leute wären zu Schaden gekommen, er wäre ruhig sitzen geblieben. Bei dieser

Nachricht aber sprang er auf, und seine Zornesader auf der Stirn begann augenblicklich aufzuschwellen, indem er dem Jünglinge Blicke zuwarf, die manchen Mann erschreckt hätten, und dabei voll Hast und Heftigkeit nach den Hunden fragte. Die Knechte wiederholten, der Gefangene habe sie getödtet.

Da erhob Hans seine gewichtige Faust, und der Schlag, der dem Jünglinge zugedacht war, wäre auch zur Ausführung gekommen und hätte ihn vielleicht auf der Stelle getödtet, wenn nicht der Priester zwischen Beide gesprungen wäre. Das geistliche Gewand that seine Wirkung; Hans ließ seinen Arm sinken, aber er fuhr den Priester heftig an und forderte ihn auf, sich wegen seines unberufenen Einmischens zu rechtfertigen.

Herr Hans von Quitzow, sagte der Priester, ich rede für einen Unschuldigen!

Hans biß die Zähne zusammen. Der mir die Hunde erschlagen, die besten Hunde, sagte er, den nennst Du unschuldig?

Gewiß, Herr Ritter! Nein, nicht Gewalt, ich bitte, ich beschwöre Euch, mich, ehe Ihr eine Entscheidung trefft, einige Augenblicke anzuhören!

Dann aber schnell; denn zu einer langen Verhandlung mit Dir habe ich nicht Lust!

Der heilige Franziskus segne Euch dafür, daß Ihr Eurem Eifer Zügel anlegtet! Doch nun höret! Dieser Jüngling hat vor Jahr und Tag einer wüthenden Wölfin ihr Junges geraubt und die Wölfin darauf im harten Strauß besiegt. Er zog das Junge auf, es ward ihm — im Andenken an seine That — über alle Maßen lieb, Herr, lieber wohl noch, als Euch Eure Hunde waren. Der Wolf, der schnell heranwuchs, schlief des Nachts in seiner Kammer und war sein Begleiter, wenn er ausging. Heut wurde ich zu einem Köhler nach dem Walde gerufen. Der Jüngling begleitete mich und uns Beide der Wolf, der bald rechts, bald links, wie es Hunde zu thun pflegen, im Walde abschweifte. Plötzlich hören wir Hundegebell und sehen gleich darauf, wie der Wolf, von zwei gewaltigen Hunden verfolgt, auf uns zugelaufen kommt. Wenige Schritte von uns erreichen ihn die Hunde, und der Kampf beginnt. Der Jüngling, von dem Gedanken an die Gefahr, in der sein Liebling schwebte, hingerissen und ohne es natürlich zu ahnen, daß Euch die Hunde gehören, springt hinzu, packt die Hunde bei den Halsbändern und reißt sie zurück. Nun fallen die wüthenden Thiere ihn an, und nur der Gier, die sie nach dem Wolfe hinzog, mag er es zu danken haben, daß sie ihn nicht zerrissen. Sie kamen los, und der Kampf mit dem schon blutenden Wolfe begann auf's Neue. Vergebens suchte ich den Jüngling zurückzuhalten. Er ergriff einen Stein und war einen Augenblick darauf wieder unter den kämpfenden Thieren. Wie es im Einzelnen zugegangen, vermag ich nicht zu sagen, genug, es währte nur kurze Zeit, so wälzten sich die Hunde heulend am Boden. Aber auch der Wolf hatte genug. Der Jüngling trug ihn auf eine andre Stelle und untersuchte seine Wunden. Da blickte ihn das Thier noch einmal an, leckte ihm die Hand und starb.

Dem Jünglinge, der den wüthenden Blick des Ritters Hans mit Ruhe ertragen hatte, schossen plötzlich Thränen in die Augen. Er schüttelte aber das Haupt, als wolle er die Tränen wegschütteln.

Die übrigen Edelleute waren näher herzugetreten; man sah es ihnen an, daß sie mit Theilnahme auf den schönen Jüngling blickten, der zugleich, der Erzählung des Priesters zu Folge, von einem seltenen Muthe beseelt war. In Hans hatte der Zorn so weit nachgelassen, daß er davon abstand, selbst Hand an den in seinen Augen immer noch Schuldigen zu legen. Der Priester hatte es indeß, nachdem er hinzugefügt, in wie gröblicher Weise der Jüngling von den hinzueilenden Knechten gemißhandelt worden sei, an den inständigsten Bitten nicht fehlen lassen. Er bezweckte aber weiter nichts, als daß Hans sagte: Er bleibt mein Gefangener und kommt diese Nacht in den Thurm! Das Andre wird sich finden! Geht nun, ich mag weiter nichts hören!

Damit wandte er sich hinweg und sagte zu seinen Gästen: Ist's Euch genehm, so reiten wir heim!

Der Priester aber ließ sich damit nicht abweisen. Mit lauter Stimme rief er: Das dürft Ihr nicht, gestrenger Herr, das dürft Ihr nicht!

Schweig, Pfaff, donnerte jetzt Hans, oder ich lasse Dich, trotz Deiner geistlichen Kleidung, mit Hunden zum Walde hinaus hetzen!

Aber der Priester schwieg nicht. Mich möget Ihr verachten, entgegnete er, aber ich rede hier im Namen eines Mannes, dem Ihr Ehrfurcht schuldig seid und sie ihm zollen werdet!

Wer ist das? unverschämter Pfaffe.

Euer seliger Vater, der Herr Kuno von Quitzow ist's!

Voll Verwunderung horchten Alle auf.

Hans sagte: Was für ein Pfaffentrug ist das wieder?

Kein Pfaffentrug, Herr Ritter! Waret Ihr und Euer Bruder Dietrich doch selbst zugegen, als Euer seliger Herr Vater diesem Jüngling — er war damals noch ein Kind — seine Fürsorge angedeihen ließ. Erinnert Ihr Euch, einmal — Ihr mochtet in dem Alter dieses Jünglings stehen — einem Franziskaner mit einem Knaben begegnet zu sein?

Hans stutzte. Ihm stand das vom Priester Angedeutete in treuer Erinnerung. Miene und Gebehrde plötzlich ändernd, sagte er: Wie, das wäre der . . . . .

Er hielt inne, und es war nicht ersichtlich, ob er den Namen des Jünglings nicht kannte, oder ob er ihn auszusprechen Anstand nahm.

Joachim, ja, so heißt er mit Vornamen.. Den Vatersnamen kenne ich nicht. Kennt Ihr ihn, Herr Ritter?

Hans gab darauf keine Antwort, befahl aber den Knechten, den Gefangenen frei zu machen. Seine Mienen blieben finster, so daß man sah, er handelte nicht nach einer Bewegung seines Herzens, sondern er folgte nur einem Gebote der Pflicht. Die Ehrfurcht vor meinem Vater, sagte er, fordert es von mir, Dich frei zu lassen. — Er ließ sich darauf ein gefülltes Trinkhorn reichen und bot es Joachim mit den Worten dar: Trink es meinem Vater zu Ehren aus, der Dich heut segnet!

Gott lohn es Euch! sagte Joachim und that, wie ihm geheißen.

Auch dem Priester hatte Hans ein gefülltes Horn reichen lassen. Dann sagte er: Was soll aus dem Joachim werden?

Pater Anton — als der ist der Priester ja von den Lesern bereits erkannt — sagte: Ich mühe mich immer noch, ihn für den geistlichen Stand zu gewinnen, aber . . . . . .

Der geistlich? S'wär jammerschade! ertönte es aus der Reihe der Herren.

Hans fragte: Joachim, magst Du die Mönchskutte oder den Priesterrock?

Joachim schüttelte den Kopf.

Aber den Waffenrock? Und dann hinaus, wo Schwerter drein schlagen? He?

Joachims Augen strahlten. Ja, Herr Ritter, sagte er, ich bitte Euch, verhelft mir dazu!

Nun, wenn Du wacker b'reinschlagen kannst, sagte Hans, so werde ich Dich brauchen können. Dann wandte er sich an den Priester und sagte: Gieb mir den Joachim mit!

Anton erschrak plötzlich. Gestrenger Herr, entgegnete er,

mehr noch, wie Joachim seinen Wolf lieb hatte, habe ich ihn lieb; gutwillig geb ich ihn nicht!

Du wirſt's gutwillig thun, ſagte Hans. Du haſt meinen ſeligen Vater nicht umſonſt angerufen, ich werde ihn auch nicht umſonſt anrufen. Er ſagte mir auf ſeinem Sterbebette: Wenn Du ihn wieder findeſt, ſo nimm ihn zu Dir und ſorge für ihn! —

Pater Anton ſann einen Augenblick. Es kamen ihm Gedanken wieder, die er ſchon oft gehegt hatte. Es kann nicht anders ſein, ſagte er ſich: die Quitzow's wiſſen um die Abkunft Joachims. Er ſtammt aus gutem Geſchlecht, und wenn er in ihr Haus käme, vielleicht löſte ſich Manches, was jetzt noch dunkel iſt, zu ſeinen Gunſten! Bleibt er bei dir, ſo iſt dazu keine Hoffnung. — Solcherlei Erwägungen führten ihn ſchnell zu dem Entſchluſſe, zu ſagen: Herr Ritter, wie ſauer es mir auch wird, ich beuge mich; nehmt ihn hin!

Dem Jünglinge ſchwindelte es faſt vor Augen.

Kann er reiten? fragte Hans, indem er nach den Roſſen ſah, worauf Anton entgegnete: O, er weiß mit Pferd, Schwert und Lanze umzugehen, wie Einer!

Das ſteckt ihm im Blute! murmelte Hans vor ſich hin. Ihm kam es jetzt darauf an, den Abſchied Joachims von Anton zu verkürzen, und er rief daher haſtig nach den Pferden. Auf Eines weiſend, ſagte er zu Joachim: Sitz auf und folge mir! Pater Anton, lebt wohl! kommt bald einmal zu mir herüber und nehmt dann Abſchied für längere Zeit von einander!

Anton und Joachim wußten kaum, wie ihnen geſchah — es kam eben das Alles gar zu plötzlich. Schon ſaß Joachim auf dem Roſſe, von dem er dem Pater Anton die Hand reichte. Dieſer gab dem wiehernden Braunen einen Schlag auf den Schenkel, indem er ſagte: Nur vorwärts, Herzensjunge, und nicht gezittert! Marie und die Heiligen ſeien mit Dir! Ich komme bald! — Und dahin trabte Joachim, dem edlen Herrn nach.

Es währte nur einige Augenblicke, und bi.. ..iter waren im Walde verschwunden, nur die Wagen, die Knechte und die Dienerschaft befanden sich noch auf der Stelle, auf der die Unterredung stattgefunden hatte.

Mit einem Seufzer aus der tiefsten Tiefe seines Herzens wandte sich Anton ab; zwei dicke Thränen rollten über seine fetten Wangen.

10.
Hans von Quitzow gegen Lehnin.

Eine Reiterschaar ritt durch den Wald; ein Fähnlein, einen weißen Stern im rothen und einen rothen Stern im weißen Felde tragend, flatterte im Winde.

Den Zug führten zwei Reiter, einer in den angehenden Mannesjahren, der andere schon bejahrt. Der Erstere der Reiter war Joachim, der sich bereits seit einigen Jahren bei Hans von Quitzow befand und sich durch Thätigkeit im kriegerischen Dienst schon vor längerer Zeit zu einem Führer aufgeschwungen hatte. Er führte jetzt den Namen Junker Joachim, über seine Abstammung war ihm noch nichts bekannt geworden. Junker Joachim trug ein Panzerhemd, das sich eng an seine starken Glieder anschloß und seine schlanke, kräftige Gestalt hervorhob. Der ältere der Führer war ein den Quitzow's befreundeter Edelmann, Ortwin von Bisen mit Namen. Ein starker Harnisch umschloß des noch kräftigen Mannes Brust. Beide trugen blitzende Helme und ritten Rosse von so mächtigem Gliederbau und so wohlgenährter Art, wie man sie jetzt nur noch bisweilen vor schweren Packwagen in großen Handelsstädten sieht.

Junker Joachim war ernst und schweigsam. Ortwin von Bisen hatte mehrmals schon ein Gespräch anzuknüpfen ver=

sucht, aber es waren ihm von dem Angeredeten immer nur ausweichende Antworten gegeben worden.

Nachdem Bisen eine Weile geschwiegen hatte, kam ihm plötzlich ein Gedanke, von dessen Wirkung auf den Junker er sich Erfolg versprach. Will doch sehen, dachte er, ob dieser Bolzen sitzen wird!

Sich den grauen Schnurrbart streichend, sagte er in ruhigem Tone: Rede mir Einer, was er wolle, ich bleibe dabei: Euer Vater war sicherlich ein weltlicher Herr, Eure Sippen aber habt Ihr unter der Geistlichkeit zu suchen!

Joachim fuhr auf im Sattel, und seine Augen blitzten dem Edelmanne entgegen, als er sagte: Eure Gründe, Herr Ritter!

Ich habe kein Pergament gefunden, aus dem ich meine Beweise herholen könnte, fuhr Bisen fort, sondern ich entnehme das, worauf ich mich stütze, aus Eurem ganzen Wesen.

Erklärt Euch deutlich! Ich verstehe Euch nicht! Ich will nicht hoffen, daß Eure Rede Zweifel an meinem ritterlichen Sinne ausdrücken soll!

Behüte! Junker Joachim, behüte! Habt Ihr von Eurem ritterlichen Sinne doch schon vielmals Zeugniß abgelegt! Und würde denn auch, wenn es Euch daran gebräche, Hans von Quitzow Euch ein Fähnlein seiner Knechte anvertrauen? Aber es liegt so nebenher etwas in Eurem Blute, das ich — geistlich nennen möchte. Aber ich will Euch nicht ungeduldig machen, und Ihr sollet sogleich erfahren, was ich im Sinne habe. Ich sah Euch bei der Fehde gegen den Herzog Johann von Mecklenburg, den wir gefangen nach Plaue führten; ich sah Euch bei dem Sturm und der Einnahme des Schlosses Köpnick, bei der Fehde mit Cuno von Wulffen in dem Gefecht bei Gloina, wo Hans von Quitzow ein Auge verlor, und überall waret Ihr ein frischer, fröhlicher Kampfgeselle. Kaum aber begann die Fehde gegen das Kloster Lehnin, da sah man Euch wie umgewandelt. Ihr thatet Eure Pflicht, ja, Junker Joachim, aber — unluftig! —

Und da meint Ihr, so eine gewisse Hinneigung zu dem Abt von Lehnin und den Geistlichen überhaupt stecke mir in den Gliedern?

Bifen nickte mit dem Kopfe.

Ihr seid auf falscher Fährte, Herr Ritter, fuhr Joachim fort, und der Beweis dafür läßt sich leicht führen. Haben nicht die Gebrüder Quitzow den Erzbischof von Magdeburg mit Krieg überzogen? Habt Ihr mich — Ihr waret ja auch dabei — bei dieser Fehde etwa auch unluftig gesehen? Und doch bekleidet der Erzbischof ein viel höheres geistliches Amt, als der Abt von Lehnin. Sehet, Eure Beobachtungen waren unvollständig, und Eure Schlüsse fallen in Nichts. —

Hm! ja, in der magdeburger Fehde da waret Ihr auch jederzeit frischauf und thatet mehr als Eure Schuldigkeit, das ist wahr. Aber könnte das nicht daher gekommen sein, daß Ihr in dem Erzbischof mehr einen weltlichen Fürsten als den geistlichen Herrn bekämpftet, und daß Heinrich Stich, der Abt von Lehnin, in Euren Augen eben mehr die Bedeutung eines geistlichen Herrn hätte? —

Joachim wollte entgegnen, aber Bifen fiel ihm in's Wort: Irret Euch nicht, Junker Joachim! Die Klöster mögen in früheren Zeiten segensreich gewirkt haben; jetzt sind sie auch nur noch die Geburtsstätte weltlicher Gelüste. Und dieser starrsinnige Abt! Ist Hans von Quitzow nicht schwer genug von ihm gereizt worden?

Joachim war dem Abte von Lehnin grade so viel und so wenig zugethan, als dem Erzbischofe von Magdeburg. Ebenso wenig hatte er nach dem Rechtsgrunde der einen oder der andern Fehde gefragt. Wenn von seinem Dienstherrn der Befehl zum Aufsitzen kam, so saß er auf, und wenn es an's Losschlagen ging, so schlug er los, ohne jemals einen anderen Gedanken zu hegen, als den: das Recht liegt im Schwerte! In diesem Punkte war er ein ächter Quitzower. Wie hätte es auch anders sein können! Die geistige Luft, die er in der Nähe Quitzows und der Genossen desselben einathmete, war doch auch wahrlich nicht der Art, daß die in ihm liegende bessere Natur sonderlich hätte gedeihen können. Demnach war Bisen in der That auf falscher Fährte, wenn er meinte, der Kampf gegen den geistlichen Herrn sei Joachim zuwider.

Joachim sprach dies aus. Der redselige Bisen ließ sich aber dadurch in seinem Gedankengange nicht stören. Er kam jetzt auf die Veranlassung der Fehde gegen das Kloster Lehnin zu sprechen, und da Joachim nichts Besseres zu thun hatte, und in ihm auch die Neugierde nach dem Bezeichneten entstanden war, schenkte er dem Redenden seine volle Aufmerksamkeit.

Geistliche Herren! sagte Bisen mit spöttischem Lächeln! Geistliche Herren! Möchte doch wissen, wer sich heut zu Tage auf weltliche Sachen besser versteht, als sie! Geistliche Herren! Ja wohl, mit Speck fängt man Mäuse. So fangen sie uns mit dem Aushängeschilde „geistlich." O, das kommt so sacht, so sanft, so lammsfromm; aber haben sie nur ein Schimmerchen Eigenthumsrecht an einer Sache gewonnen, so bleibt sie ihnen an den Fingern kleben, wie Vögel an Leimruthen. Man muß drauf schlagen, will man's wieder haben. Die Lehniner waren — auf welche Art, das sei dahin gestellt — zu dem Recht der Fischerei auf der Havel gekommen, obgleich diese zwei Meilen weit vom Kloster entfernt liegt. Als Grenze bezeichneten sie auf der einen Seite Potsdam, auf der andern die Dörfer Paretz und Schovin, und eingerechnet waren der Schwilow=, der Glindower=, der Plesower=, der Linewitzer=See, der Haibe=See Botzin und die Havel bei Werder. Außerdem behaupteten die Mönche das Eigenthums= recht auf das Gewässer bei dem Schlosse Plaue zu haben und zwar vom Schlosse bis Wusterwitz und von jenem Schlosse bis Briest die Havel abwärts und hinauf bis Alt=Branden= burg. Die Sache ruhete, bis Hans von Quitzow in den Besitz des Schlosses Plaue kam und der Abt ihm ansagen ließ, er solle nicht übersehen, daß das Gewässer, welches das Schloß bespüle, dem Kloster gehöre, der Besitzer von Plaue demnach weder das Recht der Fischerei, noch das Recht, Fahr= zeuge auf demselben zu halten, habe. Ihr könnt wohl denken, daß eine so unverschämte Ankündigung dem Ritter in die Krone schoß, überdies da in den Schenk= und Kaufbriefen, auf die der Abt sich stützte, die Grenzen nicht genau bezeichnet waren. Hans von Quitzow erklärte, die alten Pergamente seien ihm gerade nur so viel werth wie Flederwische, er werde sich dagegen auf das lebendige Recht stützen, und dies ver= lange, daß ein Schloß am Wasser nicht von dem Wasser ab= geschnitten sein dürfe. Auf diese Grundlage hin wolle er mit dem Kloster in Verhandlung treten.

Und darauf ging der Abt nicht ein? fragte Joachim.

Behüte! Auch dann nicht, als ihm deutlich bewiesen wurde, daß ein am Wasser liegendes Schloß doch offenbar zur Hälfte vertheidigungslos sei, wenn es nicht das Recht der Schifffahrt wenigstens in nächster Nähe habe. Wenn von dem Abte ge= sagt worden wäre: Fahrzeuge darfst Du stellen, aber fischen darfst Du nicht, die Fische gehören uns! so hätte man sich gesagt, es handle sich hier um nichts, als die Klostergier; so aber war es ja offenbar, daß bösere Dinge dahinter steckten. Sich die Möglichkeit zu erhalten, uns mit Hülfe von Ver=

bündeten über Kurz oder Lang einmal anzugreifen, das war es, was der Abt im Schilde führte! Zweifelt Ihr daran? Es scheint so! erwiederte Joachim.

Nein, es ist so, glaubt mir! fuhr Bisen fort. Ich kenne das Pfaffenvolk besser, als Ihr, dieweil ich älter bin. Nicht einmal wegen der Festsetzung einer Entschädigung verstand sich das Kloster, zu unterhandeln. Steht es so, sagte Quitzow, nun, dann ist die Sache einfach. Er ließ in das Gewässer um Plaue neue Weeden (Pfähle) stecken und dem Abte sagen, er solle ihn daran verhindern, wenn er es vermöge! — Mit Gewalt konnte der Abt nichts durchsetzen, aber er klagte nun aller Welt sein Leid und floß über von den bittersten Schmähungen gegen Hans. Dieser kehrte sich nicht daran, und es ward nach und nach still. Kaum aber war Günther von Schwarzburg zum Statthalter über die Mark gesetzt, so ging das Lärmen von Neuem an. Der Abt beschwor ihn, den Ritter Hans zur Verantwortung vorzufordern und ihm eine Entschädigungszahlung aufzuerlegen, um damit das gekränkte Recht wieder herzustellen. Aber Schwarzburg's Herrlichkeit währte nicht lange. Dietrich von Quitzow überfiel ihn, als er eben nach Tangermünde zog, um sein Amt anzutreten, nahm ihm sein Gepäck und gab ihm damit eine kleine Probe von dem, was er zu gewärtigen habe, wenn es ihm gelüsten sollte, den märkischen Adel meistern zu wollen. Dem Schwarzburger ward dadurch das Amt eines Landvoigtes über die Mark verleidet, und er legte bald darauf seine leere Würde nieder. Als endlich nun gar Dietrich von Quitzow zum Schutzherrn der Mark ernannt wurde, entfiel den Lehnern der Muth ganz, auf ihre Rechte zu pochen. Sie hielten sich eine Zeitlang still. Bald aber fand sich eine Gelegenheit für den Abt, seiner Bosheit gegen den Ritter Hans Ausbruck zu geben. Die Summe Geldes, die Dietrich für die Schutz-

herrschaft über die Mark zu empfangen hatte, mußte von den
Landesständen aufgebracht werden, zu denen auch der Abt von
Lehnin gehört. Als man ihn zum Zahlen aufforderte, sagte
er, er werde keinen Heller geben, zumal er den Schutz Dietrich's
nicht begehre. O Du hartnäckiger, boshafter Abt, damit hatteſt
Du Dir die Schlinge selbst um den Hals gelegt, die Dir
Hans nun nach und nach immer fester gezogen hat! — Die
Brüder Hans und Dietrich verständigten sich, und der Abt
erhielt an ein und demselben Tage von Hans einen Fehde=
brief und von Dietrich die Ankündigung, daß er bei vorkom=
menden Fällen auf seinen Schutz nicht zu rechnen habe. Hans
zog die Schlinge Anfangs nur ein wenig an. Er fiel in das
Lehniner Gebiet ein, plünderte einen großen Hof, den das
Kloster hatte anlegen lassen, zündete sämmtliche Gebäude an
und zog mit der gemachten Beute heim. Waret Ihr um jene
Zeit nicht schon in Plaue?

Ei freilich, erwiederte Joachim, es war der Hof Töplitz,
von dem Ihr erzählt. War ich doch selbst dabei! Es war
der erste Zug, den ich mitmachte. Der Abt hat den ihm zu=
gefügten Schaden auf mehr als hundert Schock böhmischer
Groschen berechnet. Ich habe Euch übrigens Dank zu sagen
für die Auseinandersetzung, Herr Ritter. Nun ist mir Alles
klar. Ich war auch bei der Plünderung des Dorfes Schmer=
gow. Ihr habt mit Eurem Gleichniß von der Schlinge recht,
denn in Schmergow wurde ein noch größerer Schaden ange=
richtet. Wiederum nach einer Zeit pochten[16]) wir das reiche
Dorf Schönerlinde und auf dem Heimwege noch einige andre
lehniner Dörfer aus. Das gab überall große Freude und große
Beute und in Plaue danach große Schmausereien.

Wird's auch diesmal wieder geben! sagte Bifen. Schauet
nur einmal zurück auf Eure Leute, und Ihr werdet die Freude
darob auf allen Gesichtern lesen! Darum wunderte ich mich

vorher ja eben über den Mißmuth, der in Eurem Gesichte geschrieben stand, und meinte, der halsstarrige Pfaff zu Lehnin habe ein Plätzchen in Eurem Innern gefunden.

Joachims Gesicht verfinsterte sich wieder. Daß ich diesen Zug mit Unlust mitmache, sagte er, verhehle ich Euch nicht; ich will Euch aber ebenso wenig den wirklichen Grund davon ver= hehlen. Herr Ritter, die Sache ist kurz gesagt. Zug und Zug ist Zweierlei. Ein Zug, bei dem es zu Gefechten kommt, bei dem es gilt, ein Schloß zu stürmen, eine Stadt zu er= obern, das ist ein anderes Ding. Aber hier? Lehnin hat eine Handvoll Klosterknechte, die sich außerdem nicht einmal heraus= wagen gegen uns. Was bleibt also? Wenn wir uns einem Dorfe nähern, so flüchten die Leute, Männer, Weiber und Kinder, mit Heulen in die Wälder. Dann räumen wir Kisten und Kasten aus, treiben das Vieh, das die Einwohner nicht zu retten vermochten, zusammen, werfen Feuer in die Stroh= dächer und ziehen dann mit der Beute davon. Dies Alles könnten die Knechte allein — ohne uns — ausrichten. —

Visen riß die Augen auf und sah erstaunt auf Joachim. Erst nach und nach fühlte er etwas von dem tieferen Inhalt der eben gehörten Worte heraus. In dem Grade dies geschah, nahm sein Angesicht den Ausdruck der Beleidigung an; end= lich sagte er: O, o, Herr Junker, Ihr wollet hoch hinaus! Hinter dem, was Ihr da sagt, steckt eitel Hoffahrt. Was zu thun die edelsten Geschlechter der märkischen Herren nicht An= stand nehmen, wird für Euch nicht zu geringfügig oder zu unehrenhaft sein! —

Joachim war sich dessen, was er gesagt hatte, nicht recht bewußt. Seine bessere Natur äußerte sich in Bezug auf die vorliegende Sache zunächst nur durch die Hinneigung für das Eine und Abneigung gegen das Andre, deshalb konnte er ehrlich sagen: Herr Ritter, Ihr seid wieder auf falscher Fährte. Gesteht

mir doch: wär's Euch nicht auch lieber, wenn es gegen eine Reiter=
schaar oder gegen eine Stadt ginge, und Ihr anstatt nach einem
Zünder für den Häuserbrand nach Eurem Schwerte greifen könntet?

Das versöhnte den Ritter wieder, und er sagte: Da habt
Ihr recht, Junker! Aber das Auspochen und Niederbrennen
von Dörfern gehört doch nun auch einmal zum Kriegshand=
werk, und ein echter Kriegsmann thut Alles, was geschehen
muß, ohne sich darüber den Kopf zu zerbrechen, ob das Eine
schöner oder häßlicher ist als das Andre!

Die Reiter hatten einen Wiesenrand erreicht. Hier machte
der Zug unter Buchen Halt, denn auf dieser Stelle wollte
Hans von Quitzow mit der Hauptschaar ihn treffen. Es
währte auch gar nicht lange, da vernahm man Wiehern und
Stampfen von Rossen und sah das rothe und weiße Haupt=
banner und das Blitzen der Waffen zwischen den Bäumen
hindurch. Quitzow in seiner markigen Gestalt und sein
schwarzer, schäumender Streithengst schienen Eins zu sein;
des Ritters ganze Erscheinung war so furchtgebietend, daß,
wenn er auch allein einen Ritt durch den Wald machte, er
doch „ein Schrecken der Wanderer" war. Das eigenthümliche
Wiegen des hocherhobenen Hauptes und der aufgeworfene
breite Mund ließen erkennen, daß er sich seiner gefürchteten
Stellung in der Mark wohl bewußt war, ja, daß ein gefähr=
liches Sicherheitsgefühl sich bereits seiner bemächtigt hatte.
Wisen und Joachim waren ihm entgegen geritten, und nach=
dem er einige Fragen an sie gerichtet hatte, setzte sich der
vereinte Zug in Bewegung und zwar gerade Weges dem
Kloster Lehnin zu. Ritter Hans war wortkarg, der Ausdruck
seines Angesichts aber bekundete, daß unheilvolle Gedanken
unter seiner Stirn arbeiteten. Einige hingeworfene Aeuße=
rungen, wie diese, er wolle dem Satanspfaffen doch einmal
so viel geben, daß er genug habe, — er wolle ihm sein

Lästermaul endlich einmal stopfen, erweckten in Bifen plötzlich die Befürchtung, daß es diesmal dem Ritter Hans weniger um das „Auspochen" von Klosterdörfern, als darum zu thun sei, Hand an den Abt zu legen. Seine Beunruhigung nahm zu, je weiter der eingeschlagene Weg nach dem Kloster verfolgt ward. Es war von ihm schon mancher Mann erschlagen worden im Felde sowohl, als auch, wenn es galt, Ortschaften auszuplündern oder Waarenzüge der Kaufleute zu überfallen. Dabei hatte er sich zumeist im Rechten gefühlt, oder sich doch, wenn er hinterher ausnahmsweise einmal von einer Beunruhigung heimgesucht worden war, im Beichtstuhl oder durch Geldopfer Freisprechung von Fegefeuer- und Höllenqualen zu verschaffen gewußt. Aber wo in weiter Welt die Zusicherung der Erlösung aus Feuersgluthen finden, wenn man Hand an einen Geistlichen lege? — Nicht allein in ihm regten sich Gedanken der Art, sondern auch in Joachim und den meisten Knechten, und die Gesichter nahmen mehr einen der innern Bewegung entsprechenden Ausdruck an, was dem Ritter Hans, der sich bisweilen umblickte, nicht entging.

Die Schaar hatte den bewaldeten Rücken einer sich sanft erhebenden Anhöhe erreicht, von wo aus man zwischen hohen Eichen hindurch das am See liegende stattliche Kloster Lehnin und den sich zur Seite desselben hinziehenden, ziemlich umfangreichen Flecken gleichen Namens übersehen konnte. Ringsum war ein Gürtel von Ackerstücken dem dichten Walde abgerungen.

Es wurde Halt gemacht. Quitzow's Auge funkelte wie das eines Wolfes, der im Gebüsche lauernd ein Schaf der Heerde sich nahen sieht, und dessen unstäte Bewegungen neben der Gier und Mordlust zugleich Angst vor Schäfer und Hunden verrathen. Nicht daß er den Klostervoigt mit seinen Knechten fürchtete, sondern er fühlte sich selbst von den Bedenklichkeiten nicht frei, von denen, wie er wohl übersah, die Seinen, und unter ihnen selbst die Verwegensten beunruhigt wurden. Es entstand eine verhängnißvolle Pause. Endlich wandte Quitzow seinen Hengst, der ungeduldig in den Zügeln knirschte, und redete seine Leute an.

Der Pfaff dort, sagte er mit durchdringender Stimme, indem er seinen Arm gegen das Kloster erhob, will mir diebischer Weise nicht zusprechen, was mir von Rechts wegen zukommt, und da ich am Rechten festhalte, hat er sein Lästermaul seit Jahren gegen mich und meine Leute nicht ruhen lassen. Er hat uns Räuber und Mordbrenner genannt und uns aller Orten Feinde zu erwecken gesucht. Jetzt haben wir ihn so gut wie in unserer Gewalt, und wenn es uns gefällt, hängen er und die bösesten seiner geistlichen Gesellen, noch ehe die Nacht anbricht, am Klosterthor. Jedoch so gerecht es auch wäre, also zu strafen, so soll doch keinem der Pfaffen ein Haar an seinem Leibe gekrümmt werden. Das hieße in ein Wespennest stechen. Hunderttausend Stacheln würden sich alsbald im Reiche gegen uns erheben, Acht und Bann würde uns treffen, und damit die Kirche uns ihre Heilsgaben entziehen. Aber sonst wollen wir das Kloster schädigen an seiner Habe, und an Beute so viel mitnehmen, als wir vermögen!

Damit war die alte Stimmung in den Leuten wieder erwacht; Gier nach Beute und Lust an Uebelthat leuchtete aus den Augen und Zügen Aller. Nun ging es im scharfen Trab quer über die Aecker, dem Kloster zu. Entsetzt flohen einzelne Leute vom Felde und aus den Kohlgärten in die nächsten Höfe und erhoben ein Wehgeschrei. Der leibhafte Satan mit einer Helfersschaar hätte durch sein Erscheinen nicht größeres Entsetzen unter den Bewohnern des Fleckens hervorbringen können, als das Erscheinen der Quitzower hervorrief. Schon donnerte der Hufschlag der Rosse die Hauptstraße hinab, und die Plünderung begann. Flüche und Heulen ertönte bereits in einzelnen Häusern und Höfen, als die Bewohner des Klosters von dem Ueberfall erst vernahmen. Man sah einige Mönche in Hast zum Thore heraustreten, worauf sie jedoch schnell zurückkehrten und das Thor verschlossen ward.

Hans von Quitzow hielt mit einer Abtheilung seiner Leute dicht vor dem Kloster, um abzuwarten, ob der Klostervoigt es wagen würde, etwas gegen ihn zu unternehmen. Dieser jedoch hatte seine Knechte nicht beisammen und mußte sich still verhalten. Die Mönche lagen indeß, den Abt in ihrer Mitte, in der Kirche auf den Knieen und riefen ihren Schutzpatron, Maria und alle Heiligen an, dem frechen Feinde zu wehren.

Daß Niemand von den geistlichen Klosterleuten sich sehen ließ, erbitterte den Ritter Hans noch mehr. Er hatte auf einen demüthigen Aufzug derselben und auf entsprechende Vorstellungen des Abtes gerechnet und sich vorbehalten, für den Fall der Letztere Geneigtheit zeige, nachzugeben, von weiterer Gewaltthat abzustehen. Hätte ein derartiges Auftreten des Abtes seinen Sinn gesänftigt, so wuchs jetzt seine Erbitterung von Augenblick zu Augenblick. Verdammter Pfaff', murmelte er vor sich hin, wart', ich will Dir die Zähne noch besser zeigen! Und er befahl seinen Leuten, das Klosterthor zu sprengen. Dies geschah. Nun das Vieh aus den Ställen genommen! rief Hans den zögernd eindringenden Knechten nach.

Plötzlich vernahm der Abt und die Mönche Lärmen auf dem Klosterhofe, und da sie nun meinten, es solle ihnen an's Leben gehen, und sie sich zugleich sagten, daß, wenn ihre Befürchtung begründet sei, der Feind durch den Einbruch des Klosterthores doch schon Gewalt über sie habe, öffneten sie die Kirchenthür. Schon begann man Vieh aus dem Hofe zu treiben, und der Abt erkannte bald, daß es allein auf eine

Beraubung abgesehen sei. Dieß schien seinen gesunkenen Muth wieder zu beleben, und er begann nun, auf der Schwelle der Kirchenthür stehend, und ein Crucifix emporhaltend, gegen den Verächter der heiligen Stätte zu eifern und gerieth dabei in eine so übergroße Aufregung, daß ihm der Schaum vor den Mund trat und die Stimme ihm versagte.

Es hätte für den Ritter Hans kaum einen Anblick geben können, der ihm erwünschter gewesen wäre, als dieser. Sich auf seine Lederhose schlagend, daß es laut schallte, und ein höhnisches Gelächter ausstoßend, rief er: Ist ja nur ein Vorspiel, Pfäffchen; es kommt noch besser! Gehab' Dich bis dahin wohl! Nun vorwärts, ihr Leute, mit dem geistlichen Vieh! —

Während die Mönche den halb ohnmächtigen Abt in die Kirche zurückführten, ritt Quitzow zu der Hauptabtheilung der Knechte, die das den Ortsbewohnern geraubte Vieh bereits zusammengetrieben hatten. Das Hornsignal rief die Knechte, die noch auf einzelnen Höfen waren, herbei, und die Reiterschaar mit dem geraubten Vieh verließ den Ort.

Noch fünf Klosterdörfer (Nahmitz, Netzen, Trechwitz, Damsdorf und Bochow) wurden in derselben Weise „ausgepocht," und man hatte das Geschäft mit dem einbrechenden Abende vollendet. Ritter Hans schlug nun den Weg nach seinem näher als Plaue gelegenen Schlosse Saarmund ein.

Ritter und Knechte hatten die ganze Nacht über mit dem Treiben des Viehes zu thun, bei welcher Beschäftigung Visen den Junker Joachim noch unlustiger fand, als er Tag's vorher gewesen war. Der Wanderer, der die Annäherung des Zuges vernahm, kreuzte sich und floh in den Wald hinein. Wildes Gelärm, Fluchen und Jauchzen durchtönte die Luft. Die Knechte freuten sich des ihnen von Quitzow verheißenen fetten Schmauses, während manche der beraubten Landleute in ihrer Verzweiflung sich die Haare ausrauften, Andre wie irrsinnig ober in Thränen und zu Gott und den Heiligen emporrufend in ihren, der besten Habe beraubten Wohnung, Höfen und Ställen umherirrten. Auf dem Verzeichniß sämmtlicher geraubten Thiere, das der Ritter Hans am nächsten Tage von dem Voigte auf Saarmund empfing, standen 29 Pferde, 180 Stück Rindvieh, 150 Schweine und 720 Schafe angegeben [17]).

11.

Gastmahl auf Plaue.

Auf der Burg Plaue war es heut den ganzen Tag über schon lebhaft zugegangen. Die Hausfrau, die über Knechte und Mägde mit einer Strenge, die der des Hausherrn fast gleich kam, gebot, hatte die dunkle überwölbte Burgeinfahrt, den vorderen Hofraum und die engen Treppen sprengen und fegen und das Hauptgemach der Burg, die Diele genannt, mit Binsen bestreuen, die Tafel mit schneeweißen Linnen und die um dieselben stehenden Bänke und Sessel von Eichenholz mit bunten Wollendecken belegen lassen. Ausgesuchtes Schlacht- und Federvieh hatte verbluten müssen unter den Beilen und Messern der Knechte und Mägde. An den Feuerstellen in der Küche brobelten in großen Pfannen saftige, mit Gewürzen reich bestreute Fleischstücke, andre, mit Speckstreifen durchzogene, staken an Spießen, die von Küchenjungen gedreht wurden und deren Aufsätze von dickbäckigen und dickarmigen Mägden fleißig mit Sahne übergossen wurden, während bedeckte irdene Gefäße voll Hirsebrei, der stark mit Saffran „angethan" war, gekochtem Backobst und anderen Gemüsearten auf warmen Stellen für die Mahlzeit bereit standen, und von den unter dem Schuppen des Backhauses befindlichen Brettern, die hoch genug gestellt waren, um von den herumlungernden Hunden nicht

erreicht werden zu können, der süße, frische Gebäcksduft durch
den Hof sich verbreitete, ja bis ins dunkle, feuchte Verließ
des Berchfrietes herniederstieg, in dem Gefangene mitleidslos
verkümmerten. Nicht minder waren vom kundigen Küchen=
meister die Biere im kühlen Burgkeller — namentlich Rostocker
Aussatz, Bernauer Bier und eine sehr starke Art, „Mord und
Todtschlag" genannt [16]) — geprüft und vor den Spund=
löchern, um schnell den erwünschten Trunk darbieten zu können,
Holzkannen aufgestellt, wie auch von der gestrengen Burgfrau,
die im Laufe des Tages schon manchen kräftigen Schlag bald
mit der Kelle, bald mit der Faust in Begleitung entsprechen=
der Worte ausgetheilt hatte, der große Küchentisch mit Ge=
fäßen voll Wein, Honig und Gewürzen besetzt worden, damit
der Würzwein, sobald er verlangt würde, sogleich bereitet
werden könnte.

Wem es nicht schon zu Ohren gedrungen wäre, der hätte
es sich aus allen diesen Vorrichtungen sagen müssen, daß heut
großer Besuch auf Plaue erwartet werde. Es war so. Von
Haus von Quitzow waren die vornehmsten seiner Genossen
zu einer Berathung eingeladen worden, und wer den in dem
großen Gemache (der Diele) gemessen einherschreitenden edlen
Herrn gesehen hätte, der von Zeit zu Zeit zur Tafel ging,
um einen Zug aus dem Humpen zu thun, dann wieder ein=
mal zum Bogenfenster, das noch ohne Glas [19]) war, trat und
hinausschaute, und der bisweilen einem oder dem andern der
gewaltigen Saupacker, wenn sie ihm in den Weg traten oder
liebkosend ansprangen, einen Fußtritt versetzte, dem lautes
Heulen folgte, der würde aus seinem ganzen Wesen, nament=
lich aber aus seinem Gesichte gelesen haben, daß er lebhaft
von einer ihm unangenehmen Sache bewegt ward. Aus
seinem Auge blitzte bald Zorn, bald Spott. Es war vor einiger
Zeit das Gerücht ins Land gedrungen, daß der Kaiser Sigis=

mund die Absicht hege, in dem Burggrafen Friedrich von
Nürnberg der Mark Brandenburg einen neuen Statthalter zu
geben. Nun war Kaspar Gans Edler zu Putlitz in Ofen
beim Kaiser gewesen, und man hatte von ihm genauere Kunde
über die Absichten Sigismunds und die Person des Burg=
grafen Friedrich zu erwarten.

Jetzt ertönte das Krummhorn des Thurmwarts; auf
dem Knüppeldamm, der über den sich ausbreitenden Sumpf
im Zickzack führte, bewegte sich ein Zug edler Herren daher;
ihnen folgte eine Zahl von Knechten.

Hans von Quitzow trat in die überwölbte Fensternische
und schauete forschend nach den Wappenzeichen der Ankom=
menden, vermißte aber bald zu seinem Verdrusse das Fähn=
lein der Gänse zu Putlitz.

Als die Schloßbrücke niederrasselte, begab er sich in den Hof,
um die Gäste zu empfangen. Es waren meist Edelleute aus
dem Havellande, unter ihnen Werner von Holzendorff, Hinko
Birlen von der Duba, Wichard von Rochow, Gehrke von
Arnim, Achim und Peter von Bredow, Gebhard von
Alvensleben und Andere. Nach dem lärmenden Empfange
und während die schäumenden Rosse von Burgknechten in die
Ställe geführt wurden, geleitete Hans die Gäste eine steinerne
Stiege hinauf nach kleinen Gemächern, Kemenaten genannt,
wo sie unter Beihülfe von Knechten und Frauen die schweren
Rüstungen ablegten, sich von den Eisenrahmen, die die Helme
ihnen um die Stirnen gelegt hatten, und vom Staube, der
durch die Oeffnungen der Waffenstücke eingedrungen war,
reinigten und leichtere, reich mit Zottel=, Knopf= und Schellen=
schmuck versehene Kleider anlegten.

Einer nach dem andern der Gäste erschien „auf der Diele",
und der Duft der Speisen und Getränke, der das Haus durch=
zog, verfehlte nicht, auch in denen eine angenehme Stim=

mung zu erzeugen, die mit finsterem Ingrimm den Ritt nach Plaue unternommen hatten.

Dem Hausherrn war es indeß mitgetheilt worden, daß sein Bruder Dietrich und Caspar Gans alsbald erscheinen würden, und er ließ nun vorläufig von seinen drei „Jungherrlin"[20]), die in Gemeinschaft mit einigen Küchenjungen den Dienst der Tafel hatten, Bier in silberbeschlagenen Trinkhörnern umherreichen.

Es währte nicht lange, so vernahm man wieder den dumpfen Ton des Hornes und sah die genannten beiden Ritter dahertraben. Dietrich von Quitzow, der zwei Jahr älter war als sein Bruder Hans, hatte mit diesem große Aehnlichkeit, nur daß er durch zwei Augen so selbstherrlich in die Welt schaute, wie Hans es nur durch ein Auge vermochte. Die Gebrüder Quitzow und Caspar Gans Edler zu Putlitz hatten sich durch verwegenen Muth und durch Gewaltthätigkeiten aller Art zu Häuptern des märkischen Adels emporgeschwungen. Alle drei waren zu verschiedenen Zeiten — Caspar Gans in den letzten Jahren — von Jobst, dem Markgrafen von Mähren, der die Mark von seinem Vetter Sigismund in Pfand empfangen hatte, mit dem wichtigen Amte der Statthalterei über das Land betraut worden. Nachdem nun die Mark bei dem Tode des Markgrafen Jobst an Sigismund zurückgefallen war, hatte dieser den ernsten Entschluß gefaßt, dem durch die schreienden Gewaltthätigkeiten des Adels so über alle Maßen herunter gekommenen Lande in dem Hohenzollernsprossen Burggrafen Friedrich von Nürnberg einen „Hort des Friedens und des Rechts" zu geben. Wohl natürlich, daß Putlitz bei seinem Eintritt in den Saal von allen Seiten mit Fragen nach dem Stande der Dinge und nach der Person des Burggrafen Friedrich, den er ja in Ofen bei Sigismund mit eigenen Augen gesehen hatte, bestürmt ward. Es würde sich über Beides

auch alsbald eine lebhafte Unterhaltung entsponnen haben,
wenn der Hausherr die Gäste nicht gemahnt hätte, zunächst
des Mahles sich zu erfreuen und untergeordnete Dinge zu
besprechen, die wichtigste Frage aber hinterher bei einem Becher
Weines zu erledigen.

So nahm man denn Platz an der Tafel, auf der die eben
herzugetragenen Schüsseln zum Imbiß einluden. Zwischen
den Schüsseln standen auf kleinen Gestellen Trinkgefäße ver=
schiedenster Art und auch in geschnitzten großen Holzbechern
Blumen aus dem Ziergärtlein, das die Burgfrau sich im ver=
gangenen Frühjahr hatte anlegen lassen und das neben ihren
Kleidern und schweren Goldketten ihr größter Stolz war. Hans
nöthigte die Gäste zum Zulangen mit der Bemerkung, er
hoffe, sie würden auch hier, wie sie es im Felde verständen,
tapfer einhauen und so oft es ihnen anfange sauer zu werden,
sich frischen Muth trinken. Nun, es ließ es Niemand weder
an dem Einen, noch an dem Andern fehlen, und die Jung=
herrlin und Küchenjungen hatten vollauf zu thun, um die
Tafeln mit Speisen besetzt und die Bierkrüge mit kühlem
schäumendem Getränk gefüllt zu erhalten. Das Geschäft, für
den Magen zu sorgen, nahm die edlen Herren vorläufig so
lebhaft hin, daß sie nicht viel Sinn dafür hatten, sich zu
unterhalten, daher man auch zwischen dem ziemlich lauten
und gegen die Anstands=Forderungen der heutigen Zeit zumeist
stark verstoßendem Geräusch des Essens und Trinkens nur
wirr durcheinander tönende, zum Theil unverständliche Aeu=
ßerungen vernahm.

. Nach und nach aber wollte nur noch mit großer Mühe
etwas von Speisen in den Magen hinein, und die Herren
fuhren nur dann und wann einmal mit dem Messer — Ga=
beln waren damals noch nicht im Gebrauch — in die Schüsseln
und spießten Fleischstücke — sie forderten doch einmal durch

ihr Dasein auf, verschlungen zu werden — auf oder holten mit den Fingern Backpflaumen aus den Gefäßen und warfen einander die Steine ins Gesicht, was, so oft ein wohlgezielter Schuß traf, die jetzt satten und gemüthlichen Bären zu großer Heiterkeit anregte.

Gut das, lachte Hans, dieweil es absonderlich zur Verdauung dient! Aber auch Histörchen thun's. He? Wer hat ein Schächtelchen voll mitgebracht?

Histörchen hießen bei den Herren Unflätigkeiten der unsaubersten Art, und was die Kenntniß solcher Erzeugnisse betrifft, so fehlte es keinem der Gäste daran. Wer von ihnen auch in der Welt weiter nicht viel verstand, als Essen, Trinken, Fluchen, Schlafen, Dreinschlagen und aus dem Stegreif[21] leben — eine Reihe von „Histörchen" prägte er seinem dicken Schädel ein, ja er versuchte sogar seine Phantasie auf diesem Gebiete, wenn anders nicht sein ungeschlachtes Leben ihn in Situationen brachte, die er für geeignet hielt, als „Histörchen" zu erzählen, oder er zahlte einem der in Dorfschenken aufspielenden Pfaffen, der nicht nur selbst im Besitze eines Vorraths von unsaubern Geschichten war, sondern auch hier und da Neues der Art auflas, für solcherlei Mittheilungen Geld. Dieser Art waren die geistigen Schätze, die die edlen märkischen Herren — an Stelle der Kenntniß der Geschichte und Literatur — neben ihrem religiösen Aberglauben bei sich umhertrugen. Die Edelfrauen, die freilich an sogenannten „erlaubten Scherzen" mit lächelndem Munde anzuhören vermochten, was heut zu Tage von der einfachen Handwerkerfrau als unanständig verurtheilt werden würde, konnten denn doch nicht unter Männergesellschaften der damaligen Zeit zugegen sein, und die löblichen Anstrengungen, die Kaiser Karl IV. vierzig Jahre früher gemacht hatte, die Sitten der Abligen durch Herbeiziehung der Frauen bei den Gastmählern zu verbessern, waren an der beispiellosen Rohheit der Männerwelt gescheitert.

Nachdem die Herren an ihren Histörchen ihre kannibalische Freude genossen und dabei mitunter gelacht hatten, daß ihnen die Thränen über die Backen gelaufen waren, kamen ernstere Dinge an die Reihe, wobei jedoch die Form der Mittheilung so gewählt wurde, daß man in „lustiger" Stimmung blieb. Der rühmte sich, wie er das Krämervolk aus einer Stadt „niedergeworfen" und beraubt, Jener, wie er ein Dorf „ausgepocht," einige Leute gefangen fortgeschleppt und eine gute Summe als Lösegeld erhalten habe. Ein Anderer erzählt von der Befestigung seiner Burg, und wie er die Bauern „zwieble," Steine zum Bau mit Ochsen herbei zu fahren oder auch herbei zu schleppen, wobei er ihnen Voigte mit Peitschen zu Wächtern gesetzt und sie damit habe trösten lassen, es geschähe dies im Grunde nur, um ihre eigenen Aecker von den Steinen zu befreien, demnach zu verbessern. — Von Hans von Quitzow erfuhr man bei dieser Gelegenheit, wie es mit der Streitigkeit zwischen ihm und dem Kloster Lehnin zur Zeit stehe. Er hatte es geschehen lassen, daß die Sache bei dem Rath zu Neustadt Brandenburg anhängig gemacht wurde, weil er wohl wußte, daß der Rath so wenig Macht habe, als das Kloster, ihn zum Befolg eines gegen ihn lautenden Spruches zu zwingen. Wage es der Rath auch nur, einen Spruch gegen ihn zu sprechen, sagte er, so werde er es ihm „einzutränken" wissen und es mit der Stadt gerade so machen, wie es sein Bruder Dietrich mit Berlin gemacht habe. Dies brachte das Gespräch auf den von Dietrich von Quitzow ausgeführten Raubzug gegen Berlin, und dieser erzählte nun mit großem Behagen, wie er den Berlinern ihre Viehheerden von der Weide geraubt, die nacheilenden bewaffneten Bürger zurückgeschlagen, einige ge-

tödtet und sechszehn derselben, unter ihnen die Rathsherren
Nicolas und Thomas Wiens, gefangen genommen und bis
zur Auslösung im Thurm gefangen gehalten habe. Nachdem
darauf noch gegen die Satanserfindung des Pulvers und der
Donnerbüchsen — gleichsam in der Vorahnung, daß diese die
treuesten Helfer des Bürgerstandes gegen den raubsüchtigen
Adel werden würden —, mit deren Herstellung und Ver=
besserung sich das elende Krämervolk in den Städten, wie
man höre, eifrig zu schaffen mache, gedonnert worden war, gab
Hans den Jungherrlin, die die erbaulichen Gespräche mit of=
fenen Ohren und Mäulern angehört hatten, Weisung, die
Tafel abzuräumen und neu aufzulegen.

Alsbald wurden die Geschirre und das arg besudelte
Tischzeug entfernt, neue Tücher über die Tafel ausgebreitet,
Schüsseln mit Confecten, Marzipan und nachgemachten Nürn=
berger Lebkuchen und dazu Becher, Römer, Humpen und Trink=
hörner aufgestellt, um je nach Belieben ein Trinkgefäß er=
wählen zu können, wie auch in großen silbernen Kannen
Claret und einige Arten von Kräuterweinen[22]) und, da es
schon dunkelte, Armleuchter mit brennenden Wachskerzen her=
zugebracht.

Hans hieß nun die Jungherrlin und die Küchenjungen sich
scheeren und wandte sich darauf, als Jene die Thür hinter
sich geschlossen hatten, an Putlitz mit der Aufforderung, nunmehr
über den „Nürnberger Grafen" zu berichten, worauf Alle so=
gleich die Ohren spitzten und neugierig auf den Angeredeten
schaueten.

Caspar Gans Edler zu Putlitz begann: Ohne allen Um=
schweif, Ihr Herren, will ich von der Sache Kunde geben.
Wie Euch bekannt ist, war ich als Hauptmann der Priegnitz
von Sigismund nach Ofen berufen worden und zugleich mit mir
erschienen vor ihm die Abgeordneten der märkischen Städte.

Ich habe es Sigismund nicht verhehlt, daß es nun und nimmermehr gut thun kann und wird, wenn er an den mächtigen Adel der Mark die Zumuthung stellt, einen Fremden als Landeshauptmann anzuerkennen, er wollte aber davon nichts hören. Um so geneigter aber zeigte er sich den Abgeordneten der Städte. Sie schnitten klägliche Gesichter, beschwerten sich hart über uns und sagten, wir hätten unter der Regierung des Markgrafen Jobst fast alle Schlösser der Mark an uns gebracht, von denen aus wir das Land häufig beschädigten und mit andern Herren und Ländern große Kriege führten, wodurch die Mark bald von dieser, bald von jener Seite sich Feindschaft zuzöge und es ausbaden müsse, was wir nach außen hin anstifteten. Euch, Dietrich und Hans haben sie namentlich schwer angeklagt! — Danach baten sie Sigismund, daß er Rath schaffen und dem Uebel, das sie unerträglich nannten, steuern möchte. Sigismund entgegnete darauf, er selbst könne nicht kommen, da es im Reiche noch andere wichtige Dinge zu ordnen gäbe, sonderlich ihm die heilige Kirche — er deutete dabei auch auf die ketzerischen Umtriebe der Böhmen hin — viel zu schaffen mache. Aber, fuhr er fort, er wolle der Mark einen Herrn senden, der geschickt dazu sei, alles Ungerade gerade zu machen und Ruhe und Frieden zu stiften, und nun nannte er den Burggrafen Friedrich von Nürnberg, seines Geschlechts ein Hohenzoller, der sein Freund sei und ihm in vielen guten Dingen mit Rath und That getreulich beigestanden habe, worauf die Städter gar vergnügte Gesichter machten und darnach unter großen Danksagungen schieden.[23]) Mir erschien die ganze Geschichte wie ein thörichtes Gaukelspiel, denn ich dachte daran, daß wir doch auch noch da sind, und daß, wenn die Herren von wegen der Mark die Rechnung ohne den Wirth machen, sie sehen mögen, wo das hinaus komme! —

Das gab wiederum lärmende Zustimmung von allen Seiten und zornige Aeußerungen gegen Sigismund, Friedrich und die Städte. Schon das Bier hatte die Köpfe einiger Herren stark umnebelt, nun that der Wein noch das Seinige, und die Worte wurden, zumal man sich allein wußte, eben nicht abgewägt. Ob nicht der ganze schmähliche Handel auf der Hand liege? hieß es. Erst habe Sigismund mit der Mark nichts Besseres zu thun gewußt, als sie an seinen liederlichen Vetter Jobst zu verpfänden, nur um Geld heraus zu ziehen, und nun, da er zur römischen Königskrone gekommen und ihm auch in Aussicht stehe, vom Papst die Weihe zum Kaiser zu empfangen, fließe er plötzlich über von Gutmeinen gegen die Mark! Wer könne daran glauben? Auf die Bemerkung Dietrichs von Quitzow, daß wie man vernommen, Friedrich von Hohenzollern dem Sigismund neben andern Dienstleistungen auch behülflich gewesen sei zur Erlangung der römischen Königswürde und auf die Zusicherung des von Putlitz, daß sich dies in der That also verhalte, sagte Hans, so sähe man ja offenbar, welch ein neues falsches Spiel Sigismund spiele. Dem Nürnberger sei er verpflichtet, und er wolle sich des Dankes nun dadurch entledigen, daß er ihm etwas biete, was derselbe doch — dafür seien sie da! — offenbar nicht werde halten können. So täusche er den Friedrich und lasse endlich die Sache wieder, wie vordem, gehen, wie sie gehe, oder nehme, wenn Alles in Verwirrung gerathe, seinen Vortheil wahr, wo er sich ihm biete. Er möchte wohl wissen, ob es dem Nürnberger Herren unbekannt sei, daß mit den Edelleuten der Mark schlecht Kirschen essen sei, wie doch nun schon einige Herren sattsam erfahren hätten, die ohne Zustimmung des Adels ins Land gekommen, um es zu regieren. Er seines Theils wolle sich lieber bei lebendigem Leibe schinden und braten lassen, ehe er sich einem fremden Herrn — und nun gar einem von weit her aus dem Süden! — unterwürfe, und er sei der festen Meinung, wie er in diesem Punkte denke, so denke ein Jeder hier!

Nun folgten neben Wuthausbrüchen gegen Sigismund, bei denen mancher bekräftigende Faustschlag die Tafel traf und einige Becher verbogen, andere umgestoßen wurden, die heftigsten Betheuerungen der Anwesenden, daß sie gerade so dächten wie Hans, und daß die Quitzows und Putlitz, wenn sie zum Widerstande entschlossen seien, auf sie zählen könnten.

Auf die Bemerkung eines Gastes, Friedrich von Nürnberg müsse mit Blindheit geschlagen sein, daß er sich einer so gefährlichen Sache zu unterziehen beabsichtige, und auf die auf Dietrich von Quitzow zielende Aeußerung eines Andern, er kenne Jemand, der, wie es seiner Zeit mit Günther von Schwarzburg gethan habe, dem etwa anziehenden Nürnberger sicherlich auch zum freundlichen Empfange seines Gepäckes entledigen würde, sagte Putlitz, der offenbar seinen märkischen Standesgenossen an Geist am meisten überlegen war: Dietrich, all Dein Thun in Ehren! Was Du gegen den uns aufgedrungenen Schwarzburger thatest, war wohlgethan; Dir brachte es Beute und uns führte es zum Ziele! Aber der kleine Krieg würde gegen den Burggrafen nicht ausreichen, dem es weder an Geist, noch an Besonnenheit und Ausdauer, noch an Muth und Umsicht gebricht! Er schilderte nun die ritterliche Erscheinung Friedrich's, der offenbar einen tiefen Eindruck auf ihn gemacht hatte, und schloß mit den Worten: Wäre ich überhaupt geneigt, einen Fremden als Statthalter anzuerkennen, so wäre Friedrich noch am ersten mein Mann; aber ich mag eben keine Fremden!

So stehts! So stehts! tobten die fleißig trinkenden Herren! Keinen Fremden, und sei er, wie er sei! Die eben von Putlitz gethanen Aeußerungen über Friedrichs Person hatten aber plötzlich in den meisten Herren eine Umwandlung hervorgebracht. Bisher hätten versönliche Worte vielleicht noch Raum gefunden. Daß Friedrich das Anerbieten Sigismund's im Betreff der Mark nicht abgewiesen hatte, war ihnen eben so natürlich erschienen, als ihre beabsichtigte Abwehr, und ihr Widerwille war vorherrschend auf die Sache gegangen. Jetzt wandte er sich gegen die Person Friedrich's und steigerte sich zum Haß. Es trat ihnen plötzlich vor ihre Seele ein Mann, der neben äußerer Tüchtigkeit sie geistig weit überragte, und eben dies Letztere war es, was ihn in ihren Augen verdammungswürdig erscheinen ließ. War ihnen doch von ihren ungeschlachten Vätern unter schweren Verwünschungen erzählt worden, und hatten die Eltern von ihnen es ja auch selbst erlebt, wie der ebenfalls an Geist, Wissen und Sinn hervorragende Kaiser Karl IV., als er Herr der Mark geworden, aufgetreten und auf allen Gebieten eine bessere Ordnung herzustellen ernstlich beflissen gewesen war, welche Thätigkeit freilich dem Lande genützt, den edlen Herren aber sehr geschadet hatte, da sogar einige Adelshäupter, die man bei gemeinem Straßenraube ergriff, aufgehängt worden waren. In der folgenden Zeit hatten sie wieder im Trüben gefischt und sich durch Gewaltthätigkeit zu wirklichen Herren des Landes aufgeschwungen. Einen Statthalter, ja, den ließen sie sich wohl gefallen, aber es mußte einer sein, der sich mit ihnen stellte, d. h. sie nicht zur Rechenschaft zog, wenn sie rechtlos handelten, und dem es nicht etwa einfiel, die Schlösser und die dazu gehörigen Liegenschaften, die dem Lande gehörten, und die sie von dem geldgierigen Jobst für geringe Summen in Pfand genommen hatten, wieder auslösen zu wollen. Eines wie das Andere fürchteten sie jetzt von Friedrich, wie er ihnen geschildert worden war, und sahen sich somit ernstlich in dem bedroht, was sie ihre „alten, wohlerworbenen Rechte" nannten.

Dem erwachten Haß gab Dietrich von Quitzow Worte, indem er sprach: Ich glaube wirklich, dem Burggrafen gelüstet es, uns hier in der Mark so ein nürnberger Buntlicht anzuzünden, weil er thörichter Weise glaubt, wir tappen im Dunkeln umher. Aber ich denke, wir pusten es ihm vor der Nase aus und senden ihn mit Schimpf und Schande heim! Uebrigens däucht es mir — er trat dabei seinem Freund Putlitz auf den Fuß — der Putlitz hat uns nur so auf den Zahn fühlen wollen. Möglich, daß der Burggraf ein Bücherleser und Klugredner ist, wie es deren unter den Fürsten und Adligen im Süden giebt; von seinen Kriegsthaten ist mir noch nichts zu Ohren gekommen. Ich habe da in Friesack von einem Manne, der Nürnberger Tand (Spielzeug) feilbot, für meinen Iwan einen angestrichenen Hampelmann gekauft, und der tritt mir immer vor Augen, so oft ich den Namen Burggraf Friedrich höre. Ich sagte es Euch: dieser Friedrich ist nichts, als nürnberger Tand, und es ist mehr zum Lachen als zum Aerger, daß er sich einbildet, die Mark wie einen Fausthandschuh umkrempen zu können! Dazu gehörte doch wohl eine Bärentatze! Streck er die Hand nach unsern Rechten aus, so wollen wir ihm die Finger gehörig klopfen! Daß Sigismund ihm Beistand leisten werde, soll uns Niemand einreden. Der hat aller Orten im Reich mehr zu thun, als er zwingen wird, und uns ist es überdem leicht, uns mit Fremden außerhalb der Mark zu verbinden, z. B. mit den jungen kriegsluftigen Herzögen von Pommern-Stettin, denen wir dann hinterher für ihre Beihülfe einen Brocken von der Mark zuwerfen können. So laßt ihn denn nur kommen; seine Weisheit wird durch die Erfahrungen, die er hier machen wird, sehr bereichert werden!

Nur dem kleineren Theil der Gäste war es noch möglich gewesen, der Rede Dietrich's zu folgen, denn schon hatten sich lärmende Einzelgruppen gebildet, und es waren bald nur noch drohende Ausrufe und Flüche aus dem wüsten Getöse heraus zu verstehen. Noch einmal drang die starke Stimme Dietrich's durch, der sich, die beiden Fäuste auf den Tisch gestemmt, schwankend erhob, und er rief, während es draußen am umwölkten Himmel wetterleuchtete: Und wenn es ein volles Jahr hindurch alle Tage Nürnberger Burggrafen vom Himmel regnete — wir stehen fest! — Der edle Herr von Birken wollte sich auch erheben, um ein ähnliches Kraftwort hören zu lassen, aber der Kopf war ihm zu schwer und die Beine zu schwach, und er glitt sanft nieder auf das Schilf des Fußbodens. Als noch zwei andere Gäste mit den Bechern in der Hand die gleiche Stelle gefunden hatten, schwankte Hans nach der Thür, öffnete sie und rief, daß es durch das ganze Haus schallte, nach Knechten. Die am Boden schnarchenden Herren wurden sorgsam aufgehoben, nach den Kemenaten getragen, entkleidet und auf die für sie bereiteten Lagerstellen gelegt. Am längsten saßen noch Putlitz und die beiden Quitzows. Doch auch ihnen schwanden nach und nach die Sinne, und die nun bereit stehenden Knechte, die genau wußten, wann sie, ohne zugleich in Gefahr zu sein, Fußtritte und Faustschläge zu empfangen, nach Recht und Pflicht einzuschreiten hatten, brachten sie ebenfalls auf ihre Lagerstellen. Einer und der Andre erhob wohl im Schlafe noch die Faust und stieß lallenden Tones Verwünschungen gegen den Burggrafen aus.

12.
Im Moore.

Während die edlen Herren auf der von gut bewehrten Knechten bewachten Burg Plaue in sicherer Hut ruheten, befand sich Junker Joachim in der nächsten Nähe des Klosters Lehnin in einer sehr gefährlichen Lage.

Junker Joachim war von einem quitzow'schen, dicht an dem lehniner Gebiet gelegenen Hofe aus bei Anbruch des Abends seinen Knechten vorausgesprengt, um an dem Mahle auf Plaue Theil zu nehmen, hatte des rechten Weges verfehlt und war schon stundenlang in der dichten Waldesnacht, endlich allein seinem Rosse sich überlassend, umhergeritten, ohne eine lebende Seele zu treffen, bei der er hätte Nachfrage wegen der Gegend halten können. Indeß war ein schweres Gewitter heraufgezogen, dasselbe, dessen Leuchten bis nach dem fernen Plaue drang, und von Zeit zu Zeit über die Burg und ihre Umgebung ein falbes, schnell verlöschendes Licht breitete. In der Gegend, in der Joachim sich befand, entlud sich die Hauptmacht des überaus starken Gewitters, die flammenden Blitze jagten einander, einem jeden folgte ein furchtbarer Donnerschlag mit prasselndem Nachhall. Eben schien Wald, Himmel und Erde in rother Feuerlohe zu stehen, dann wieder ward Alles von der schwärzesten Nacht verschlungen. Dabei trieb ein starker Wind dem Rosse und dem Reiter einen dichten Regenschauer entgegen, aus den Reihen der gebogenen Föhrenstämme und den Kronen der Eichen und Buchen erklang es wie Gestöhn und Geächz, hier polterten Zweige nieder, dort stürzte ein wuchtiger Stamm mit Gekrach auf den Boden. Das Roß keuchte und zitterte unter dem Reiter, und auch diesem, der doch schon manche Proben echter Mannhaftigkeit abgelegt hatte, pochte das Herz unter seinem Brustharnisch. Eben überlegte er, ob es nicht das Rathsamste sei, vom Pferde abzusteigen, dasselbe am Zügel zu fassen und mit ihm auf der Stelle stehen zu bleiben, bis das Unwetter sich gelegt habe, als ein Blitz, der den Eindruck auf ihn machte, als würden ringsum Feuerballen vom Himmel hernieder geschüttet, ihm bei einem Durchblick nach einer freien Stelle auf einen Moment Gebäude und Mauerwerk enthüllten. Aber schon beim nächsten Blitzstrahl war das eben geschauete Bild wieder zurückgetreten.

Was war es gewesen? Bei dem schnellen Wechsel zwischen Licht und Nacht, und bei dem ihm in's Angesicht strömenden Regen vermochte er es nicht wahrzunehmen, ob etwa, indem sein Roß ihn weiter trug, dichtes Gebüsch jenes Bild wieder verdeckt habe. Vielleicht aber war es eine ihn täuschende Erscheinung gewesen, und Unholde, an deren Dasein und Macht auf die Menschen er nicht zweifelte, trieben ein tückisches Spiel mit ihm, um ihn zu verderben! Es lief ihm etwas wie kalter Schauer vom Nacken über den Rücken hinab, und er schlug das Zeichen des Kreuzes. Da zuckte ein Blitzstrahl nicht dreißig Schritte zur Seite hernieder und es folgte ein Donner, als ob der Himmel in hunderttausend Stücke zerbreche und über die Erde zusammenstürze. Das Roß war zurückgeschreckt, hätte sich aber von seinem Führer wohl wieder beruhigen lassen, wenn nicht ein von dem Blitze aufgescheuchter

wilder Eber schnaubend durch das Gebüsch gebrochen und dicht
an ihm vorübergeschossen wäre. Nun war das Roß nicht
mehr zu halten. Es machte einen Satz zur Seite und jagte
mit seinem Reiter in wildem Ungestüm quer durch den Wald.
Joachim, der sich vorn über gebeugt hatte, um von tief herab-
gehenden Aesten nicht abgestreift zu werden, fürchtete mit jedem
Augenblicke den Sturz des Pferdes oder einen tödtlichen An-
prall gegen einen Baumstamm. Aber schon der nächste Blitz
ließ ihn erkennen, daß er sich auf einer freien Stelle, und aus
den Bewegungen des Rosses konnte er gleich darauf wahr-
nehmen, daß er sich auf sumpfigem Boden befinde. Vergebens
bemühte er sich auf's Neue, das Roß im Laufe zu hemmen,
oder herumzubringen. Plötzlich vernahm er ein lautes Klat-
schen, das Roß versank mit ihm, und im nächsten Augenblicke
fühlte er sich bis zur Brust von Wasser umgeben. Er war
in eines jener gefährlichen Moore gerathen, durch deren schwan-
kende Pflanzendecke schon Mancher gesunken war, um das
Tageslicht nicht wieder zu schauen. Ein neuer Blitzstrahl enthüllte dem Junker vollkommen seine Lage, und da ihm zur
Rechten die Grasdecke fester zu sein schien, als auf den andern Seiten, und er auch im Nu übersah, daß, wenn überhaupt Rettung möglich sei, er nicht auf dem Rosse bleiben
dürfe, machte er den Versuch, sich nach jener Seite zu aufzuschwingen, und dieser Versuch gelang. Den Zügel hatte er
bei dem Aufschwunge in der Hand behalten, und es verstand
sich bei der Liebe, die er zu seinem Rosse hegte, von selbst,
daß er nicht auf den Gedanken kommen konnte, dasselbe seinem
Schicksal zu überlassen und nur auf seine Rettung bedacht zu
sein. Dem Rosse waren die Füße bereits von dem Wurzel-
und Rankengeflecht so umspannt, daß es nur noch schwache
Bewegungen zu machen vermochte und in die Tiefe versunken

wäre, wenn es nicht den Halt am Zügel gehabt hätte. Schauerlich erklang das Gewieher des geängstigten Thieres.

Die Macht des Unwetters war indeß vorüber, der Regen hatte nachgelassen, die Blitze durchzuckten seltener die Nacht, das Rollen des Donners ward schwächer. Joachim hatte bei den von Zeit zu Zeit die Gegend erhellenden Blitzen genug gesehen, um zu der Ueberzeugung zu gelangen, daß seine Lage eine wenig beneidenswerthe sei. Die Stelle, auf der er stand, wankte bei der leisesten Bewegung in bedenklichem Grade, so daß er den Durchbruch mit jedem Augenblicke zu gewärtigen hatte, und ringsumher war jedenfalls die Decke des Moores dünner noch; so daß er nicht daran denken konnte, die Stelle, die er inne hatte, zu verlassen. Was ihm außerdem als ein von bösen Geistern hingezaubertes Trugbild erschienen war, hatte sich ihm als eine Wirklichkeit offenbart, als das Kloster Lehnin, dem von den Quitzowern so schwerer Schaden zugefügt worden war. An Rettung ohne Beihülfe anderer Menschen war nicht zu denken. Aber was hatte er zu erwarten, wenn auf seinen Hülferuf etwa der Klostervoigt mit seinen Knechten kam? Außerdem wäre es ihm nicht möglich gewesen, einen Ruf nach Hülfe durch die Kehle zu bringen, selbst wenn durch denselben Sicherheit des Lebens und der Freiheit zu erringen gewesen wäre. Eben so schimpflich schien es ihm, einen verzweifelten Versuch zu machen, sich mit Hinterlassung seines Rosses allein zu retten. Durch eine schnelle Bewegung über die Moordecke hätte er wohl bis zu einer Stelle kommen können, auf der der Grund des Moores weniger tief war. Allein den um seine Faust geschlungenen Zügel seines Rosses zu lassen — wie hätte er das zu thun vermocht? — Da ertönte Glockenklang vom Kloster her und gleich darnach dumpfer Gesang. Das bedeutet meinen Tod, sagte sich Joachim, betete, schlug das Kreuz und nahm Abschied vom

Leben. Er fühlte, wie die Decke unter seinen Füßen nachgab, wie Wurzeln und Ranken sich leise lösten, und er hatte schon mehrmals bald den einen, bald den andern Fuß erhoben und ihn vorsichtig auf eine andere Stelle niedergesetzt, auf der indeß jedesmal das Gleiche geschah. Er beugte sich nieder, um seinem keuchenden Rosse gleichsam wie zum Abschiede noch einmal den Hals zu klopfen. Da leuchtete plötzlich ein schwacher Lichtschimmer über das Moor. Von einem fernen Blitze kam er nicht, denn er hielt an. Joachim wandte sein Haupt zur Seite und sah vom Kloster her Männer mit Fackeln kommen. Die Fackelträger waren Mönche in ihren langen dunklen Gewändern, ihnen folgten bewaffnete Klosterknechte. Das Angstgewieher des Rosses war den wachthabenden Knechten des Klosters nicht entgangen, und da man den Unfall eines Reisenden vermuthete, hatten einige Mönche beschlossen, mit Fackeln hinaus zu gehen, jedoch nicht ohne eine Zahl von Knechten mitzunehmen. Wie es Joachim schien, war er bereits bemerkt worden, denn man zeigte nach ihm, und er hörte sagen, es solle schnell ein Brett herbeigeholt werden, worauf zwei Knechte nach dem Kloster eilten. Die Männer waren jetzt so nahe herbei gekommen, daß das flackernde Licht der Fackeln seine Person deutlich erkennen ließ, und auch die Männer, die man zurück gesandt hatte, waren mit einem langen Brette schon nahe.

Gelobet sei die heilige Mutter, rief ein Mönch, daß wir noch zu rechter Zeit kommen! Habet nur noch einen Augenblick Geduld, und Ihr seid gerettet!

Das Brett war da, ein Dutzend Arme packten zu, um es Joachim zuzuschieben.

Es ist Einer von den Quitzow's! rief plötzlich ein Knecht; ich kenne ihn. Ha, wir haben Einen in der Falle!

Es wurde einen Augenblick mit dem Vorrücken des Brettes

innegehalten, die Mönche hielten die Fackeln höher, forschende, zornige Blicke blitzten aus den Augen der Männer.

Joachim schwieg; er wollte ungefragt das Gesagte weder bestätigen noch verleugnen.

Ein Mönch forderte ihn auf, seinen Namen zu nennen.

Erst rettet mich und mein Roß aus der offenbaren Lebensgefahr, entgegnete Joachim, und dann fraget, wie ich heiße!

Der Mann hat recht, entgegnete der Mönch; leget das Brett hinüber!

Nicht also! rief ein anderer Mönch. Erst gieb uns Antwort! Sehet nur, wie trutziglich er dreinschauet. Glaubet mir, es ist Einer von der Belialsrotte, die uns heimgesucht hat! Lasset ihn nicht an's Land, ehe er uns nicht seinen Namen genannt und versprochen hat, sich uns zum Gefangenen zu ergeben, wenn er zu den Rotten Quitzow's gehört!

Fremder Mann, sagte der erste Mönch, der die Sache zu gutem Ausgange zu bringen wünschte, sage uns Deinen Namen, so Du ein gutes Gewissen hast!

Meinen Namen will ich Euch freiwillig sagen, entgegnete Joachim, nicht aber — er zog hierbei sein Schwert — mich Euch freiwillig gefangen geben. Ich heiße Junker Joachim und bin zu Hause auf Plaue bei Hans von Quitzow. Nun macht mit mir, was Ihr könnet!

Da hört Ihr's! Da hört Ihr's! rief der zweite Mönch mit zornblitzenden Augen. Heilige Mutter Gottes, sei hochgelobet, daß Du ihn in unsere Hände gegeben hast, ihn, den Helfer des lebendigen Satanas, der sicherlich hierher kam, um zu kundschaften! Nun auf, Ihr Männer, schlaget ihn nieder, oder sehet zu, daß Ihr ihn lebendig fanget, damit wir ihn in den Thurm stecken können. Was vermag er gegen Euch Alle?

Die Klosterknechte, die auf die Quitzower nicht weniger übel zu sprechen waren, als der Mönch, machten Anstalt, das

Brett vorzuschieben, jedoch nicht bis zu Joachim hin, sondern ihm zur Seite, daß sie auf dasselbe treten und ihn mit ihren Spießen erlangen konnten.

Elendes Gesindel, rief Joachim empört, wollet Ihr Alle gegen einen Mann streiten, der nicht einmal festen Boden unter den Füßen hat? Gelüstet es Euch nach ehrlichem Kampfe, so helft mir auf das Land, und ich stehe dort Euch der Reihe nach zu Diensten!

Dies erbitterte die Knechte, die sich nach dem Brette drängten, nur noch mehr. Mehr als drei von ihnen durften sich aber nicht hinaufwagen. Weshalb drehest Du Deinen Spieß um? fragte der Zweite den Ersten leise, indem sie langsam vorrückten. Eben so leise antwortete dieser: Während Ihr nach ihm stecht, will ich mit dem umgekehrten Spieß einen Schlag auf ihn führen, an dem allein er schon genug haben soll! Es liegt jetzt in unserer Hand, das Lästermaul für immer stumm zu machen. Ich sage Euch, ist's einmal geschehen, so kräht kein Hahn darnach! Darum nicht geschont!

Lebendig oder todt den Räuber! rief der wüthende Mönch.

Da sah man, wie der Erste der Knechte die am verkehrten Ende gehaltene Lanze emporhob. Die beiden gegen ihn gezückten Spieße schlug Joachim mit kraftvollem Schwertschlage zur Seite. Da aber traf der mit Eisen beschlagene schwere Lanzenschaft auf seinen Eisenhelm, daß dieser laut erdröhnte. Er schwankte, ein Fuß sank tiefer ein. Indeß hatten auch die beiden andern Knechte ihre Spieße umgedreht und schlugen nun mit Macht auf ihn ein. Er verlor die Besinnung, sank zusammen, blieb aber auf der Decke des Moores liegen.

Damit war der Kampf beendet. Dem Brette wurde nun eine andere Richtung gegeben und Joachim an's Land gezogen. Man fand noch Leben in ihm, und er ward aus Vorsicht gebunden. Indeß hatten die Uebrigen bereits Anstalt gemacht, das Roß aus dem Moore zu bringen, was mit großer Vorsicht und Mühe auch gelang. Bald bewegte sich der Zug mit dem auf einer Bahre in tiefer Ohnmacht liegenden Gefangenen und dem hinterher geführten Rosse nach dem Kloster.

Als Joachim erwachte, befand er sich in einem ihm unbekannten kleinen Gemache. Die Thür von Eichenholz war mit starken Eisenbändern beschlagen, das Fenster hatte ein Eisengitter, durch ein ausgeschnittenes Kleeblatt der angelehnten Fensterlade drang helles Sonnenlicht. Indem er sich mühete, seine Gedanken zu ordnen, erhob er seine Hand, um sie zur Stirn zu führen. Hand und Arm waren ihm schwer, als ob sie bleiern wären. Nun nahm er einen dumpfen Schmerz im Haupte wahr und fühlte, leise tastend, daß ihm um Stirn und Hinterhaupt ein Verband angelegt war. Er ließ die Hand sinken und begann wieder nachzusinnen. Wirre Bilder traten vor seine Seele, aber er wußte nicht, was davon Traum und was Wirklichkeit war. So lag er eine Zeit lang. Da klirrten die Riegel der Thür, sie öffnete sich, und herein trat ein Klosterknecht, der sich dem Lager Joachim's näherte. Das Klappern der Holzschuhe des Herzutretenden verursachte dem Kranken einen durchdringenden Schmerz in dem Haupte, so daß er, so schnell er es vermochte, die Hand nach der Stirn erhob. Der Knecht starrte empfindungslos einen Augenblick nach Joachim, dann wandte er sich, ohne ein Wort zu sagen, um und ging hinaus. Kurze Zeit darauf ward wieder die Thür geöffnet, und es traten mehrere Mönche in das Gemach. Regungslos und durchbringende Blicke auf Joachim heftend, blieben sie am Eingange stehen. Jetzt drängte sich ein Mann in Hast durch sie hindurch. Er war bekleidet mit einem langen Gewande, das an Farbe, nicht aber in der Form dem Ordenskleide der Mönche glich. Auch waren ihm nicht Gesicht und Scheitel nach Mönchsart geschoren, sondern

er trug wallendes, grauweißes Haupthaar und einen silber=
weißen Bart, was die Frische seines edelgeformten Angesichts
um so augenfälliger machte. Mit den Worten: Wenn es wahr
wäre! nahete er sich dem Lager und schauete dem Kranken
einige Augenblicke forschend in seine Augen. Dann war es
plötzlich, als ob sein Angesicht sich verkläre, und erhobenen
Auges und die Hände gefaltet sprach er: Hochgebenedeiete
Gottesmutter, ich danke Dir, daß Du mein Gebet erhöret und
meine Mühen gesegnet hast! Vollende nun Dein Werk! —
Dann wandte er sich an die Mönche, sprach leise zu ihnen und
drängte sie nach der Thür. Sie hatten ihn verwundert ange=
hört und verließen kopfschüttelnd das Gemach.

Als Joachim sich mit dem Manne allein sah, der wieder
an sein Lager getreten war, sagte er mit leiser Stimme: Wo
bin ich? Was ist mit mir geschehen? und wer seid Ihr? —
Wieder leuchtete etwas von hoher Freude auf des Mannes
Angesicht, als er den Kranken also reden hörte, und er sprach:
Junker Joachim, Ihr seid schwer verwundet worden. Mehrere
Tage lang war für Euer Leben zu fürchten. Jetzt aber ist die
Gefahr vorüber, Ihr befindet Euch — Dank der Gottesmut=
ter! — auf dem Wege der Genesung. Aber Ihr müsset Euch
ruhig verhalten. Ihr seid im Kloster Lehnin. Fürchtet aber
nichts, sondern vertrauet meinem Schutze! Ich bin Euer Arzt
und auch sonst Euer Beistand; mein Name ist Sebaldus.

Joachim hatte den Redenden aufmerksam angeschaut, und
seine Blicke blieben auch, als derselbe schwieg, noch unverändert
an seinem Angesichte haften. Es schien, als bedürfe er einiger
Zeit, um das Gehörte in sein Bewußtsein aufzunehmen. Dann
fragte er mit Lebhaftigkeit nach seinem Schwerte und nach sei=
nem Rosse. Sebaldus antwortete: Dort hängt Euer Schwert
an der Wand, Euer Roß aber stehet wohlversorgt im Stalle.

Nun reichte Joachim dem Manne seine Hand, die derselbe

mit Wärme ergriff, indem er sprach: Junker Joachim, ich bitte Euch nochmals, vertrauet mir, und Alles wird sich zum Guten wenden lassen!

Damit schickte Sebaldus sich an, dem Kranken einen neuen Verband anzulegen, und kaum, daß es geschehen war, so sanken diesem die Augen wieder zu. Er athmete ruhig, Friede lag auf seinem Angesichte.

13.
Ein Blick in die Vergangenheit.

Lehnin war, wie fast alle Klöster, in einem regelmäßigen Viereck erbaut, in dessen Mitte ein ziemlich geräumiger Hof lag. Dieser Hof, heut noch Mönchskirchhof genannt, war der Todtenacker für die Mönche. Die Gebäude hatten nach Innen zu einen schön gewölbten Kreuzgang, der rings um den Gottesacker ging. Der Kreuzgang diente bei ungünstiger Witterung zu Prozessionen, auch pflegten sich hier die Mönche „im düstern Anblick ihrer einstigen Ruhestätten" zu ergehen.

Hell und warm lag der Sonnenschein auf den Gräbern, kein Laut regte sich, ein Gottesauge — wer kennt nicht den anmuthigen Blauflügler? — gaukelte von Hügel zu Hügel, hier längere oder kürzere Zeit an einer Blüthe hängend, dort schnell vorüber eilend.

Ein im Schatten des Kreuzganges sitzender bleicher Mann folgte den Bewegungen des Gottesauges, das sich jetzt erhob, höher und höher stieg und endlich seinen Blicken entschwand. Von dem Ritter Hans von Quitzow würde in dem bleichen Manne der Junker Joachim im ersten Augenblicke kaum wieder erkannt worden sein, und zwar hätte dies mehr die Gesichtsfarbe desselben und der noch von ihm getragene Verband, als der Ausdruck seines Angesichts bewirkt.

In Joachim war während seines zweiwöchentlichen Aufenthaltes in Lehnin eine große Veränderung vorgegangen. Hier war ihm eine an Wissen, Erfahrung und Reinheit des Willens hochstehende Menschennatur entgegen getreten, die ihm — er kannte den Grund nicht — ihre ganze Liebe zugewandt hatte. Das Benehmen des würdigen Sebaldus gegen den Gefangenen hatte Aufsehen im Kloster erregt. Niemand konnte sich beschweren, bei einer Krankheit jemals von Sebaldus vernachlässigt worden zu sein, jedoch eine Sorgfalt, wie dieser sie dem Junker Joachim zuwandte, war Keinem, selbst nicht dem Abte, je von ihm zu Theil geworden. Und doch war Joachim ein Quitzower, ein Feind des Klosters!

Diese und jene Vermuthung ward im Kloster ausgesprochen. Die Verwundung des Junkers, hieß es, sei so arg gewesen, daß er von Sebaldus schon vollständig aufgegeben gewesen sei. Das Gelingen seiner Kur habe nun in dem Arzt diese Liebe zu Joachim hervorgerufen. Andere sagten, Sebaldus liebe den Junker deshalb, weil derselbe einem längst verstorbenen nahen Verwandten von ihm sprechend ähnlich sähe. — Das seien Flausen, mit denen man ihnen nicht kommen solle, hieß es dagegen bei den Klosterknechten. Sie fluchten und wetterten Tag für Tag in den Ställen gegen Joachim und den Arzt. Wenn so ein Kundschafter nicht in den Thurm komme, sagten sie, wozu sei dieser denn überhaupt gebaut! Dahinter werde Verrätherei stecken! Jetzt schleiche der Junker, statt in Ketten zu liegen, in Höfen und Gängen umher; — könne man es denn wissen, ob nicht von ihm, ehe man es sich versehe, der Versuch gemacht werde, das Weite zu suchen? — Vom Klostervoigt, der in dieser Zeit bärbeißiger noch dreinschauete, als sonst, war ihnen befohlen worden, mit allem Fleiß aufzumerken, und, falls der Junker im Geringsten Miene mache, die Flucht zu ergreifen, schärfer zu schlagen und zu stechen, als es auf dem schwankenden Brette im Moore hätte geschehen können, damit dann der ärgerliche Handel kurzweg sein Ende gewinne.

Joachim hatte weder von dem Einen, noch von dem Andern eine Ahnung, eben so wenig dachte er daran, auf Flucht zu sinnen, seitdem von ihm in des Sebaldus Hand auf Rittertreue ausdrücklich das Versprechen abgelegt worden war, die ihm vom Abt gestattete Vergünstigung des freien Umhergehens innerhalb der Klostermauern in keinerlei Art zu mißbrauchen. Wußte er doch auch außerdem, daß Sebaldus bei dem Convent des Klosters für ihn in Bürgschaft getreten war, er demnach diesem Manne einzig und allein jene Vergünstigung zu verdanken hatte.

Gerade jetzt drängte sich dem einsam im Kreuzgange weilenden Joachim die Frage auf: Würdest Du wohl, falls man Dir heut, in dieser Stunde, Waffen und Roß zurückstellte und Dich für frei erklärte, fröhlichen Sinnes heimreiten? Er schüttelte sein Haupt, er gestand sich, daß es ihm lieb sei, im Kloster noch als Kranker und Gefangener verweilen zu müssen. Wie zu Sebaldus, so hatte er sich noch zu keinem Menschen hingezogen gefühlt, obgleich jener doch kein Schwert trug und das unbewehrte Volk bisher gründlich von ihm verachtet worden war.

Was war die Ursache dieser wunderbaren Erscheinung?

Es war nicht allein der Hauch der Liebe, der von dem fürsorglichen Sebaldus ausging, und der das Gemüth des Junkers berührte, wie Frühlingssonnenlicht das Erdreich, es war auch der Zauber, der in seinen Mittheilungen ruhete; von Beiden war das tiefste Leben Joachim's erregt worden, Letzteres namentlich hatte ihm Ideale vor die Seele gestellt, die jetzt sein ganzes Denken, Sinnen und Empfinden hinnahmen. Sebaldus war in der Geschichte seines Volkes wohl bewandert, er kannte

genau den Unterschied zwischen dem Ritterstande der damaligen
Zeit (insbesondere dem der Mark) und dem Ritterstande zur
Zeit der Kreuzzüge, und Letzterer war vornehmlich bisher der
Gegenstand seiner Mittheilungen gewesen. Vor den Kreuz=
zügen hatten die eisernen Mannen, die sich Ritter nannten,
die größte Aehnlichkeit mit den Quitzow's und deren Genossen
gehabt. Durch die Kreuzzüge aber, die das elfte und zwölfte
Jahrhundert umfassen, war über die abligen Krieger eine wahr=
haft religiöse Weihe gekommen, die ihr Empfinden, Denken
und Handeln umgewandelt hatte. Sebaldus las dem Junker
Manches aus alten Chroniken vor, die er aus der Kloster=
bibliothek entnahm, wodurch seine Mittheilungen um so mehr
Beglaubigung empfingen. Wie anders, als zur gegenwärtigen
Zeit war schon die Aufnahme in den Ritterstand gewesen!
Mit wahrer Andacht hatte Joachim vernommen, wie der Knappe,
der zum Ritter geschlagen werden sollte, die Nacht vorher
in einer Kapelle in Gebet zubrachte, wie er am Morgen dar=
auf mit rothen und weißen Gewändern angethan wurde und
knieend vor dem Altare das Ritterschwert empfing, wie ihm
erklärt ward, daß das weiße Gewand auf einen reinen Lebens=
wandel, das rothe auf sein Blut, das für eine gerechte Sache
zu vergießen er stets bereit sein sollte, hindeute, wie er dann
die Rittergelübde abgelegt, dahin lautend: die Kirche Christi
zu ehren und zu vertheidigen, seinem Lehnsherrn treu, hold
und gewärtig zu sein, keine ungerechte Fehde zu beginnen, den
Wittwen und Waisen, überhaupt allen Nothleidenden und Unter=
brückten, Schützer und Helfer zu sein, wie ihm darauf von dem
Fürsten, Grafen oder Ritter, der ihm den Ritterschlag erthei=
len sollte, vorgeführt ward, daß der vornehmste Schmuck eines
Ritters Treue, Menschlichkeit, Gerechtigkeit, Vernunft, Klug=
heit, Mäßigkeit, Stärke, Wahrheit, Freigebigkeit, Fleiß, Hoff=
nung und Tapferkeit sei, und wie er endlich, nachdem er „im

Namen Gottes, des heiligen Michael und des heiligen Georg" den Ritterschlag zum Zeichen empfangen, daß er fortan keinen Schlag mehr dulden dürfe und ihm Panzer, Arm- und Beinschienen, Waffenrock und Sporen angelegt, das Haupt mit dem Helm bedeckt und der Leib mit dem ritterlichen Wehrgehenk umgürtet worden war, von den anwesenden Rittern mit Gruß, Handschlag und Umarmung als Bundesbruder willkommen geheißen ward.

Mittheilungen dieser Art hatte Joachim weder auf Plaue, noch auf einer der anderen Burgen des märkischen Adels jemals empfangen. Was kümmerten sich die märkischen Herren um die Geschichte der früheren Zeiten! Ihre Kenntniß geschichtlicher Vorgänge reichte, wie bemerkt, höchstens bis in das Leben ihrer Väter hin, und was sie sich aus diesem Zeitraum von eigenen oder von den Thaten ihrer Väter zu erzählen wußten, hatte nichts von dem Lichtglanze jener für den Ritterstand in der That großartigen Zeit an sich. Auch über die Minnesänger hatte Joachim von dem kundigen Sebaldus Mittheilungen empfangen, von den eisernen Mannen, die nicht nur mit Schwert und Lanze, sondern auch mit süßen Liedern, den edelsten Empfindungen entstammend, gegen einander kämpften. Die Erzählung von dem Sängerkrieg auf der Wartburg war dem Junker wie eine bunte, wundersame Mähr erschienen; Minnesänger, wie Gottfried von Straßburg, Walther von der Vogelweide, Wolfram von Eschenbach und Andere waren in strahlender Glorie vor seine Seele getreten.

Was Sebaldus dem Junker aus dem Ritterleben früherer Jahrhunderte erzählte, stand in vollem Gegensatz zu dem Leben und Treiben der märkischen Ritter, die in gegenwärtiger Zeit lebten. Aber Sebaldus machte keine Nutzanwendungen. Wenn ein denkender Beobachter Zeuge der Unterredungen gewesen wäre, so würde er kaum darüber klar geworden sein, ob die Freude an dem Gegenstande allein den merkwürdigen Mann treibe, zu erzählen, oder ob er die Absicht hege, seinen aufmerksamen Zuhörer zu Vergleichen anzuregen und ihn sittlich auf eine höhere Stufe zu erheben. Dem Junker Joachim waren damit die heiligen Hallen der Geschichte eröffnet worden, und die Vergangenheit hatte zum ersten Male in seinem Leben Bedeutung für ihn gewonnen. Dies bekundeten mancherlei Fragen, die er an Sebaldus that, und die von demselben stets mit besonderer Freude entgegen genommen und beantwortet wurden.

Auch heut hatte Joachim so Manches auf dem Herzen, und er wartete mit Ungeduld auf den Besuch des Arztes, von dem er über das Eine und das Andere Aufschluß zu erhalten begehrte.

Endlich erblickte er den würdigen Sebaldus in dem Kreuzgange. Er stand auf, ging dem Herzuschreitenden entgegen und reichte ihm mit freundlichem Wort seine Hand. Beide setzten sich, und die Unterhaltung begann alsbald.

Rechnet es mir nicht zum Uebeln an, sagte Joachim, daß ich Euch, ob Ihr mir gleich schon so Vieles erzählt habt, immer noch mit neuen Fragen belästige!

Junker Joachim, entgegnete Sebaldus, ich theile von dem, was ich weiß, gern mit; also fragt nur, und dann will ich sehen, ob ich's zu beantworten vermag.

Nun begann Joachim: Ich habe erkannt: Eine Zeit ist nicht alle Zeit. Nun habe ich mir gesagt: Es gab doch einmal eine Zeit, in der dies Kloster noch nicht hier war, und da wüßte ich gern . . . .

Wie es damals in der Mark aussah? Nun, darüber kann ich Euch wohl etwas sagen. Wisset denn: in der ältesten Zeit, so weit die Annalen der Geschichte darüber etwas kund thun, wohnten hier zwischen der Elbe und der Oder — in dem

Strich Landes, das jetzt die Mark Brandenburg heißt — Deutsche. Es war der deutsche Volksstamm der Semnonen. Als diese später über die Elbe nach Abend zogen, rückten, von Morgen her, die Slaven in die verlassenen Gebiete. Das slavische Volk, hier Wenden genannt, hat nun mehrere Jahrhunderte die Mark bewohnt.

Joachim fragte, ob die Wenden, die sich hier und da in der Mark noch vorfänden, Abkömmlinge jener Wenden seien.

Sebaldus bejahete diese Frage und fuhr dann fort: Die meisten Stämme der Deutschen waren indeß Christen geworden, nur der Stamm der Sachsen, der auf dem jenseitigen Ufer der Elbe wohnte, verharrte noch im blinden Heidenthum. Als nun Carolus der Große — das ist nun wohl sechshundert Jahre her — Kaiser der Deutschen geworden war, beschloß er, die Sachsen sich zu unterwerfen und ihnen auch das Christenthum aufzunöthigen, und es gelang ihm dies nach dreißigjähriger furchtbarer Blutarbeit. Die Wenden aber, die hier wohnten, hatten den Sachsen gegen den Kaiser vielfach beigestanden, weshalb dieser beschloß, sie mit Krieg zu überziehen. Von da ab sind nun Jahrhunderte lang die erbittertsten Kämpfe gegen die Wenden geführt worden. Junker Joachim, ich sage es Euch: Hunderttausende und abermals Hunderttausende von Männern — Deutsche sowohl wie Wenden — haben in den zahlreichen Schlachten, die hier in unserer Mark geschlagen worden sind, ihr Leben verloren. Ich glaube nicht, daß es in der Mark eine Handbreit Erde giebt, die nicht von Blut übergossen worden ist. Die Deutschen betrachteten das Land als das ihre und wollten es wieder in Besitz nehmen. Sie wollten aber auch das Christenthum hierher verpflanzen, und so kam es, daß sie den Wenden gleichsam mit dem Kreuz in der einen und mit dem Schwert in der andern Hand entgegen traten. Die Wenden dagegen wollten sich weder unter-

werfen, noch von ihrem Heidenglauben lassen. Ist's nicht
wunderbar, Junker Joachim, daß die Deutschen Jahrhunderte
lang nicht Herr werden konnten über die Wenden? Ich will's
Euch sagen, woher das kam. Die Uneinigkeit unter den deut=
schen Stämmen bewirkte dies. Bald war hier, bald dort im
deutschen Reiche Aufruhr zu stillen, ja bisweilen verbanden sich
sogar einzelne deutsche Stämme mit dem Auslande gegen das
Reich. O Junker Joachim, das ist eine üble Seite der Deut=
schen, daß sie nicht einigen Sinnes sind! Wer könnte ihnen
sonst widerstehen? So war es schon zu den Zeiten der Rö=
mer, die nie das ganze deutsche Volk gegen sich vereint fan=
den. Möchte es in Zukunft besser sein! — Daher kam es denn,
daß die deutschen Kaiser fast niemals ihre ganze Kraft auf
völlige Unterwerfung dieses Landes verwenden konnten. Zu
Zeiten freilich glaubten die Deutschen nach siegreichen Schlach=
ten Herren des Landes zu sein, und sie legten feste Plätze an
und stifteten Bisthümer. Wenn dann aber im Reiche wieder
die Zwietracht ihr Haupt erhob, dann standen die Wenden
plötzlich wieder auf, und schüttelten das Joch ab. Sie mor=
deten die Deutschen, die sich im Lande niedergelassen hatten,
zerstörten die festen Plätze und richteten in den Tempeln die
Götzenbilder wieder auf. Wie ich Euch sagte, Junker Joachim, es
ging so durch Jahrhunderte. Da endlich kam der rechte Mann,
der die Wenden bändigte. Es war der Markgraf Albrecht der
Bär, und die Niederwerfung Jener geschah etwa vor dreihun=
dert Jahren. Meinet Ihr nicht auch, daß Albrecht, der dies
Werk vollführte, einen eisernen Arm gehabt haben muß? Und
doch, hätte er sich nur allein auf das Schwert gestützt, auch
er würde nichts auf die Dauer vermocht haben. Die Krieger,
die bisher von ihm verwendet worden waren, hatten nur ver=
standen, mit dem Schwerte dreinzuschlagen. Da rief er eine
Schaar von Männern in's Land, die die Herzen der Wenden

ihm willfährig machen sollten, und dies waren Cisterzienser=
mönche. Ich will es gleich kurz heraussagen: Diese Cister=
zienfermönche haben zumeist dazu beigetragen, daß die Wenden
keinen gemeinsamen Aufstand mehr unternahmen.

Mönche in Waffen? fragte Joachim verwundert.

Ja, in Waffen! entgegnete Sebaldus. Er blickte sich um
und fuhr dann, leiser redend, fort: Aber es waren Waffen
eigener Art; wollte Gott, es würden diese Waffen heut noch
von den Cisterzienfermönchen, z. E. auch von denen dieses
Klosters — Lehnin ist ja auch ein Cisterzienferkloster — in
alter Art geführt! Es stünde dann besser nicht nur in der
Mark, sondern auch allerwärts, wo Christi Lehre geprediget
wird! Höret mich an, und was Euch in meinen Worten als
Räthsel erschien, wird Euch alsbald verständlich werden! Jun=
ker Joachim, Ihr habt wohl einmal von dem großen Römer=
reiche reden hören, das einst den Erdkreis, so weit er bekannt
war, beherrschte. Um Euch eine Vorstellung von der Macht
dieses Weltreiches zu geben, sage ich Euch, daß, wenn hier in
der Mark tausendmal so viel Burgen vorhanden wären, als
es sind, und es hätte eine jede Burg tausendmal so viel Rit=
ter und Knechte, als sie jetzt zählt, dennoch die Mark gegen
das alte Römerreich ein schwaches Reich genannt werden müßte.
Und wer hat jenes ungeheure Reich gestürzt? Einer, dessen
Namen hoch über allen Namen stehet, und der elf Männer zum
Kampf hinaus sandte in die Welt. Ich meine den Heiland
der Welt. Weder Schwert, Spieß, Panzer, Schild und Helm
trugen diese Streiter, ihre Hand führte den friedlichen Wander=
stab. Aber im Herzen waren sie ausgerüstet mit der wahr=
haftigen Gottes= und Menschenliebe, und damit überwanden
sie die Welt!

Sebaldus rückte näher an Joachim, und nachdem Jener sich
wieder nach allen Seiten umgeschaut hatte, fuhr er mit ge=

dämpfter Stimme fort: Ihr müsset vor allen Dingen einmal vergessen, was Ihr über die heutigen Cisterzienser vernommen habt. Auch für sie gilt das Wort: Eine Zeit ist nicht alle Zeit! Um die Zeit Albrecht des Bären, der, wie ich Euch sagte, sie in's Land rief, um ihm die Eroberung desselben vollenden zu helfen, hatte der kurz vorher²⁴) gestiftete Orden der Cisterzienser etwas von dem erhabenen Geiste der Jünger Jesu an sich. Die Wenden waren äußerlich unterworfen, aber sie knirschten unter dem Eisenfuße des Siegers und beschäftigten sich fortwährend mit Plänen zu neuen Aufstandsversuchen. Sie haßten das Kreuz, denn sie hatten es auf der Fahne ihrer Unterdrücker gesehen; der Segen des Christenthums war ihren Augen vollständig verschlossen geblieben. Nun wurden den Cisterziensern Sumpf= und wilde Waldgegenden in der Mark zur Niederlassung angewiesen. Ernsten, stillen Sinnes zogen sie in die wüsten Gegenden und begannen gottvertrauend ihr Werk. Sie bauten sich Hütten, legten Sümpfe trocken und rodeten Dornen und Bäume aus, um Ackerland zu gewinnen. An die Stelle der von racheschnaubenden Feinden Erschlagenen traten Andre ein, ergeben das gleiche Werk betreibend. Nie erhoben sie eine Hand gegen den Feind, der viele der Ihrigen grausam mordete, nie kam ein hartes Wort als Erwiederung auf Schmähungen über ihre Lippen. Sie trugen härenes Gewand, ihr Lager war Stroh, und an Speise und Trank nahmen sie nur so viel zu sich, als des Leibes Nothdurft unumgänglich erforderte²⁵). Vernahmen sie von einem Kranken unter den Wenden, so gingen sie in seine Hütte und boten ihm Pflege, dem Armen reichten sie willig von dem, was sie durch eigener Hände Arbeit und im Schweiße ihres Angesichts dem Boden abgewonnen hatten. Ihr Leben war Gebet, Arbeit und Wohlthun. O Junker Joachim, dort unter den zerfallenden Hügeln ruhen ihrer Viele, deren Herzen von heiligster

Gottes- und Menschenliebe erfüllt waren; ihr Staub heiligt den Boden. Ihr werdet ermessen, daß ein solches Thun endlich nicht ohne entsprechenden Eindruck bleiben konnte. Wie Schuppen fiel es allgemach Einem und dem Andern der Feinde von den Augen, und mancher Wende, der Todfeind den Christen gewesen war, kam, beugte freiwillig seinen starren Nacken vor dem Kreuz und flehte die Männer des Friedens an, ihn durch die Taufe in den Schooß der Kirche aufzunehmen. Nun zog Albrecht der Bär auch deutsche Ansiedler aus den Niederlanden nach der Mark, und Deutschthum und Christenthum faßten hier mehr und mehr festen Fuß. Freilich war damit nur ein guter Anfang für die gute Sache gemacht, aber glücklicher Weise wirkten Albrecht's Nachfolger ganz in dem Geiste ihres tapferen und verständigen Ahnherrn, und das Land blühete unter den Anhaltinern oder Askaniern, wie sein Geschlecht genannt ward, herrlich auf[20]. Die meisten seiner Nachfolger waren Männer, an edler Gesinnung den Rittern gleich, von denen ich Euch erzählt habe, einer, Otto mit dem Pfeile, hat sich außerdem noch als Minnesänger berühmt gemacht. Leider erlosch dies ruhmreiche Fürstengeschlecht der Askanier vor etwa einhundert Jahren, und von da ab hat unser armes Land schwere, schwere Zeiten erlebt.

Sebaldus war lebhaft geworden. Jetzt dämpfte er seine Stimme wieder, indem er fortfuhr: Unter den Askaniern waren Anfangs die Klöster dem Geiste, der sie schuf, treu geblieben, aber in dem Maaße sie durch Schenkungen, durch das einträgliche Recht, fürstliche Personen in ihren Mauern zu begraben, Messen zu lesen, wie durch das Steigen der Zehnten für die den Ansiedlern überlassenen Ländereien, wohlhabend und endlich reich wurden, in dem Maaße wich der gute Geist aus ihrer Gemeinschaft. Das arme Menschenkind kann den Reichthum schwer ertragen! — Ja wahrlich, eine Zeit ist nicht alle

Zeit! Die Klosterküchen wetteifern heut zu Tage mit den fürstlichen Küchen, und man vertraut jetzt mehr auf feste Mauern, feste Thore und auf das Schwert der Klosterknechte, als auf die Macht der christlichen Lehre, auf die einst die längst in den Gräbern ruhenden frommen Vorgänger sich stützten. Wie sind die Zeiten doch in allen Stücken so übel geworden! Gott wolle sich des armen Landes erbarmen, das so lange Zeit schon weder einen starken weltlichen Herrn, noch rechte geistliche Hirten hat! Die Kirche ist krank an Haupt und Gliedern, und eine weltliche Ordnung ist auch nicht vorhanden. Aber — ich sage Euch das im Vertrauen, Junker Joachim — es scheint, als wolle Gott dem Lande nach langer, schwerer Zeit wieder gnädig sein und ihm einen rechten, einen wahren Herrn geben. Habt Ihr etwas davon vernommen?

Ei freilich, sagte Joachim lebhaft, man redete auf Plaue viel von einem Hohenzollern, einem Burggrafen von Nürnberg. Den meinet Ihr aber wohl nicht?

Eben den, entgegnete Sebaldus. Möchte er nur kommen! Aber ich fürchte, daß, wenn er vernimmt, wie es hier zu Lande jetzt gehet, so bleibt er in seinen schönen Erblanden und läßt die Mark in der Noth stecken!

Der Adel würde ihn auch schwerlich annehmen, sagte Joachim.

Ich kann es mir denken, entgegnete Sebaldus, daß, wenn er käme, um das Amt eines Landeshauptmanns der Mark zu übernehmen, es ohne schwere Kämpfe nicht abgehen würde. Wollte Gott, er ließe sich nicht schrecken! Ich bin viel im Reiche umhergekommen, ich kenne fast alle fürstliche Personen in den deutschen Landen, ich habe jahrelang — ich sage das nicht, um mich zu rühmen — in Prag mit gelehrten Männern verkehrt und die dortige Bibliothek mit allem Fleiße benutzt, ich darf daher wohl sagen, daß ich über Vergangenheit und Gegenwart ein Urtheil gewonnen habe. Bedenke ich nun Alles, so drängt sich mir die Ueberzeugung auf: das ganze deutsche Reich lebt in einer Zeit des Verfalles, nirgends aber ist der Verfall größer, als hier in der Mark²⁷). Und dem füge ich mit gutem Gewissen die Behauptung bei: Wenn die Mark wieder in eine bessere Bahn gebracht werden soll, so wüßte ich keinen Herrn, dem ich die Macht zutraute, dies auszuführen, als dem Burggrafen Friedrich. Wahrlich, der ist an Leib und Geist so ein rechtes Abbild aus der alten guten Ritterzeit! Aber hört, die Glocke läutet zur Vesper. O, du Klosterglocke, du hast bessere Zeiten erlebt! Wie zu Anfange des Winters hier und da noch ein grünes Blättchen sich mühsam am Zweige hält und von vergangener Pracht Kunde giebt, so findet man vereinzelt nur noch unter den Klostergeistlichen würdige Glieder des alten Ordens. Die alten Ordensbrüder ruhen in den Gräbern; lasset uns zur Kirche gehen und in ihrem Geiste beten!

Beide erhoben sich und schritten schweigend den Kreuzgang hinab.

14.
An der Ruine.

Es war kaum eine Woche vergangen, da sahen die Klosterknechte eines Tages zu ihrem höchsten Verdrusse den Junker Joachim und Sebaldus zum Hofthore herausreiten, indem sie der festen Meinung waren, weder der Eine noch der Andre würde, wie gesagt worden war, zurückkehren. Daß der noch rüstige Sebaldus gut zu Pferde saß, verwunderte den Junker nicht, denn damals war es Sitte, daß Männer und Frauen, Priester und Laien, Alte und Junge ritten; das gewandte Aufschwingen desselben aber hatte in Joachim den Gedanken erweckt, Sebaldus müsse wohl in früheren Jahren dem Kriegerstande angehört haben.

Als Beide in den Fichtenwald einbogen und der kräftige Harzgeruch ihnen entgegen wehete, wieherte das Roß Joachim's laut auf und strebte mit aller Macht vorwärts. Still, still Rößlein, sagte Joachim mit heiterer Miene, indem er dem Thiere die Zügel anzog, daß es sich bäumte, wir sind noch Gefangene! Die Klosterknechte freilich — das sah ich ihnen an — meinen, wir werden nicht wiederkehren. Aber sie irren sich; ich habe für uns Beide mein Wort gegeben! —

Erst nach und nach ward das Pferd ruhiger. Wie kommt es doch, sagte Joachim nach einer Weile, daß Ihr besser von den Quitzowern denkt als die Klosterleute? Denn wäre das nicht der Fall, so hättet Ihr mich, der ich doch einer der Ihren bin, doch sicher nicht zu einem Ritte eingeladen!

Besser als die Klosterleute? Besser? Junker Joachim, es kann keinen weder hier in der Mark noch im ganzen heiligen römischen Reiche geben, der schlechter von den Quitzowern denkt, als ich! Mit einzelnen der Dienstmänner und Anhänger der Quitzows mache ich freilich eine Ausnahme, vor allen Dingen mit Euch!

Joachim blickte mit Verwunderung auf ihn.

Ich verkünde Euch, fuhr Sebaldus mit einer gewissen Feierlichkeit in Ton und Geberde fort: ehe noch die Sonne dieses Tages sinkt, werdet Ihr das Urtheil, das ich über die Quitzows hege, mit mir theilen! Stehen sie doch, wie ich hoffe, jetzt schon nicht mehr so hoch in Eurer Achtung wie früher! —

Beide schwiegen wieder. Der Forst, zumeist aus Fichten bestehend, war so dicht, daß der überwölbte Weg fast einem düstern Klostergange glich; hier und da nur sah man ein Streifchen Goldlicht der Sonne auf dem Boden oder an den Stämmen und Gesträuchen flimmern. Wo in der Mark findet man jetzt noch eine Waldgegend, die dieser gliche? Was damals an Aesten und Stämmen, an Laub und Nadeln fiel, blieb liegen, vermoderte und bildete eine dicke Lage fruchtbarer Dammerde, aus der Gesträuche, Bäume und Kraut üppig aufwucherten. Wer schweigend durch solche Waldgegenden wanderte, der wurde wohl bisweilen von einem Schauer ergriffen, und er meinte, der Sagen der Vorzeit gedenkend, in dem Rauschen des Waldes den Klagegeist des mit der Schärfe des Schwertes zurückgedrängten Slavenvolkes zu hören, das Jahrhunderte lang die Mark seine Heimath genannt und dem Boden die Asche seiner Todten anvertraut hatte.

Wunderbarer Wechsel der Dinge! begann Sebaldus. Die deutschen Ansiedler, geistliche wie weltliche, die Brandenburg wieder zu einer deutschen Landschaft machten, gehörten wahrlich zu den besten Gliedern ihres Stammvolkes, daher auch unter ihrem Wirken die Wohlfahrt des gewonnenen Grenzlandes gedieh. Sie baueten Städte und Dörfer, sie rangen dem Walde fruchtbare Aecker ab, verwandelten Sümpfe in Getreidefelder und Weiden, dämmten die breiten Gewässer ein, schufen Land- und Wasserstraßen und führten außer der Weinrebe mancherlei Obst- und Gemüsearten ein. Und jetzt? Wenn die Asche in den Urnen, die dieser Boden birgt, jetzt Leben gewönne, wenn die untergegangenen Geschlechter der Slaven sich heut erhöben und das Land durchwandelten, sie würden Weh und Ach über uns Deutsche rufen, also sprechend: Wozu das Opfer so vielen Blutes, da es jetzt schlechter im Lande ist, als es in unsern Zeiten war? —

Die Reiter waren auf eine Anhöhe gekommen. Sehet jene Sandberge an, sagte Sebaldus. Hier ringsum hätte Euer Auge vor einem halben Jahrhundert noch Wein und Korn geschauet, jetzt ist der Boden ausgedörrt und für jeglichen Anbau unfruchtbar geworden. Aehnliches ist auf vielen Orten in der Mark geschehen. Aecker haben sich in Sandwüsten verwandelt; wo der Boden noch Kraft genug hatte, überwucherte ihn der Wald wieder. Gehet es so weiter, so fürchte ich, wird in dem großen Slavenvolke im Osten die Lust erwachen, das untüchtig gewordene Grenzvolk wieder aus der Mark hinauszudrängen und dies Land dem Polenreiche einzuverleiben. Und doch, der Kern des brandenburgischen Volkes ist gut, und nur Führer, wie die Askanier es waren, fehlen. Die jetzt an der Spitze stehen, d. h. die Quitzows und ihre Helfer, sie sind des Landes Verderber. Und dabei sind die

Quitzows und mehrere andere Adelsgeschlechter, die das Land bedrücken, noch dazu flavischen Ursprungs! —

Joachim wandte sich erschreckt gegen Sebaldus.

Nein, sagte dieser, indem seine hellen Augen und seine Mienen innige Zuneigung und Zuversicht ausdrückten, Ihr stammt nicht von flavischen Eltern ab! Stieg nicht eine Besorgniß dieser Art eben in Eurer Seele auf? — Glaubt es mir vorläufig! Vielleicht, daß ich Euch den Beweis bald führe, doch fragt mich, ich bitte Euch, jetzt darüber nicht! —

Nach einer Pause fuhr Sebaldus fort: Glaubt Ihr denn, daß alle Edelleute in der Mark denken, wie die Quitzows? Da würdet Ihr sehr irren! Aber wer wagt sich gegen die Mächtigen, die in Wirklichkeit die Herren der Mark sind, heraus mit seiner Meinung? Die es thaten, mußten es schwer büßen! — — Schon unter dem alten Kuno von Quitzow, der jetzt todt ist, ging es Manchem übel, der nicht mit den Wölfen heulen wollte. Ich denke immer noch an zwei Edelleute, die von dem Wunsche beseelt waren, in dem Adel den alten hehren Geist wieder wach zu rufen. Ihr Wort zündete in den besseren Gliedern des Standes, und man ging daran, einen Bund zu Schutz und Trutz zu gründen. Was war die Folge? Als der Jüngere bei dem Aelteren zu Besuche war, wurde dessen Burg von dem alten Quitzow überfallen, — Dietrich und Hans, damals Jünglinge, waren auch dabei — nach tapferer Gegenwehr mit Sturm genommen und darauf zerstört. Der ältere der Edelleute fiel im Kampfe, sein Weib kam in den Flammen um, sein Bruder entfloh, und man vernahm seitdem nichts mehr von ihm. —

Sebaldus schwieg in tiefer Bewegung.

Die Reiter hatten ihren Weg an dem Abhange eines Höhenzuges fortgesetzt und erblickten jetzt vor sich zwischen dunkelbewaldeten Bergen einen ziemlich umfangreichen See, dessen Oberfläche wie blauer Stahl schimmerte. Unten am See sah man die Trümmer einer Burg und nicht weit davon, zwischen Weiden, einige elende Hütten. Wie in sich versunken, richtete Sebaldus, der sein Roß angehalten hatte, eine Zeit lang seine Blicke auf die Ruine. Dann wandte er sich ab und sprach: Dort oben unter den Eichen liegen graue Steine, Grabdenkmäler, vielleicht noch aus der Zeit stammend, in der Deutsche vor der Völkerwanderung dies Land bewohnten. Ihr erzeigt mir wohl die Liebe, mit mir einmal hinauf zu steigen? Die Rosse lassen wir unten bei den Hütten.

Sie ritten hinab. Die niedrigen Hütten waren von Holz und Lehm erbaut und mit Schilf und Steinen belegt. Als sie nahe waren, sahen sie im Weidengebüsch ein braunes Gesicht, das schnell verschwand. Sie riefen an der ersten Hütte. Kein Laut. Vor den andern Hütten war es eben so. Hinter dem Rohre hörten sie es plätschern. Sie sind in ihre Kähne gesprungen und fliehen, sagte Sebaldus. Das ist das Zutrauen des Volkes zu dem Adel, der es schützen soll! Denn für Adlige werden sie uns wohl gehalten haben, vielleicht aber auch für Räuber oder für Beides. Gott bessere es! So wollen wir denn nur hinauf reiten.

Oben angekommen, stiegen sie von den Rossen, nahmen ihnen die Gebisse ab und ließen sie frei gehen im Haidekraut. Sebaldus führte den Junker zu den Steinen, die einen weiten Kreis bildeten. Ringsum standen vereinzelt mächtige Eichen und zwischen ihnen hindurch reichte der Blick von dieser Stelle hinaus über den See und die Waldungen.

Joachim schauete verwundert auf die Steine. Dann sagte er plötzlich mit Lebhaftigkeit: Heilige Gottesmutter, wie ist mir denn? Dieser Platz kommt mir bekannt vor. Fast möchte ich glauben, ich hätte in meiner Jugend....... Er blickte aufgeregt und hastig umher. Ich wollte darauf schwören, fuhr er fort, daß ich als Knabe mit einem Oheim oft auf dieser Stelle war, ober auf einer, die derselben ganz ähnlich sah.

Sebaldus hatte sich etwas zur Seite gewandt. Wunderbar, sagte er, und es war fast, als ob seine Stimme zitterte, auch ich war vor Jahren mit meines Bruders Sohn oftmals auf einem solchen Platze. Bisweilen setzten wir uns auf einen Stein, und ich erzählte ihm Manches, zu andern Zeiten wieder befestigte ich eine Scheibe an einen Stamm und wir schossen mit der Armbrust. —

Joachim trat einen Schritt vor und schauete dem Sebaldus starr ins Angesicht. Dann sprach er: Bei allen Heiligen, ehrwürdiger Sebaldus, sagt mir, woran ich bin! Mir schwindelt mein Haupt. Redet, Ihr wisset Alles!

Mit von Thränen fast erstickter Stimme rief nun Sebaldus, indem er seine Arme ausbreitete: Wenn Du Deines Oheims Ludolph nicht vergessen hast, dann siehe mich, ich bin's!

Oheim Ludolph! rief Joachim. Dann warf er sich Jenem an die Brust, und Beide weinten laut.

Hierauf gingen sie, sich an den Händen haltend, zu dem Steine, auf dem sie gesessen hatten, als Ludolph's Haar noch braun und Joachim ein Knabe gewesen war, und nachdem sie sich niedergelassen hatten, schlang Ludolph seinen Arm um den Nacken seines Brudersohnes und gab diesem über dasjenige, was ihm noch dunkel war, Aufklärung.

Joachim war aus dem Geschlecht Derer von Güntersberg, sein Vater hatte Ortwin geheißen. In der Burg am See, deren Trümmer er vor sich sah, hatte er das Licht der Welt erblickt, und von hier aus war ein Knecht mit ihm bei jenem Ueberfall, der seinem Vater und seiner Mutter das Leben gekostet hatte, geflohen.

Ich ging in's Ausland, erzählte Joachims Oheim weiter,

nahm Kriegsdienfte bei fremden Herren und erwarb mir Ruhm.
Es verging eine Reihe von Jahren. Aber die Liebe zur
Heimath ließ mich nicht Genüge im Auslande finden. Als
was aber sollte ich zurückkehren? Als ein Reuiger, der meinen
Todfeinden sagte: Jetzt bin ich Einer der Euern; vergebt mir,
was ich früher gethan! — Ueberdem hatten meine Wande-
rungen durch Deutschland mich in meinen früheren Ansichten
nur noch befestigt. Die Mark war immer noch so gut wie
herrenlos. Ich beschloß daher, bessere Zeiten abzuwarten,
mich aber während dieser Zeit geistig zu rüsten, um meinem
Vaterlande zur rechten Stunde nützlich sein zu können. Deshalb begab ich mich nach Prag, der Hauptstadt Böhmens,
die allen deutschen Städten an Gesittung jetzt voransteht.
Böhmen ist zwar auch ein slavisches Land, was aber an
Bildung dort zu Tage getreten ist, ist allermeist deutschen
Ursprungs. Da habe ich denn viele Jahre lang in Prag
weisen Lehrern zu Füßen gesessen. Um mir für alle mögliche
Fälle Eingang in meine Heimath zu verschaffen, beschäftigte
ich mich auch mit der Arzneikunde, deren Studien mich später
auf ein Jahr nach Padua führten, wo ich mir einen ärztlichen
Freibrief erwarb. So kam ich denn, ob es gleich hier noch
nicht besser geworden ist, vor Jahr und Tag nach der Mark,
wo ich als Arzt unter dem angenommenen Namen Sebaldus
auftrat. Aber auch unter dieser angenommenen Maske habe
ich mit manchen Hindernissen zu kämpfen gehabt, da die Geistlichkeit den Aerzten feindselig gesinnt ist, indem sie meint, nur
geistliche Heilmittel, über die sie allein zu verfügen habe,
seien zulässig und auch allein von Wirkung bei Krankheiten.
Nicht minder wie an andern Orten fand ich in Lehnin Widerstand, bis der Abt, ein ziemlich gelehrter und auch gut-
meinender Herr, sich in einer schweren Krankheit meiner Kur
anvertraute. Seitdem verweile ich am meisten in Lehnin.

Aber ich komme auch sonst im Lande umher, und hier und da vertraut sich Einer und der Andre auf den Adelssitzen meiner Kunst an, und dabei erfahre ich denn so Manches. — Aber wie erkannte ich Dich? wirst Du sagen. Nun, so wie ich Dich sah, fiel mir die Aehnlichkeit mit Deinem Vater lebhaft auf; als ich Dich, während Du im Fieber lagest, reden hörte, wurde es mir zur Gewißheit, daß Du meines Bruders Sohn seiest. Doch komme nun zum Grabe Deines Vaters!

Beide gingen an dem Abhange des Berges hinab. Vor einem Hügel, auf dem ein Stein lag, blieb Ludolph stehen und sagte: Hier ruht Dein Vater. Knechte haben ihn in der Nacht nach der Erstürmung der Burg hier ohne Glockenklang, ohne Priestersegen eingesenkt. Aber Gott und die Heiligen werden mir helfen, daß er noch seinen Platz in geweihter Erde finde! Jetzt muß ich schweigen und darf dies Alles nur Dir vertrauen.

Joachim kniete am Hügel nieder, rang die Hände, rief den Namen des Vaters und weinte laut. Als ihn Ludolph endlich am Arme emporzog, sank er ihm an die Brust und sagte unter Schluchzen: Ich habe es ihm gelobt, zu werden, wie er war und wie Du bist! Dann setzte er, seinen Arm erhebend, hinzu: Aber wehe den Quitzows, seinen Mördern!

Sagte ich es Dir nicht, versetzte Ludolph, daß Du, ehe die Sonne des Tages untergehen werde, von den Quitzows denken würdest wie ich? —

Sie müssen sterben! entgegnete Joachim. Morgen schon!

Nicht so hastig, Joachim! sagte Ludolph. Wir wollen überlegen, was Dein Vater in Deiner Stelle jetzt thun würde. Komm!

Sie gingen nach den Burgruinen, auf deren zerstörtem Gemäuer verschiedene Arten von Pflanzen und Sträuchern wuchsen.

Der Unterschied zwischen den goldenen Bildern dieser Räume, die in Joachims Erinnerung lebten, und dem, was er jetzt vor sich sah, war für ihn überwältigend. Dabei war ihm, als ob die heilige Asche seiner Mutter, die hier in den Flammen ihren Tod gefunden hatte, ihn umwehe. Er, der ritterliche Mann, der in seinem Leben nicht oft geweint hatte, rang vergebens, seiner Herr zu bleiben, und er mußte sich mehrmals auf seinen greisen Oheim lehnen, um nicht in die Knie zu brechen.

Ludolph mahnte den Junker zum Aufbruch. Als sie wieder den Berg hinaufstiegen, sagte Joachim: Weshalb aber nahmen sich die Quitzow's meiner an? — Sicherlich nur, entgegnete Ludolph, weil dem alten Quitzow noch so viel Gewissen übrig geblieben war, um hinterher zu erkennen, daß er an Deinen Eltern einen Mord begangen hatte. Hans scheint nur den Willen seines Vaters auszuführen. —

Sie legten den Rossen die Zäume an und schickten sich zum Heimritt an. Die Sonne, die schon tief gesunken war, stand hinter Gewölk, von dem ein rother Anhauch auf den See und die Waldungen fiel. Von der Höhe schaueten die Reiter noch einmal auf die Ruine und das höher am Abhang gelegene Grab. Dann ritten sie schweigend in den dunklen Wald hinein.

15.
Im Rathhaus-Keller.

Seit hundert und einigen Jahren hatten die beiden Städte Berlin und Cöln an der Spree ein gemeinschaftliches Rathhaus, in den Urkunden „das Rathhaus zwischen beiden Städten auf der Spree", oder auch kurzweg „die Brücke" genannt. Es stand auf Pfählen und zwar wahrscheinlich auf der Stelle, auf der später das von Schlüters Meisterhand ausgeführte Denkmal des großen Kurfürsten errichtet ward.[28] Hier wurden die Angelegenheiten der beiden Städte von den Rathsleuten und Schöffen Berlins und Cölns verhandelt, getrunken aber ward nach wie vor gemeinsam in dem geräumigen „Rathskeller" oder der „Trinkstube" des berliner Rathhauses an der Spandauer= und Georgen=, jetzigen Königsstraßen=Ecke.

Am heutigen Abende war der Rathskeller stärker besucht als sonst. Die von den Bogen der Decke an eisernen Ketten herabhängenden Ampeln erhellten nur spärlich die Halle, die bis zur Manneshöhe mit Eichenholz getäfelt und deren Kalkanwurf oberhalb der Einfassung schon ziemlich vergraut war. An drei Wänden standen Bänke von Eichenholz, vor ihnen Tische, ebenfalls aus eichenen Bohlen gearbeitet. Die grob ausgehauenen schwerfälligen Füße der Tische und Bänke waren vermittelst starker eiserner Krammen in dem Estrich des Bodens befestigt. Eine Reihe von Lehnstühlen, roh verziert, mit glatten, harten Lederüberzügen und von festem Bau und gewaltiger Schwere standen längs der Innenseite und an den Endseiten der Tische.

Die Geräthschaften dieser Art trugen, was Dauerhaftigkeit und ungefügige Form anbetrifft, ganz den Charakter des Geschlechts jener Tage an sich. Ein zierlicher Stuhl späterer Zeit wäre unter dem Niedersitzen manches „ehrbaren" Rathsherrn oder Gildenmeisters zusammen gebrochen. Sowohl die Bank, die gelegentlich ein Dutzend jener dickschädeligen und breitrückigen Bürger zu tragen hatte, wie der Tisch, auf den es oftmals Schläge mit Deckelkrügen und andern schweren Gegenständen niederregnete, wurden in der Regel aus eichenem Kernholz verfertigt.

Nicht der Adel allein war verwildert, der Bürgerstand war es auch, wenn gleich dem ersteren Stande in diesem Punkte der Vorrang unbestritten eingeräumt werden muß. Daß aber das menschliche Gefühl auch im Bürgerstande tief gesunken war, kann man nicht nur aus den Chroniken und Dichterwerken jener Zeiten lesen, sondern man erkennt es auch auf den ersten Blick aus den schaubererregenden Strafarten, die in den Städten Geltung hatten.

Rathsherren, Schöffen und einfache Bürger aus verschiedenen Gewerken saßen an den Tischen, trinkend und in lärmenden Reden ihre Gedanken vortragend. Wer nicht Rathsherr oder Schöffe war und auch nicht zu den „Geschlechtern" gehörte, mußte eine gewaltige Lunge haben, wenn er sich verständlich machen wollte. Den Tumult erträglich zu finden, erforderte starke Nerven.

Das, was die ganze Stadt erfüllte, bildete auch hier den Gegenstand der Unterhaltung: die nahe Ankunft des Burggrafen Friedrich von Nürnberg. Es war in der Bevölkerung das Gefühl verbreitet, daß die Zustände der Mark sich in entschiedener Weise ändern würden, sei es zum Guten oder zum Schlimmen.

Nur noch ein wenig Geduld, sagte einer der Rathsherren, der mit in Ofen bei Sigismund gewesen war und dort den Burggrafen gesehen hatte, so werde man es erfahren, was der Burggraf vermöge. Prälaten und Herren in Ofen hätten es ihm selbst gesagt, daß Sigismund sich in allen Dingen auf ihn stütze, daß er ohne ihn nichts unternähme, ja, daß ohne den Burggrafen Sigismund nicht einmal zum römischen Könige gewählt worden wäre. Nun lasse sich doch wohl erwarten, daß ein solcher Herr Einsicht und Kraft genug besitze, dem Uebel hier zu Lande Meister zu werden. Dafür stehe er, und wer es nicht glaube, der werde es erleben und ihm hinterher recht geben! —

Er sei Einer, der es nicht glaube, entgegnete ein Gildenmeister, das sage er frei heraus, und er wisse, wie er, dächten die meisten Bürger Berlins und der übrigen märkischen Städte. Freilich wohl, der Adel sei schlecht, ja so hundsschlecht, wie er wohl niemals in früheren Zeiten gewesen, wenn die Chroniken wahr sprächen. Er meine den Landadel, nicht den Stadtadel, mit dem sich allenfalls auskommen lasse, wenn man aufmerke. Jener sei gänzlich ohne Ehre, Reiten und Rauben sei ihm Eins, er sei so ein rechter diebischer, reißender Wolf. Aber was seien die Fürsten für das Land gewesen, seit man denken könne? Füchse, klüger freilich als der ungeschlachte Wolf, die aber doch mit ihm das Land um die Wette geschädigt hätten. Er frage Jeden, dem nicht ein Brett vor die Stirn genagelt sei, ob er nicht recht habe. Er wolle ein Schock Millionen Jahre länger als der Rathsherr im Fegefeuer schmoren, wenn das nicht richtig sei!

Meister Lyd hat recht! So ist's! Der hat's getroffen! Wer anders red't, ist ein Bürgerfeind! —

Das waren die Ausrufe, die von allen Seiten ertönten.

Man war den Hauptrednern näher gerückt; eine Zahl der Bürger, die noch fest auf den Beinen waren, standen im Kreise umher.

Der Rathsherr, dem das galt, war ein ruhiger, ernster Mann, den sonst Niemand so leicht aufzubringen vermochte. Er hatte der Stadt stets treue Dienste gethan, hatte Manches um sie erduldet, und dies Bewußtsein stärkte ihn. War er doch auch Einer von Denen gewesen, die, als die Quitzows den Städten Berlin und Cöln die Heerden weggetrieben, den Räubern am eifrigsten nachgesetzt und im Kampfe mit denselben in Gefangenschaft gerathen war. Alle übrigen Ausrufe hätte er ruhig an sich abgleiten lassen, aber das Wort „Bürgerfeind" setzte ihn in Harnisch. Seine Augen blitzten, als er im Kreise umherblickte und mit durchbringender Stimme rief: Wer war es, der das Wort „Bürgerfeind" aussprach? Er nenne seinen Namen, denn er soll mir vor dem Schöffenstuhle Rede stehen!

Alles verstummte, Niemand meldete sich.

Ihr habt Euch verhört, Meister, oder es war nicht so gemeint, als Ihr es auslegt! sagte endlich einer der Männer.

Dem folgte allgemeine Zustimmung. Ihr und Bürgerfeind! sagte ein Glockengießer. Wissen wir doch, was wir an Euch haben!

Aber, fuhr ein Gewandschneider fort, daß Ihr wünschet, die Mark solle nun wieder an einen andern Fürsten verhandelt oder verpfändet oder vertauscht oder wer weiß was werden, und nun gar an Einen, der unsre Sitte und Weise nicht kennt, und dessen Sitte und Weise wir nicht kennen, nachdem das Land schon so oft von Einem zum Andern gegangen und dabei nichts Heilsames herausgekommen ist, das nimmt uns alleweil Wunder! —

So ist's! nahm der Gildenmeister, der so heftig gegen den Rathsherrn gesprochen hatte, wieder das Wort, so ist's! Habt Ihr nicht gute Gründe für Eure Ansicht, so müßten wir — ich sag's Euch in's Angesicht! — doch an Euch irre werden! —

Dem Rathsherrn zuckte es über's Angesicht, doch er suchte seine gewohnte Würde zu behaupten und entgegnete:

Waren etwa die Askanier auch Wölfe oder Füchse, die das Land mit dem Adel um die Wette schädigten? Sie wußten dem Adel wohl Zaum und Zügel anzulegen, daß er seine Hand nicht gegen die Städte auszustrecken wagte. Nach außen hin aber gaben sie seinem wilden Muthe zu thun, dem Feind zu wehren und das Land zu mehren. Indeß sie also walteten, blühete Handel und Gewerbfleiß auf und der Bürgerstand ward reich. Das Fürstengeschlecht der Askanier, Gott sei es geklagt! starb hin, der Mark zum Unheil. So sehr hing der Bürgerstand diesem Geschlechte an, daß er, als der Betrüger, der Müller Rehbock, der dem letzten Askanier ähnlich sah und sich für ihn ausgab, kam, diesem Glauben schenkte und für ihn sich zum Kampf erhob, der freilich der Mark nur Unheil brachte. Nun sage ich Euch . . .

Alles dies ist uns wohlbekannt! rief eine Stimme dazwischen. Die Askanier waren gut, aber der letzte Askanier, der Waldemar, ist schon vor hundert Jahren zur Ruhe gegangen, und heut zu Tage giebts keine Askanier mehr unter den Fürsten!

Eine andere Stimme rief: Hundert Jahre lang haben wir seitdem von den Fürsten wie von dem Adel zu leiden gehabt! Wer kann's leugnen? —

Die Unterbrechungen gaben Anlaß zu neuem Tumult. Einige stimmten den letzten Rednern bei, Andre riefen, man solle den Rathsherrn ausreden lassen.

Nur mit Mühe kam dieser wieder zu Worte. Gott hat die arme Mark schwer heimgesucht, sagte er. Ja, es ist wahr, wir haben weder an den Bayern, noch an den Luxemburgern, unter denen wir heut noch stehen, Gutes nnd Heilsames erlebt. Alles aber, was man von dem Burggrafen Friedrich vernimmt, ist derartig, daß man sich von ihm des Besten versehen, daß man hoffen kann, er werde mit starker Hand das gebeugte Recht wieder zur Geltung bringen und uns Bürgern ein getreuer Schützer werden.

Der Gildenmeister stieß ein lautes Gelächter aus. Narrenspossen! rief er. Solcherlei Reden gab's allemal zu hören, wenn ein neuer Fürst nahe daran war, das Regiment zu übernehmen. Dann hieß es jedesmal: Nun wird's kommen! Alles, was wir nur wünschen, wird der erfüllen! — Und als er sich dann im Sattel zurecht gesetzt hatte, da war's so übel, wie vorher, manchmal noch schlimmer! Mit Speck fängt man Mäuse. Wir sind nicht so dumm, uns wieder fangen zu lassen!

Nun, was rathet Ihr denn, das wir thun sollen? fragte der Rathsherr. Mit dem Adel sind wir verfeindet. Er ist im Besitz der meisten festen Burgen und Schlösser des Landes und uns offenbar allein schon an Macht überlegen. Sollen wir uns nun auch noch dem neuen Herrn, der hinter sich den römischen König hat, zum Feinde machen? Wie wollen wir dann bestehen? Da bin ich doch auf Euren Kriegsplan neugierig, Meister Lyk.

O, der ist einfach und gewiß durchschlägig, engegnete der Angeredete. Wird der Adel den Burggrafen anerkennen? Nein, sage ich, und wenn der Burggraf klug ist, so wird er sich zur rechten Zeit zurückziehen und es nicht auf das Schwert ankommen lassen, da er doch nicht durchbringen könnte.

Ihr vergesset, daß er den Kaiser hinter sich hat!

Den Kaiser? Heilige Gottesmutter, was redet Ihr doch vom Kaiser! Was unsre jetzigen Kaiser zu bedeuten haben, das wisset Ihr so gut, wie wir Alle! Sigismund hat im Reich so viel zu thun, daß er nicht ein Fähnlein missen könnte. Ja, wenn er ein Kaiser wäre, wie sie das Reich vordem hatte! Aber jetzt fehlt's auf zu vielen Orten im Lande zu gleicher Zeit, und Sigismund hat schwerere Sorgen, als sich um die Mark zu bekümmern. Ueber Drohungen von ihm lachen hier die Abligen, und auch wir, die Städter, können getrosten Herzens brein schauen, wenn er die Stirn gegen uns runzelt! ²*)

Aber wenn wir uns mit Friedrich verbänden!

Das wäre also ein Bündniß mit einem Feinde gegen den andern. Gesetzt, wir kämpften mit Friedrich gegen den Abel, — es würde immerhin ein harter Kampf für uns werden, ba Friedrich nicht viele Ritter und Knechte aus Franken mitbringen wird — und der Abel würde besiegt, was wäre dann der Vortheil für uns? Wir hätten uns dann selbsteigen eine neue Macht auf den Hals geladen, von der für uns mehr zu fürchten, als zu hoffen wäre. Ist uns nicht auch schon angekündigt worden, daß wir verpflichtet wären, das Schloß Köpenick herauszugeben? —

Ihr meint also, wir sollen uns mit dem Abel gegen den Burggrafen verbinden?

Wenn auch nicht gerade verbinden, so doch bem Burggrafen gegenüber dieselbe Haltung annehmen, das heißt, ihm ebenfalls die Huldigung verweigern. Er wird dann um so sichrer und schneller von seinem Vorhaben ablassen.

Der Rathsherr schüttelte sein Haupt und sah besorgt im Kreise umher. Man hatte — eine ungewöhnliche Erscheinung im Rathskeller — Zweien mit großer Aufmerksamkeit und wenigen Unterbrechungen zugehört. Denken die meisten Bürger, wie Ihr, sagte er, so mögen uns die Heiligen beistehen! Von allen Seiten erfolgten die kräftigsten Versicherungen, daß man allerdings so denke, wie Meister Lyk und nicht wie er, der Rathsherr. —

Ich sag's Euch, fuhr der Rathsherr fort, es wird anders kommen! Aber gesetzt, Ihr hättet Recht; was dann? Soll der alte, unerträgliche Zustand im Lande fortdauern? Soll der Adel weiter wegelagern, die Heerden uns rauben, den Handel uns hemmen und zuletzt unsere Städte uns berennen? Eine Macht bleibt nicht, wie sie ist; entweder sie nimmt zu, oder ab. Soll's noch ärger werden mit dem abligen Geschmeiß?

Nein, nimmermehr! Das soll's nicht!

Durch weß Macht wollt Ihr dies hindern?

Durch der Hansa Macht. Da steckt's, da ist unsre Hülfe. Die großen Fürsten haben ihre Zeit gehabt, und indeß sie klein und schwach geworden ist, ist der Adel überall im deutschen Lande aufgewuchert, zu allermeist hier in der Mark. Fürsten und Adel haben die Herrschaft verwirkt; jetzt ist die Zeit gekommen, in der der Bürgerstand das Heft in die Hand nehmen und allein sein Herr sein muß. Hat die Macht der Hansa sich nicht bewährt? Sie hat Kriege gegen Reiche geführt, sie hat Fürsten abgesetzt. In dem festen Bunde der Städte liegt allein unser Gedeihen. Die Hansa hat schon etwas von ihrer Macht verloren, sie muß wieder aufgerichtet werden. Dann werden wir auch den frechen Adel bändigen, allein, ohne die verdächtige Hülfe eines Fürsten!

Der Rathsherr stand auf. Die Hand erhebend, sagte er: Gedenket an mein Wort. Wir haben viel und lange gelitten von Fürsten und Adel, aber dennoch werden wir nicht emporkommen, als durch einen gerechten und mächtigen Fürsten, und ein solcher Fürst — ich habe sein Angesicht gesehen! — ist der Burggraf Friedrich von Nürnberg! —

Darnach ergriff er seinen Stab, zahlte dem Wirth die Zeche in Finkenaugen ³⁰) und verließ den Rathskeller.

So hoch stand er in Achtung bei der Bürgerschaft, daß von Keinem der Gäste, ob er gleich diesmal schnurstracks gegen ihre Meinungen gesprochen hatte, ihm ein böses Wort nachgerufen wurde.

Jetzt löste sich die Gesellschaft wieder in Einzelgruppen auf, und bis tief in die Nacht hinein wurde noch im Rathskeller getrunken, wobei ein Jeder seine politische Weisheit in gewohnter Weise zu Tage förderte.

16.
Abt und Ritter.

In den Gemächern, die dem Abte zu Lehnin zur Wohnung dienten, war nichts mehr von der Einfachheit zu gewahren, durch die sie sich früher, den Gesetzen des Ordens gemäß, ausgezeichnet hatten. Die Wände waren zur halben Höhe zierlich getäfelt, die eichenen Tische, Sessel, Truhen und die hohe Bettstatt zeigten, daß die gothische Baukunst auch auf die Schreinerkunst einen höheren Anhauch ausgeübt hatte, indem der anmuthige, aufstrebende Spitzbogenstil sich überall aussprach.

Es war zur späten Abendzeit. In dem größten jener Gemächer, das von zwei Ampeln hell erleuchtet und dessen Estrich mit frischen Binsen bestreut war, ging der Abt, ein ältlicher, beleibter Herr mit einem eigenthümlichen Zug von Schwermuth im Angesichte, die Hände auf dem Rücken haltend, auf und ab, indem er von Zeit zu Zeit einzelne Worte vor sich hinredete. Es mochte sich sein Selbstgespräch auf die Quitzow's beziehen, denn es war ihm am heutigen Tage eine Nachricht von den Pfarrherren zu Havelberg zugegangen, daß jene Herren wieder etwas im Schilde gegen Lehnin führten, er sich demnach vorsehen möge.

Jetzt schritt der Abt zu einem in einer Nische der Wand stehenden, kunstvoll aus Holz geschnitzten und mit Farben bemalten Muttergottesbilde, unter dem ein Betpult stand, kniete nieder und blickte, die Hände erhebend und die Lippen bewegend, empor.

Plötzlich ward die andachtsvolle Stille durch den lauten Ton der Thorglocke unterbrochen. Der Abt schrak zusammen. Wie oft hatte er früher die Thorglocke zur Tages= und zur Nacht= zeit vernommen, ohne dabei von Besorgniß befallen zu wer= den. Das Kloster gab dem müden Wanderer auch jetzt noch gern Labe und Obdach, und nie war weder dem Abt noch den Mönchen der Gedanken gekommen, ein Frevler könne sich so weit vergessen, daß er mit der verborgenen Absicht käme, Ge= walt an heiliger Stätte auszuüben. Seitdem aber Hans von Quitzow seinen Ueberfall ausgeführt hatte, war in Stelle der früheren Sicherheit Besorgniß getreten, und namentlich zur Nachtzeit wurde große Vorsicht angewandt, ehe man sich, wenn die Glocke gezogen ward, entschloß, das Thor zu öffnen.

Der Abt hatte sich erhoben und stand jetzt lauschend in der Mitte des Gemachs. Da erscholl zum zweiten Male und noch stärker die Glocke.

Nach einer kleinen Weile erschien ein Laienbruder vor dem Abt und berichtete, ein Ritter mit zwei Knechten sei vor dem Thore, bäte um Einlaß und sage aus, aus Franken vom Burg= grafen Friedrich zu kommen. Der Voigt lasse nun anfragen, was der hochwürdige Herr zu thun befehle.

Indem der Abt noch sann, was unter diesen Umständen das Beste zu thun sei, vernahm man plötzlich Hufschlag von Rossen auf dem Klosterhofe und gleich darauf klirrende Schritte auf der Treppe.

Der Abt erbleichte. Was sollte er von der Sache denken? Saßen die Klosterknechte auf, oder waren die Fremden schon auf dem Hofe? Und wer konnte der Bewaffnete sein, der die Treppe hinauf kam? — Dies Alles blitzte ihm in einem Augen=

blick durch die Seele. Was aber nun beginnen? Vom Flure aus führte ein schmaler Gang nach den Zellen der Mönche. Dem Abt kam der Gedanke, auf den Flur zu treten, um, drohe etwa Gefahr, wenn möglich noch jenen Gang erreichen zu können. Er ergriff die Kerze und eilte zur Thür, aber indem er sie öffnete, schrak er zurück, denn vor ihm stand ein Ritter, hoch von Gestalt und mit schneeweißem Barte.

Hochwürdigster Herr, sagte dieser, es ist mir wahrlich unlieb, daß ich Euch erschreckt habe!

Sehe ich recht? entgegnete der Abt, so seid Ihr — Sebaldus!

So nannte ich mich, so lange ich Euch als Arzt galt. Ich war nicht, was ich schien. Was ich aber jetzt scheine, bin ich wirklich, und mein Name ist Ludolph von Günthersberg.

Ich erstaune! Doch tretet näher, Herr — Ludolph von Günthersberg, oder wer Ihr seid. Ihr seid mir Aufklärung schuldig.

Ihr sollt sie haben, hochwürdiger Herr, versetzte der Eintretende. Nur so viel für den Augenblick: Meine Feinde, die auch Eure Feinde sind, zwangen mich, Namen und Stand zu verbergen. Gottlob! jetzt werde ich ihnen in's Angesicht schauen können!

Beide befanden sich jetzt im Gemach. Der Abt, die Kerze gegen den Ritter hoch haltend und immer noch zweifelnde Blicke auf ihn werfend, sagte: Ihr seid ein fränkischer Ritter?

Mit nichten, sondern ein märkischer. Fasset Vertrauen zu mir, hochwürdigster Herr; meine Auseinandersetzung wird Euch vollständig befriedigen. Ueberdem bin ich ja in Eurer Gewalt, denn unten auf dem Hofe habe ich nur zwei Knechte.

Aber wie kamet Ihr in das Kloster, während doch bei mir eben angefragt ward, ob man Euch das Thor öffnen solle? Habt Ihr Euch den Eingang erzwungen?

Da sei Gott vor, daß ich je eine heilige Stätte durch Gewaltthat entweihen sollte! Als mich der Voigt erkannte, ließ er ohne Weiteres das Thor öffnen und reichte mir zum Willkommen die Hand.

Hm! Nun so reiche auch ich Euch auf Euer ehrliches Angesicht hin die Hand, ob mir gleich dies Alles höchst seltsam erscheint. Nun aber leget Panzer und Helm ab und dann seid eingeladen von mir zur Nachtmahlzeit!

Ich danke Euch, Herr Abt! Ihr sollet dabei manches Wichtige und auch, hoffe ich, Erfreuliche von mir erfahren!

Während Ludolph von Günthersberg von einem Laienbruder in eines der für Gäste bestimmten Gemächer geführt wurde, sandte der Abt nach dem Voigt, der alsbald bei ihm eintrat und das bestätigte, was der Ritter über seinen Einlaß gesagt hatte.

Kurze Zeit darauf erschien der Ritter in jenem, der Ordenskleidung der Cisterzienser so ähnlichen Gewande, das er früher getragen hatte.

Der Abt ging ihm entgegen, reichte ihm beide Hände und sagte mit Wärme: Nun, Ihr wunderbarer Mann, seid mir nochmals willkommen in meiner Behausung! Die Erinnerung an die Stunden, die wir mit einander verlebten, haben mich — Ihr müsset mir dies ansehen! — vollkommen beruhigt. Kommet nun zur Tafel und nehmet vorlieb mit dem, was der Küchenmeister uns hat auftragen lassen!

Beide setzten sich. So sehr der Abt nun auch Verlangen darnach trug, Aufklärung über Manches zu empfangen, so hütete er sich doch, den Gast, der nach einem weiten Ritte allerdings vorerst das lebhafte Bedürfniß empfand, seinen Hunger und Durst zu stillen, sogleich mit Fragen zu überfallen, es ihm selbst überlassend, während er speise, nach Belieben Mittheilungen zu machen.

Ludolph von Günthersberg ließ seinen freundlichen Wirth nicht lange auf solche warten. Zunächst erzählte er dasjenige, was er über die Unthat der Quitzow's und über sein Geschlecht seinem Neffen Joachim an der Ruine mitgetheilt hatte, was den Abt in nicht geringes Erstaunen setzte.

Auf Ludolph's Anrathen war dem Junker Joachim nach seiner Genesung die Freiheit unter der Bedingung angeboten worden, daß er nicht zu den Quitzow's zurückkehre. Anfangs hatte er sogleich nach Plaue reiten wollen, um seiner Eltern Tod an Hans zu rächen; durch seinen Oheim aber war er von dem Entschlusse zurückgebracht worden. Nun aber zögerte er, Roß und Waffen mitzunehmen, da, wie er sagte, Eines und das Andere dem Ritter Hans von Quitzow gehöre. Der Abt hatte ihm indeß erwiedert: Ihr irrt, Junker; Roß und Waffen sind mir als Beute zugefallen, und ich habe das Recht, sie zu geben, wem ich will! Nehmt sie von mir! — Darnach waren Ludolph und Joachim hinweggeritten. Wohin, war dem Abt nicht gesagt worden.

Jetzt empfing der Abt auch darüber von dem Ritter Aufklärung. Dieser erzählte, daß Beide, er und sein Neffe Joachim, nach Franken geritten seien, von woher er jetzt komme, indeß Joachim dort geblieben sei, bald aber in Gemeinschaft fränkischer Ritter zurückkehren werde.

Werden fränkische Ritter kommen? Und wird der Burggraf Friedrich auch kommen?

Zweifelt Ihr daran?

So halb und halb freilich, ich mag's nicht leugnen. Wie sollen sich Diejenigen in der Mark, die den Burggrafen sehnlich herbei wünschen, sein Zögern erklären? Wie lange heißt es nun schon, er werde kommen, und werde kommen, und immer bleibt's bei der Ankündigung!

Hat er nicht den Ritter Wend von Ilenburg*) als seinen Stellvertreter schon vorausgesandt?

Wohl; wer aber kümmert sich um den? Er soll die Huldigung für seinen Herrn, den Burggrafen, in Empfang nehmen; jedoch man lacht und verweigert sie ihm. Weshalb kommt Friedrich nicht ungesäumt selbst? Ihr habt ihn mir früher als einen tapfern Mann geschildert; nun aber ist schon in mir und manchem Andern die Befürchtung rege geworden, daß er sich vor unsern märkischen Herren fürchte, und daß er am Ende gar nicht kommen werde.

Ueber das Angesicht des Ritters flog ein Lächeln, das Zeugniß von dem Vertrauen gab, mit dem er an Friedrich hing. Ich kenne ihn besser! sagte er. Er geht nicht stürmisch vor; seine Art des Wirkens ist nachhaltig und zähe. Der Adel hat sich in ganz verkehrte Ansichten hineingelebt; er läßt ihm Zeit, zu sich zu kommen. Weiß der Adel sich mit diesem gütigen Herrn nicht zu verständigen, so möchte er es hinterher bitter bereuen!

Also meint Ihr, sagte der Abt, daß er, wenn Güte und Langmuth nichts hilft, mit Kraft eingreifen werde?

Eingreifen und durchgreifen, darauf verlaßt Euch, hochwürdiger Herr!

Der Abt und der Ritter kamen auf die Frage zu sprechen, ob es sich bei der Uebergabe der Mark von Seiten Sigismunds wieder um eine Verpfändung, oder um einen Kauf, oder endlich um eine freie Ueberlassung handle.

Unsere märkischen Herren, sagte der Abt, verbreiten emsig die Nachricht, das Land solle wieder verpfändet werden und suchen dadurch den Bürgerstand ebenfalls gegen Friedrich aufzuregen, was ihnen auch bei der berliner und cölner Bürger-

---

*) Auch Eilenburg genannt.

schaft gelungen zu sein scheint. Eine Verpfändung, sage er, heiße nichts anderes, als das Land eine Zeit lang einem Andern übergeben, damit er es aussauge. Er sei dagegen der Meinung, es liege ein völliges Kaufgeschäft vor. Das sei auch das Bessere für das Land. Denn wenn Friedrich wisse, die Mark gehöre ihm und seinen Nachkommen erbeigenthümlich, so werde er des Landes Kräfte schonen und die Entwickelung desselben für die Zukunft zum Segen seiner Nachkommen zu fördern suchen.

Der Ritter schüttelte sein Haupt. Weder um eine Verpfändung, noch um einen Kauf, sagte er, handelt es sich; der Kaiser beabsichtigt vielmehr, dem Burggrafen die Mark ohne jegliche Vergütigung zuzuwenden. Er ist ihm wegen mancherlei Dienste zu großem Danke verpflichtet und fühlt sich seinerseits nicht im Stande, die Mark vor dem gänzlichen Verfall zu bewahren. Letzteres aber vermag nach seiner Meinung der Burggraf. Das ist die Sache.

Habt Ihr denn nicht in den Urkunden gelesen, sagte der Abt, daß im Fall des Rückganges dem Burggrafen eine Summe gezahlt werden soll?

Ja wohl; aber wären mir die Urkunden zur Hand, so wollte ich Euch aus denselben beweisen, daß meine Auffassung von der Sache die richtige ist.

Der Abt sagte, er habe Abschriften von den Urkunden und wolle diese sogleich vorlegen.

Damit stand er auf und ging zu einem Schränklein, das in der Nische der Wand angebracht war, öffnete es und kam mit einer Rolle zurück.

Lasset uns lesen, sagte er, indem er sich niedersetzte. Die erste Botschaft von Sigismund lautet:

„Da wir nach göttlicher Vorsehung und nicht nach unserm Verdienst außer der mühevollen Bürde und Arbeit, die uns bisher in

der Vorsorge für unser Königreich, Land und Leute obgelegen haben,
nunmehr auch noch zu des heiligen Römischen Reichs Vorstand berufen sind, so thut es uns Noth, daß wir zu solcher Last und Arbeit
Helfer und Mitträger suchen und unsre und des Reichs Fürsten anrufen, damit durch sie diejenigen unsrer Länder, die wir in eigener
Person nicht regieren können, gleichwohl versehen und unsre Mühe
einigermaßen verringert werde. Da wir nun unsere Landen, die
Mark zu Brandenburg, die uns etwas entlegen ist, billig um so
mehr in unserer Acht und Fürsorge halten, als sie unser väterliches
Erbe und unser erstes Fürstenthum ist, so hat es uns darum besonders
gerathen und nothwendig gedünkt, dieselbe mit einem Verweser und
Hauptmann, der ihr mit Weisheit und Redlichkeit vorzustehen wisse,
und ihr auch Frieden gewähren möge, zu versehen, so daß der Mark,
Land und Leuten gehörig friedliches und seliges Wesen fortan zu Theil
werde und uns unsre Sorge in etwas vermindert werde, damit wir die
Angelegenheiten des heiligen Reichs und anderer Königreiche und
Lande desto trefflicher und nützlicher ausrichten mögen. Darum
haben wir mit wohlbedachtem Sinne und gutem Rathe die ganze
lautere Liebe und Treue in Betracht gezogen, die der hochgeborne
Friedrich, Burggraf zu Nürnberg, unser lieber Oheim, Fürst und
Rath, zu uns hat, und die merklichen und mannigfaltigen Dienste
und Werke, die er vor unserer Berufung zum heiligen römischen
Reich in den Reichs- und andern Angelegenheiten getreulich und
eifrig für uns gethan hat und noch täglich thut, wie auch das ganze
Vertrauen, das wir zu seiner Vernunft haben, und hoffen zu Gott,
daß er mit seiner Arbeit, Mühe und Macht die Mark, die leider
seit langer Zeit durch Krieg und aus andern Ursachen schwer verfallen und in Verderben gekommen ist, wieder aufbringen werde.
So haben wir ihm denn mit dem Rathe unserer Edlen und Getreuen unsere Mark zu Brandenburg befohlen und mit Wissen übergeben und ihn zu einem rechten obersten und gemeinen Verweser
und Hauptmann darüber gesetzt, befehlen, setzen und geben ihm auch
kraft dieses Briefs in aller Form, wie dies geschehen kann, unser
ganzes volles Recht und Gewalt, dieselbe unsere Mark mit allen
und jeglichen ihren Herrschaften, Landen, Leuten, geistlichen und weltlichen Lehenschaften und mit allen Ehren, Würden, Gerichten,
Steuern, Diensten, Zöllen, Renten, Zinsen, Nutzungen und Rechten
zu haben und zu halten und als ein vollmächtiger und gemeiner

Verweser und oberster Hauptmann zu nutzen und zu nießen u. s. w., und daß er auch die vorgenannte Mark, Land und Leute, geistliche und weltliche und alle unsere und ihre Rechte, Freiheiten und redliches Herkommen und gute Gewohnheit schützen, schirmen, fördern, zu Frieden und gutem Wesen bringen und dabei behalten solle und möge, — alle Kriege und Zwietracht aber, die sich erhoben haben und noch erheben werden, mit Freundschaft oder mit Gerechtigkeit sühne und richte und die Ungehorsamen strafe nach seinem Erkenntniß und Willen. Auch haben wir ihm unsere volle Macht und Gewalt im Allgemeinen und im Besondern gegeben und verleihen ihm kraft dieses Briefes alles das zu thun, zu schaffen, zu lassen, zu bestimmen, sei es selbst, sei es durch Andere, was wir oder irgend ein wahrer Markgraf zu Brandenburg thun mag, und soll auch daran nicht hindern, daß etwas nicht wirklich in diesem Briefe erwähnt ist, keinerlei Ding auszunehmen, worüber wir Friedrich nicht ganze Gewalt geben, außer daß uns und unsern Erben und Nachkommen, Markgrafen zu Brandenburg, die Kur des römischen Königs und was dazu gehört, gänzlich vorbehalten sein soll. Wenn auch der vorgenannte Friedrich mit Tode abgegangen sein wird, wovor Gott lange sein möge, so sollen doch die Marken, deren Verwesung und Hauptmannschaft seinen Erben befohlen, verschrieben und übergeben sein, und geben wir sie denselben durch diesen Brief in derselben Ausdehnung, wie wir sie Friedrich verschrieben haben. Damit nun aber derselbe Friedrich, unser obrister Verweser und Hauptmann zu Brandenburg, dieselbe mit Land und Leuten aus solchem verderblichen und kriegerischen Wesen, darin sie sich lange Zeit her kläglich befinden, desto besser herausbringen möge, und dies doch mit seinen Kosten und Schaden nicht thun darf, haben wir ihm dazu als Hülfe und Beisteuer, wie auch wegen der nützlichen und getreuen Dienste, die er uns mannigfaltig, treulich und köstlich gethan hat, rechtsgültig und reblich versprochen und zugesagt und versprechen mit diesem Brief für uns und unsre Erben und Nachkommen, an dem vorgenannten Markgrafenthum ihm und seinen Erben zu geben und zu bezahlen hunderttausend gute rothe ungarische Gulden, die sie auch auf der genannten Mark und ihrer Verwesung und Hauptmannschaft und allen ihren Landen, Leuten, Schlössern, Städten, Märkten, Dörfern und Zubehör bis zu solcher Höhe haben sollen. Im Falle, daß wir oder unsre Erben oder Nachkommen die Mark, deren Verwesung und Hauptmannschaft von ihm oder seinen Erben verlangen und wiederhaben wollten, so sollen wir oder unsere Erben die vorgenannte Summe gänzlich und redlich bezahlen, ohne Anrechnung allerlei Nutzungen, Renten und sonstiger Zahlungen, die er oder seine Erben während der Hauptmannschaft aufgenommen und empfangen haben. Und wenn ihm solche Bezahlung von uns oder unseren Erben und Nachkommen geschehen ist, so soll derselbe Friedrich oder seine Erben uns oder unseren Nachkommen der Mark Verwesung oder Hauptmannschaft gänzlich und ohne Widerrede unverzüglich abtreten und uns darauf auch keine anderen Auslagen, Kosten oder Zehrungen schlagen oder anrechnen, ausgenommen, wenn er wegen derselben Mark in Streit oder Krieg und mit seinem Leibe gefangen und geschätzt worden, dann soll ihm seine Schätzung auch auf der Mark haften und sollen wir oder unsere Erben sie ihm auch bezahlen. Und so ist denn unsere ernste Meinung und gebieten wir auch allen und jeglichen Prälaten, geistlichen und weltlichen (Fürsten), Grafen, Freien, Edlen, Rittern, Knechten, Burggrafen, Vögten, Amtleuten, Richtern, Bürgermeistern, Schöffen, Räthen, Bürgern und Gemeinden aller und jeder Städte, Märkte und Dörfer und sonst allen Einwohnern vorgenannten Landes, in welchem Stande, Ehren oder Würden sie seien, ernstlich und festiglich mit diesem Briefe, daß sie Friedrich und seinen Erben zu der vorgeschriebenen Verwesung und Hauptmannschaft in allen Dingen unterthänig, gehorsam und gewärtig seien und ihm auch darauf huldigen sollen, so lieb es ihnen ist, unsre schwere Ungnade zu vermeiden."

Diese Botschaft, sagte der Abt, ist datirt vom 8. Juli 1411. Höret nun den zweiten Gebotsbrief. Er lautet:

„Liebe Getreue.

Wiewohl unser königliches Gemüth gar oft und vielfältig betrübt und sehr bekümmert worden ist durch die Kunde von den mancherlei Anfechtungen und Bedrückungen, welche Euch und die andern lieben getreuen Einwohner der ganzen Mark Brandenburg betroffen haben, und wiewohl dies unser königliches Gemüth, nicht allein wegen der ihm angeborenen Güte, sondern auch darum, daß die eben genannte Mark unser erstes väterliches Erbe und Fürstenthum ist, manche Zeit schwer von der Sorge beladen gewesen ist, wie wir Euch und allen Einwohnern Frieden und Ruhe schaffen und eine geregelte Ordnung der Verhältnisse zurückführen

möchten; so hat sich das doch aus mancherlei Ursachen, die Ihr selbst
kennt, bisher verzögert und sind unserer guten Absicht mancherlei
Hindernisse entgegen getreten. Da aber nun die gelegene Zeit ist,
in welcher wir mit Gottes Hülfe Euch alle in einen guten Zustand
zu bringen, wie wir hoffen, vermögen werden, und dies auch mit
Gott ernstlich wollen, worauf unsere Gedanken schon lange gerichtet
sind, besonders da Ihr jetzt wieder an uns gekommen seid und uns
auch als Eurem rechten natürlichen Erbherrn durch Eure bevoll-
mächtigte Botschaft vor Kurzem die Huldigung geleistet habt; und
da wir dies nach mancherlei Plänen und Berathungen, die wir
darüber gehalten, in keiner Weise besser zu thun, so wie nützlicher
und erfolgreicher zu bestellen wüßten, — weil wir selbst bei den
uns obliegenden Angelegenheiten und Geschäften des heiligen Römischen Reichs und anderer unserer ausgedehnten Königreiche, Lande
und Leute bei Euch in der Mark in eigener Person nicht sein können, — als indem wir Euch mit einem tüchtigen Hauptmann und
Verweser versähen; und da wir an dem hochgebornen Friedrich,
Burggrafen zu Nürnberg, unsern lieben Oheim und Fürsten, eine
solche Einsicht und Tüchtigkeit erfunden haben, und unzweifelhaft
wissen, daß er ganz Liebe und Treue gegen uns in Bezug auf alle
unsere Angelegenheiten und Geschäfte ist, wie er das in manchen
großen Werken bewiesen hat, täglich noch beweist und ferner zu
beweisen den aufrichtigen, festen Vorsatz hat, daher wir volle
und feste Hoffnung haben, er werde Euch und die gedachte Mark
durch seine Einsicht, Kraft und Tüchtigkeit, wenn es Gott will, so
zu regieren und zu verwalten wissen und vermögen, daß Friede und
gute Ordnung daraus für Euch und alle Einwohner hervorgehen;
so haben wir ihm befohlen und wohl wissentlich übergeben die vorgenannte unsere Mark Brandenburg und ihn zu einem rechten obersten Hauptmann darüber gemacht und gesetzt. Da wir aber selbst
wissen, daß die Nutzungen, Zinsen und Renten der vorgenannten
Mark, welche der Landesherrschaft angehören, durch mancherlei Anfechtungen, Kriege und Pfandverleihungen so klein sind, daß er diese
Verwesung und Hauptmannschaft und was dazu erforderlich ist, ohne
unsere besondere Hülfe nicht führen kann, es wenigstens unbillig sein
würde, sollte er außer seiner Arbeit auch noch von seinem Vermögen
bei dieser Verwaltung etwas zusetzen; so haben wir ihm deshalb versprochen und zugesagt, ihm zu geben und zu bezahlen hunderttausend

gute rothe ungarische Gulden, auf dieser Verwesung und Hauptmannschaft zu haben, wie das in solchen unsern Briefen näher enthalten ist, die wir ihm darüber besonders gegeben. Demnach weisen wir Euch mit diesem Briefe wohlwissentlich und wohlbedacht an denselben Friedrich und heißen und gebieten Euch auch ernst und festiglich bei unserer Huld, daß Ihr ihn als Euren und der Mark obersten Verweser und Hauptmann fortan betrachtet und ihm und den Seinen, laut unserer eben angeführten Briefe, getreu, beiständig, gehorsam, unterthänig und gewärtig seid, auch ihm genügende Versicherung darüber schriftlich oder in anderer Weise, wie er sie durch die Seinen fordern wird, gewährt, ohne Verzug und Widerspruch, wie wir dies von Eurer Treue unzweifelhaft erwarten und auch Eurer und der Mark bevollmächtigter Botschaft, als sie uns vor Kurzem die Huldigung leistete, mündlich geheißen haben. Gegeben zu Ofen nach Christi Geburt 1411 am nächsten Sonnabend vor St. Margarethentag." 18)

Nun, hochwürdiger Herr, sagte der Ritter, ist in den Botschaften von einem Kauf- oder Pfandgeschäft, wie die Quitzow's und ihr Anhang aussprengen, irgendwo die Rede?

Durchaus nicht.

Sigismund nimmt an, fuhr der Ritter fort, daß dem Burggrafen das ihm übertragene Werk, Frieden und gute Ordnung in der Mark herzustellen, viel schwere Arbeit, das Herbeiziehen von Mannschaften aus Franken und die Ablösung der verpfändeten Burgen, Schlösser und Voigteien aber große Kosten verursachen werde. Einzig und allein deshalb verspricht er ihm jene Summe von hunderttausend guten rothen ungarischen Gulden als Entschädigung, wenn ihm etwa die Mark wieder abgefordert werden sollte.

Das Recht der Rückforderung also behält sich Sigismund vor, sagte der Abt. Ich will es Euch gestehen: ich habe kein großes Zutrauen zu Sigismund. Ihr sagt, Sigismund hege die Absicht, dem Burggrafen die Mark erb- und eigenthümlich zuzuwenden. Aber wenn dies so ist, weshalb spricht er dies nicht geradezu aus? Weshalb hält er sich noch Rechte an die Mark offen?

Der Ritter entgegnete: Laßt Euch das nicht irren! Die ganze Urkunde wäre anders ausgefallen, wenn Sigismund Sinnes wäre, die Mark seinem, dem luxemburgischen Hause zu erhalten. Dann enthielte sie weder etwas von der Erblichkeit der Verweserschaft, noch hätte Sigismund dem Burggrafen eine solche Fülle von Machtvollkommenheit in Bezug auf die Regierung eingeräumt. Und darf er denn allein die Rechte seines Hauses auf das Land vergeben? Da ist ja noch sein Bruder, der König Wenzel in Böhmen, der ebenfalls Erbrechte auf die Mark hat. Freilich, dem sollte es bei seinem Lotterleben wohl sauer werden, hunderttausend gute rothe ungarische Gulden herbei zu schaffen, wenn es ihm etwa, im Fall Sigismund vor ihm mit Tode abginge, gelüstete, seine Ansprüche an die Mark geltend machen zu wollen. Auch dies bedenkt: Sigismund und Wenzel sind kinderlos! — Die Sache steht gut für den Burggrafen!

Die Sicherheit, mit der Ludolph von Günthersberg der Angelegenheit des Burggrafen gedachte, gefiel dem Abt. Doch sagte er: Man soll den Tag nicht vor dem Abend loben!

Ihr habt recht, hochwürdiger Herr! Freilich, die Aufgabe, die dem Burggrafen jetzt zunächst durchzuführen obliegt, wird seine ganze Kraft, seine ganze Klugheit erfordern. Meine Hoffnung ist die, es werden die Besten des Landes sich ihm bald zuwenden, ein guter Kern von Getreuen ist ja jetzt schon in der Mark vorhanden. Ihr seid ein geistlicher Herr, ich ein Ritter; Beide wünschen wir, daß in dem Kampfe, ohne den es nicht abgehen wird, dem Burggrafen der Sieg zufallen möge. So denken noch Andere. Die Gleichgesinnten müssen zusammentreten. Ihr müsset wirken in geistlichen Kreisen, ich werde vorzüglich die weltlichen Kreisen in's Auge fassen. Stimmet Ihr mir bei?

Meine Hand darauf, sagte der Abt; ich werde die Sache mit Eifer betreiben!

Beide redeten nun über die damit angeregte Angelegenheit noch Mancherlei, bis der Abt, auf seine Sanduhr blickend, sagte: Sehet, Herr Ritter, es ist wiederum eine Stunde vorüber, und Euch hat Euer weiter Ritt sicherlich sehr ermüdet; suchen wir denn heut unsere Lagerstätten und berathen wir morgen weiter über die Art und Weise, wie wir dem edlen Fürsten nach unsern Kräften den Weg ebnen helfen!

17.
Friedrichs Einzug in Brandenburg.

Es war so wohlig und wonnig in den Morgenstunden eines Sommertages im kühlen Walde. Hoch auf der Eiche sang eine Drossel, in den Kronen hoher Tannen girrten Tauben, Bienen umsummten das blühende Haidekraut, auf sonnigen Plätzen gaukelten Schmetterlinge, am Rande des Baches weidete friedlich ein Rehpaar mit seinen Jungen.

Plötzlich reckten die Rehe ihre Hälse empor und spitzten die Ohren, in die ungewohnte Töne gedrungen waren, Nußhäher flogen unter kreischendem Geschrei über die Tannen, wilde Enten erhoben sich mit scharfen Flügelschlägen aus dem Luche und verschwanden hastigen Fluges im Nu hinter den Eichen.

Da bog ein Reiter aus dem dichten Tannengebüsch in den lichteren Theil des Waldes ein, und nun verließen auch die Rehe ihren Platz, auf dem sie mit zitternden Beinchen gelauscht hatten, übersprangen den schmalen Bach und hüpften in ein nahes Erlengebüsch.

Der Reiter war Ludolph von Günthersberg. Einsam ritt der greise Ritter durch den Wald. Wer sein Angesicht gesehen hätte, würde auf demselben den Ausdruck der Zufriedenheit und Zuversicht haben lesen können. Er nahm, indem er langsam dahinritt, nichts wahr von der Waldherrlichkeit; in

sich versenkt, sann er einer Sache nach, die ihn schon seit
Monden vollständig in Anspruch genommen hatte.

Welche andre Sache konnte dies sein, als die des Burg=
grafen Friedrich, dem Ludolph von Günthersberg mit Leib
und Leben angehörte?

Burggraf Friedrich von Nürnberg befand sich bereits seit
sechs Wochen in der Mark. Noch konnte er sich nicht Herr
des Landes nennen, doch war schon Manches errungen, was
Freund und Feind noch kurze Zeit vorher für unmöglich ge=
halten hatten. Die Ursachen dieses Erfolges lagen hauptsäch=
lich in der Persönlichkeit des Fürsten; aber es war auch sicher,
daß einzelne seiner begeisterten Anhänger und unter diesen der
Abt Stich von Lehnin und Ludolph von Günthersberg das
Ihrige zur Erreichung desselben beigetragen hatten.

Wie, der Verabredung gemäß, von dem Abt unter geist=
lichen, so war von Günthersberg unter weltlichen Herrn ge=
wirkt worden, und auch heut befand sich Letzterer auf dem
Wege zu einem ihm befreundeten Edelmanne, um diesem zu
rathen, sich von den aufsässigen Abligen ab= und dem vom
Kaiser bestellten Statthalter zuzuwenden.

Freunde hatten ihn gemahnt, sich vor den Quitzows zu
hüten, die, wie man vernommen habe, auf ihn fahnden ließen,
da es ihnen bekannt geworden sei, in welchem Sinne er
wirke. Der Ritter war indeß dadurch dem Vorsatz nicht un=
treu geworden, für den als heilsam erkannten Zweck so viel
zu thun, als in seinen Kräften stehe.

Als Ludolph von Günthersberg nun so langsam und in
Sinnen versunken dahin ritt, vernahm er plötzlich Pferde=
gestampf hinter sich, und als er sich umschauete, gewahrte
er in einer Entfernung von mehreren hundert Schritten einen
Reiter in ritterlicher Kleidung, der in gestrecktem Galopp da=
her sprengte. Günthersberg wandte sein Roß herum und er=

wartete mit der Hand am Degen den Kommenden, es für möglich haltend, daß derselbe Feindliches gegen ihn im Schilde führe.

Doch bald entrang sich seiner Brust ein Ausruf der Freude, denn sein scharfes Auge erkannte in dem Daher=sprengenden seinen Neffen Joachim, den er, seitdem dieser aus Franken in die Mark zurückgekehrt war, noch nicht wieder gesehen hatte.

Beide sprangen von den Rossen und sanken einander in die Arme. Dem greisen Ritter rannen die Thränen über die Wangen, als er, das Haupt des wieder in Gesundheit blühen=den Neffen mit beiden Händen haltend, diesen wiederholt küßte und des Bruders gedachte, dessen vollkommnes Ebenbild Joachim war.

Nun folgten in freudiger Hast Fragen und Erklärungen. Joachim sagte, er habe endlich den längst erwünschten Urlaub auf einige Tage erhalten und sei zunächst nach Lehnin geeilt, um dort zu erfahren, wo er den Oheim treffe. So habe er sich weiter gefragt bis zur letzten Herberge, wo man ihm zu verstehen gegeben habe, sein Oheim wage viel, daß er, allein reitend, das Land nach allen Richtungen durchkreuze. Dadurch sei er bewogen worden, um so eifriger der Spur zu folgen und nun, Gottlob! habe er ihn glücklich gefunden!

Sie bestiegen die Rosse, indem der Oheim sagte: Wir sind nahe am Schlosse des Herrn von Buch; dort finden wir gast=liche Aufnahme.

Nachdem Joachim auf eine an ihn gerichtete Frage mit=getheilt hatte, daß der Burggraf Friedrich zur Zeit im hohen Hause[32]) zu Berlin residire, woselbst er, wie es scheine, noch einige Zeit verweilen werde, fragte der Oheim: Nun, was sagst Du zu der Art und Weise, in der Friedrich auftritt in der Mark?

Da schauete Joachim gewaltig grimmig drein und sagte nach einer Pause: Könnte nicht sagen, Oheim, daß ich Wohlgefallen daran hätte!

Wie, gefällt er Dir nicht?

O, das wohl! Möchte er in dieser Stunde mein Leben fordern, ich gäbe es ihm mit Freuden hin. Aber — er fordert es nicht, er fordert von uns eigentlich gar nichts, was der Rede werth wäre. Reiten hierhin und dorthin, nach Brandenburg, nach Berlin, wieder zurück nach Brandenburg, dann nach Beelitz, Treuenbrietzen, Frankfurt, Müncheberg und von dort nach Berlin zurück, während die Hallunken von Quitzows und ihr Anhang immer noch frei umhergehen oder hinter ihren dicken Mauern sitzen und grinsen und wir, die wir zum Gefolge des Fürsten gehören, ihnen doch lieber heut als morgen die Schädel einschlagen möchten! —

Ich verstehe Dich, Joachim, und kann mir wohl denken, daß das Zögern des Burggrafen Dir übel ankommt. Aber Du meinest doch nicht, daß Furcht ihn leite?

Furcht? Danach sieht er nun wohl nicht aus. Sein Auge schaut heiter drein von Tag zu Tag. Als wir in's Land zogen, da hieß es: Paßt auf, aus den Wäldern und Sümpfen werden sie Euch überfallen mit Uebermacht! Auch hatte man uns beim Einzuge in Brandenburg einen Ueberfall des Adels und der Bürgerschaft angesagt. Ob solche Absichten vorlagen, ob sie, wenn das so war, von Vielen oder Wenigen gehegt wurden, das weiß ich nicht. Das aber weiß ich: Friedrich ritt uns mit einer Ruhe und Sicherheit voran, als sei er in seinem Frankenlande, wo Alles in schuldiger Liebe und Treue an ihm hängt. Und schaueten auch die Leute auf den Straßen Brandenburgs und vor dem Rathhause dort Anfangs sauer oder finster drein: es währte nur kurze Zeit, so wurden ihre Angesichter hell, und es gab frohe Zurufe zu hören. Furcht also

wohnt nicht in seiner Brust, Herr Oheim, Furcht nicht, aber
zu große Milde! Denkt, wenn Alles so glatt abginge, die
Schwerter in den Scheiden rosten müßten, die Quitzows....

Sei ohne Sorgen, Joachim! Wohl wäre es herrlich,
wenn der Burggraf auf dem Wege des Friedens zu seinem
ihm vom Kaiser verliehenen Rechte käme. Dann siegte er,
wie die Sonne siegt, vor deren Strahlen die Morgennebel
verschwinden. Jedoch die Seelen der Quitzows und ihres
Anhangs sind zu sehr umhüllt von giftigen Dünsten, als daß
das Licht und die Wärme, die Friedrichs Wesen ausstrahlt,
diese zertheilen könnte! Demnach wird es ohne Donner und
Blitz in der Mark doch nicht abgehen, um Luft für eine ge=
deihliche Entwicklung des Ganzen zu gewinnen. Wir aber
müssen uns Dasjenige, was wir persönlich mit den Quitzows
abzurechnen haben, sparen bis zur großen Rechnung. —

Die Heiligen mögen es geben, daß der Tag erscheint!
sagte Joachim aufathmend.

Da fuhren drei große Hunde mit wüthendem Gebell
aus dem Gebüsch hervor und sprangen vor den Reitern
einher.

Es werden die Hunde des Herrn von Buch sein, sagte
Ludolph von Günthersberg; sieh, da kommt er!

Eine stattliche Gestalt im Lederwamms und in Lederhosen,
eine aufgezogene Armbrust im Arme tragend, kam auf dem
Raine zwischen zwei Haferäckern daher, die bis dicht an das
Schloß gingen, das die Reiter jetzt vor sich sahen.

Eben sprang ein Häslein aus einem Busch. Der Edel=
mann hob die Armbrust und schoß, worauf das Thier über=
schlug und todt liegen blieb. Ein durchbringender Pfiff rief
die Hunde zurück, die, die Weisung verstehend, nach dem
Hasen eilten, während der Schütze auf die Reiter zuschritt,
die er jetzt erst bemerkt hatte.

Angenehme Kurzweil das! sagte Ludolph von Günthers=
berg, in die Hand des abligen Jägersmanns einschlagend, die
dieser ihm emporstreckte.

Der Angeredete lachte. Ja, und sehr unschuldige Kurz=
weil! entgegnete er; ich hatt's auf ein Wildschwein abgesehen,
da die Bestien zu dreist werden und mir die Aecker dicht am
Schloß zerwühlen. Aber sie stecken zur Tageszeit tiefer im
Forst, und nun mußte ein Häslein daran glauben, denn etwas
muß ich doch meiner Hausfrau mitbringen, will ich anders
nicht von ihr verspottet werden!

Aber ein Schütze seid Ihr, der sich sehen lassen kann!
Einen Hasen im Schnelllaufe zu treffen!

Der Ritter hob scherzhaft drohend den Finger. So weit
wie Ihr, sagte er, habe ich es denn doch noch nicht gebracht!
Ihr schießt dem Wild einen Bolzen in das Fell, und dann
wißt Ihr's zu machen, daß es Euch nicht einmal aus dem
Wege geht, sondern ruhig wartet, bis Ihr einen neuen Bolzen
auflegt!

Günthersberg verstand den Vergleich wohl; dennoch aber
sagte er: Wie meint Ihr das?

Ist leicht zu verstehen! entgegnete Jener. Ihr seid mein
Jäger, ich bin Euer Wild! Habt Ihr mir nicht letzthin einen
Bolzen bis tief in's Herz hinein geschossen? Und sehe
ich's nicht in Euren Augen, daß Ihr schon wieder auf=
gezogen habt?

Beide lachten. Nun, fuhr der Ritter von Buch fort, ich
bin ein so närrischer Kauz. Mich zu einer Sache herum zu
kriegen, ist allzumal kein klein Stück Arbeit. Wem's gelingt,
der hat mich dann aber auch ganz. Jetzt stecke ich noch
zwischen Baum und Borke — ein heilloser Zustand, der bald
enden muß! Kommt nur und sehet zu, was Ihr mit mir
schaffen könnt! Aber, wen habt Ihr da mitgebracht? Ich

möchte sagen, es sei Euer Sohn, wenn Ihr mir nicht gesagt hättet, Ihr seid kinderlos.

Nachdem Rudolph von Günthersberg entgegnet hatte, daß er ihm in dem jungen Rittersmanne seinen Neffen vorzustellen habe, reichte Buch auch diesem die Hand zum Willkommen und sagte dann: So kehrt denn unter mein Dach ein; die Mahlzeit wird fertig sein!

Er schritt zur Seite des Weges voran, umsprungen von den Hunden, deren einer den Hasen im Maule trug. Rudolph von Günthersberg sagte leise zu seinem Neffen: Unsre Sache steht hier gut; laß uns vorsichtig sein, damit wir hier nichts verderben!

Das Schloß war nur klein, das Hauptgebäude, gleich den übrigen Gebäuden, aus Fachwerk erbaut, die Mauern kaum zwei Fuß dick, der Graben schmal.

Der Ritter von Buch führte die Gäste über die Zugbrücke in den Hof, wo Knechte zum Abnehmen der Rosse herbei eilten. Auf der Schwelle des großen Flures oder der Diele stand die rüstige Hausfrau, roth von des Herdes Glut, an dem sie in höchsteigner Person Tag für Tag schaltete, die linke Hand, die eine blanke Kelle hielt, in die Seite gestemmt und die Ankömmlinge mit neugierigen, jedoch freundlichen Blicken messend. Als der Ehegemahl sie ihr vorgestellt hatte, reichte sie ihnen die Hand und lud sie ein, auf die Diele zu treten und Platz zu nehmen, wonach sie sich zur Küche begab, um sich mit der Besorgung des Mahles zu beeilen.

Der Ritter von Buch war in bester Laune. Erst speisen wir, sagte er, danach könnet Ihr Eure Geschosse auf mich richten und zusehen, was zu machen ist! Doch ich zeige Euch noch vor der Mahlzeit Etwas!

Neben dem großen „Milchschapf" auf der Diele stand ein Waffenschrank von gewaltiger Höhe und Tiefe, der die besten

Waffenstücke des Ritters, Helme, Panzerröcke, Brustharnische, Blechschurze, Arm= und Beinschienen, Spieße, Degen, eiserne Handschuhe, wie auch einige Sättel enthielt.

Niemand zeigte größeres Interesse für die Waffen, als Joachim, das noch durch die lehrreichen Bemerkungen seines Oheims und des Wirthes erhöht wurde. Letzterer hatte bei Joachim, seitdem dieser ihn in dem Besitze solcher Schätze wußte, ungemein gewonnen.

Vorsichtig griff nun der Ritter von Buch in die Ecke des Schrankes und sagte: Jetzt will ich Euch aber Etwas zeigen, das Euch vielleicht neu ist!

Er holte ein Feuergewehr hervor.

Beiden war diese vor einiger Zeit aufgekommene Waffe nicht unbekannt, aber neu war ihnen die Anwendung des Feuersteins statt der brennenden Lunten, die man sonst dem Hahn in den Mund klemmte. Der Ritter schlug mehrmals an und immer sah man Feuerfunken in die leere Pfanne spritzen. Immerhin sei es noch gut, sagte er, die Blech= kapsel mit der brennenden Lunte auf der Brust zu tragen, wenn man das Gewehr brauchen wolle, da der Kiesel bis= weilen springe.

Auf Nöthigung der Hausfrau setzten sich nun die Männer zur Mahlzeit und ließen sich's wohlschmecken. Es wurde Dies und Jenes dabei besprochen, am lebhaftesten die Erfindung der Feuerröhre, damals, mochten sie nun groß oder klein sein, Büchsen genannt, und des Pulvers, das man Kraut nannte. Auf diese Erfindung war die Hausfrau übel zu sprechen. Wenn ihr Ehgemahl in früheren Zeiten ausritt zur Fehde, so war sie, seiner Kraft und der Festigkeit seiner Waffen vertrauend, ruhigen Herzens gewesen. Was hülfe aber jetzt, meinte sie, die Stärke des Armes und die Festigkeit des Brustharnisches, wenn der elendeste Bube von hinter dem

Busche oder aus der Ferne, der mit dem Finger nur leicht
den Stachel des Rohres zu drücken brauche, wenn ein solcher
die tödtliche Kugel auf den edelsten Helden senden könne?
Das sei eine Erfindung des leibhaften Satanas, und wenn es
mit rechten Dingen zugehe, so müsse sie von Reichswegen
verboten werden.

Der Ritter von Buch war der Meinung, sein Ehgemahl
habe wohl nicht so ganz unrecht, bis Ludolph von Günthersberg sagte: Sollen Die, die außerhalb des Reiches wohnen,
mit dieser Waffe umgehen lernen, und wir nicht? Da könnten
wir eines Tages übel zu Schaden kommen. Es bleibt in
allen Dingen in der Welt nicht so, wie es ist, und man muß
sich in die Zeit schicken. Freilich, wenn das Feuerrohr fortgesetzt verbessert wird, so ist's möglich, daß mit der Zeit sich
die Kriegsführung gänzlich verändert. Ein Ritter im Harnisch konnte bisher zwanzig Knechten, die nicht in Eisen ge-
kleidet waren, widerstehen. Nimmt der Gebrauch des Feuer-
rohrs zu, so ist ein einziger leichter Reiter, der diese Waffe
führt, im Vortheil gegen den schwergepanzerten Ritter. Die
Kraft des Krauts ist so gewaltig, daß die Kugel, die geworfen
wird, wenn die Entfernung des Schützen nicht zu weit ist,
den stärksten Panzer durchbringt.

Es ward nun noch die alte gute Zeit gegen die neue Zeit
rühmend hervorgehoben und auf jene oftmals angestoßen.

Indeß ward die Mahlzeit beendet, und der Ritter von
Buch rückte seinen Sessel so, daß er dem Ritter Ludolph von
Günthersberg gegenüber zu sitzen kam, indem er mit heiterem
Blick sagte: Nun zur Jagd! Hier ist das Wild! Zielt gut,
sei es mit Bolzen, sei es mit Kugeln; die Hauptsache ist:
treffen! —

Der Ritter von Buch war bereits mit seinem Herzen vollständig auf der Seite des Burggrafen; was ihn bewog, dies

noch nicht einzugestehen, war der Wunsch, von der Güte der Sache, der er im Stillen anhing, überzeugt zu werden.

Sich an Joachim wendend, sagte Buch, indem heitrer Spott seinen Mund umspielte: Ich vernahm, Ihr kommet so eben vom Burggrafen. So lasset doch einmal hören, welche große Dinge er bereits verrichtet, in wie vielen Gefechten er seine Feinde in der Mark besiegt hat? Eisen zieht Eisen an, vor der Größe beugt man sich gern; ist er ein Held, so werden Mannen und Städte sich ihm anschließen und Schutz unter seinem Banner suchen. Redet denn: wo war das erste Gefecht? und wie lief es ab?

Joachim blickte verlegen drein, was dem Ritter von Buch nicht geringes Behagen verursachte. Wie, sagte er, Ihr schweigt? Waret Ihr nicht immer bei Friedrich?

Das wohl, aber zum Schlagen kam es bisher noch nicht, entgegnete der Angeredete.

Nicht? Das nimmt mich Wunder! In den Winkel hinein, in dem ich wohne, bringt oft nach Wochen erst Kunde von Dingen, die in der Nähe geschehen sind. Ich habe gemeint, Friedrich träte schärfer auf, als Wend von Ilenburg, den er vorausgesandt hatte, und als die Statthalter, die früher eingesetzt waren. Man ließ Letztere reden, so viel sie wollten, kehrte sich aber nicht an sie; nahmen sie eine ernste Haltung an, so wies man ihnen die Zähne und vertrieb sie. So also, das merke ich jetzt, wird es Eurem Friedrich auch ergehen!

Diese Rede war ganz geeignet, beide Gäste, namentlich den jungen Günthersberg aufzubringen. Letzterer fuhr auf vom Sessel und rief: Herr Ritter, wäre ich nicht Euer Gast, ich wüßte, was ich thäte! Ihr redet, das laßt Euch gesagt sein, wie ein Blinder von der Sonne! Ich wollte wohl Die in der Mark sehen, die es vermöchten, ihn zu vertreiben!

Oho, junger Freund, Ihr kennt die märkischen Ritter

nicht! Es ist ein zähes, eisenhaltiges Geschlecht und weiß verteufelt dreinzuschlagen!

Ich kenne sie, bin ich doch selbst ein Brandenburger; aber ich kenne auch den Burggrafen und die, die er mit sich führt, und weiß, daß wenn es zum Schlagen kommt, uns ...

Der Oheim fiel ihm in's Wort. Joachim, sagte er, laß mich einmal reden! — Auch ihm war das Blut warm geworden; jedoch war es ihm auch nicht entgangen, daß der Ritter von Buch die heftige Entgegnung Joachims keineswegs mit Mißfallen entgegen genommen hatte. Ich sehe, sagte Ludolph, Ihr versteht ein rasches Wort der Jugend mit Ruhe anzuhören, und freue mich dessen. Ich werde mich nicht zu gleichen Aeußerungen hinreißen lassen. Doch behaupte ich, daß Ihr im allergrößten Irrthum befangen seid, wenn Ihr den Burggrafen mit früheren Statthaltern von Brandenburg auf eine Stufe stellt. Er überragt wahrlich alle Fürsten der Gegenwart wie die Sonne die Sterne.

Hm! Es ist freilich kein übles Zeichen für ihn, wenn der junge Hitzkopf da und Ihr, der besonnene Mann, also mit Leib und Leben ihm anhängt. Aber, aber, ich fürchte, die Glut wird erkalten, wenn der Burggraf fortfährt — Nichts zu thun! —

Nein! nein! riefen beide Gäste wie aus einem Munde, und Ludolph von Günthersberg fuhr fort: Ihr sagt, er thue nichts. Auch darin seid Ihr und auch mancher Andre — er sah dabei auf Joachim — im Irrthum. Ich behaupte, er hat schon, seitdem er in der Mark ist, Eroberungen der bedeutendsten Art gemacht. Giebts denn nur Eroberungen mit dem Schwerte? Wie oft wurden hier zu Lande in alten Zeiten die Wenden mit dem Schwerte niedergeschlagen, und immer wieder standen sie auf. Ist's nicht besser, die Herzen zu gewinnen, als den eisernen Fuß den Niedergeschlagenen auf den

den Hals setzen? Und in Eroberungen der ersteren Art ist Friedrich seither siegreich vorgegangen.

So lasset doch einmal hören!

Es war am 21. Juni, als Friedrich mit einer auserlesenen fränkischen Schaar und umgeben von den beiden Grafen von Schwarzburg und dem Herzoge Rudolph von Sachsen in Brandenburg, der Hauptstadt der märkischen Lande, einzog. Die Bürger waren bis dahin in ihrer Gesinnung schwankend gewesen; als sie aber den ritterlichen Fürsten sahen, fielen ihm sogleich Aller Herzen zu. Zum 10. Juli berief er nun eine Versammlung der Stände nach Brandenburg und benutzte die Zwischenzeit, um sich nach Berlin zu begeben, von deren Bürgerschaft ihm gesagt worden war, daß sie, mehr als die der andren Städte, zur Widersetzlichkeit gegen ihn geneigt sei. Auch hier brachte der edle Herr den gleichen Eindruck hervor, und am 6. Juli huldigten ihm die beiden Städte Berlin und Köln an der Spree. Ebenso fand die Huldigung auf der Rückkehr nach Brandenburg in Spandau und Nauen statt.

In Brandenburg machten aber die Stände dem Fürsten Schwierigkeiten!

Ein Theil derselben, ja. Die Ritter der Lande Teltow, Lebus und Sternberg, die Städte der Mittelmark und die Bischöfe von Brandenburg und von Lebus erklärten ihre Bereitwilligkeit, dem Burggrafen huldigen zu wollen. Aus der Priegnitz und der Altmark war freilich kein Ritter erschienen, als der Unterhauptmann dieser Lande Caspar Gans von Putlitz.

Und der hat, wie ich vernahm, nicht gehuldigt, sagte der Ritter von Buch.

Ludolph von Günthersberg fuhr fort: Es ist so, wie Ihr sagt. Putlitz bat sich eine Abschrift der kaiserlichen Verschreibung aus und sagte, er wolle zuvor mit den Ständen der

Priegnitz und Altmark berathen. Nun, laßt sie nur berathen; sie werden sich zuletzt doch fügen!

Nehmt das nicht zu leicht mit dem Putlitz! sagte der Ritter von Buch. Es mag ihm sauer ankommen, daß er, der bisher Unterstatthalter der Priegnitz und Altmark war, sich einem Statthalter, der über die ganze Mark gesetzt ist, unterordnen soll! Er ist ein mächtiger Herr. Ist er doch sogar Lehnsherr der Quitzows, und Ihr wisset wohl, wie bedeutend deren Macht schon ist. Aber weshalb nahm der Burggraf den Putlitz nicht sogleich fest? War denn Niemand da, der ihm das zu thun rieth?

O freilich, entgegnete Joachim, der Herzog Rudolph von Sachsen und die Grafen von Schwarzburg sollen sehr in ihn gedrungen haben, den Putlitz nicht mehr aus der Hand zu lassen. Ihr hättet einmal den Putlitz an der Spitze der Seinen sollen heimreiten sehen! Er blickte mit einer Miene drein, als wollte er sagen: So viel als Euer Burggraf sich zu sein dünkt, dünke ich mich auch zu sein! Daß der stolze Herr so ungefährdet von dannen reiten durfte, das hat manchen von uns schwer genug verdrossen. Die fränkischen Ritter fanden sich indeß bald darein. Ich hörte Einen sagen: Es hat sich schon zu oft bewährt, daß der Burggraf recht hatte! Doch vernahm ich auch, daß Friedrich an demselben Tage, an dem Putlitz seine Erklärung abgab, einen Boten an den Kaiser absandte, dem er wohl den ganzen Vorfall wird melden lassen.

Der Ritter von Buch sagte: Putlitz hat ein stolzes Herz und einen starren Nacken: er wird sich, ich verkündige es Euch vorher, so leicht nicht beugen. Er, die Quitzows und ihr ganzer Anhang können an Mannschaften wohl drei, vier Mal so viel stellen, als sie der Burggraf hat. Aber auch außerdem sind sie im Vortheil. Sie haben die meisten Burgen und festen Schlösser des Landes inne und kennen alle Wege und Stege in den Wäldern und Brüchen genau, was bei einer Kriegsführung in der Mark von der größten Wichtigkeit ist. Meinet Ihr nicht, daß der Burggraf auch diesen Umstand in Betracht zieht?

Gewiß thut er das, entgegnete Ludolph von Günthersberg. Ihn leiten freundlicher Sinn und Klugheit zugleich.

Der Ritter von Buch begehrte nun zu wissen, was Friedrich auf dem von ihm eingeschlagenen Wege weiter errungen habe, worauf Ludolph von Günthersberg sagte: Nach der Huldigung, die dem Burggrafen in Brandenburg von einem Theile der Stände dargebracht worden war, ging sogleich die Huldigung des Bisthums und des Domcapitels der Alt- und Neustadt Brandenburg vor sich. An den Bischöfen von Brandenburg und Lebus hat Friedrich die wärmsten Anhänger gefunden. Der Bischof von Havelberg hat sich noch nicht erklärt, was daher kommen mag, daß er mitten unter der priegnitzischen Ritterschaft steckt. Friedrich brach nun auf, um weitere Huldigungen in Empfang zu nehmen. Das aber magst Du, Joachim, berichten, der Du zu seinem Gefolge gehörtest!

Joachim nahm nun das Wort und sagte: Wir sind viel herum geritten. Wir begaben uns in die Lande Zauche, Teltow, Lebus, Sternberg und Barnim, und es haben Huldigungen stattgefunden in den Städten Beelitz, Treuenbrietzen, Mittenwalde, Müncheberg, Frankfurt, Drossen, Reppen, Straußberg, Bernau, Neustadt-Eberswalde und Templin, von wo aus wir wieder nach Berlin ritten, wo man uns jetzt viel freundlicher anschaut, als bei unserm ersten Erscheinen. In Berlin vergeht nun kein Tag, an dem nicht Einer oder der Andre der Edelleute käme, um sich zur Huldigung zu melden.

Der Ritter von Buch sah einige Augenblicke ernst vor sich nieder. Dann sagte er: Ich sehe, das Land theilt sich in zwei feindliche Heereslager. Hier wehet des Burggrafen Fahne, dort sammeln sich Mannen unter den Bannern des Putlitz und der Quitzows. Es wird nicht bleiben, wie es ist: ein Heerlager wird den Sieg erhalten, und der Knoten, der geschürzt ist, wird auf die eine oder die andre Weise durchhauen werden müssen. Es ist Zeit für den Mann, dessen Beruf es ist, das Schwert zu führen, sich zu entscheiden. Schenkt mir noch ein halbes Stündlein Zeit, so sollet Ihr erfahren, was Ihr von mir zu erwarten habt!

Der Ritter rief darauf sein Ehegemahl. Führe die Gäste in Dein Ziergärtlein, sagte er; ich weiß, Dich erfreut's und den Gästen wird der Anblick des Gärtleins auch Freude gewähren.

Die Rittersfrau war sogleich bereit dazu, und Ludolph von Günthersberg und sein Neffe folgten ihr über den Hof in den Garten, der von einem Stall und einem Theil der Umfassungsmauer eingeschlossen war. Die Gartenkunst, als deren Schöpfer in Deutschland Karl der Große zu betrachten ist, stand damals noch auf einer sehr niedrigen Stufe. Der Garten, in den die Gäste geführt wurden, würde für das Auge des heut Lebenden wenig Anmuthiges gehabt haben. Man sah in demselben eine Zahl von Obstbäumen, unter ihnen Rüben und Kopfkohl (Kappus genannt, davon Kappus-Gärten) und an den Steigen Blumen, wie sie auf dem Felde wuchsen. Auf einer Stelle im Garten standen Büsche von Salbei und Raute.

Die Hausfrau erzählte weitläufig, woher sie die einzelnen Pflanzen habe, wie sie dieselben pflege und welchen Nutzen sie ihr gewährten. Ludolph von Günthersberg schenkte den Reden der Frau die schuldige Aufmerksamkeit, wogegen Joachim mehr=

mals mahnte, in's Haus zurück zu kehren, da die bezeichnete Zeit wohl schon vorüber sei.

Endlich führte die Ritterfrau ihre Gäste wieder zurück nach der Diele des Wohnhauses, in der sie aber den Ritter nicht fanden. Es fiel ihnen auf, daß der Waffenschrank aufstand und der größte Theil des Inhalts desselben fehlte. Als sie gegen einander ihre Verwunderung darüber äußerten, sahen sie plötzlich den Ritter von Buch in voller Rüstung die Stufen zur Hausthür hinaufsteigen. Eine Zahl bewaffneter Knechte folgte ihm.

Das ist Verrath! Man will uns fangen! rief Joachim und riß das Schwert aus der Scheide.

Das ist nicht möglich! sagte Ludolph; solche Untreue kann unter diesem Dache nicht wohnen!

Ihr habt recht! versetzte der Ritter von Buch, indem er auf die Gäste zuschritt und ihnen die Hände darreichte. Dann fuhr er fort: Mein Ritterwort zu Pfande: ich bin der Eure! Ihr sagtet, Ihr wolltet alsbald aufbrechen, um nach Berlin zu reiten; ich folge Euch. Darin liegt der Grund, daß Ihr mich und einen Theil meiner Knechte bewaffnet sehet. Die Rosse stehen im Stall gesattelt; sobald es Euch beliebt, brechen wir auf. Dann setzte er, zu Ludolph von Günthersberg gewandt, mit heiterem Angesichte hinzu: Seid Ihr nun mit Eurer Jagd zufrieden? Aber wir wollen unterweges noch bei einigen mir befreundeten Edelleuten einkehren, bei Gröben, Schlabbrendorf und Andern, und da werde ich Euch helfen, sie für den wackern Burggrafen zu gewinnen. Unter einem solchen Fürsten zu stehen, danach habe ich längst schon Verlangen getragen! —

Am dritten Tage darauf meldeten sich beim Voigt des hohen Hauses in Berlin die Ritter von Buch, von der Gröben und von Schlabbrendorf und zeigten Ihre Geneigtheit an, den

Burggrafen als Statthalter der Mark anzuerkennen. Am 14. September huldigte ihm der größte Theil der havelländischen Ritterschaft, u. A. die Knoblauch, Retzow, Arnim, Bardeleben, Ribbeck und Lindow.³³)

Die Huldigungsformel lautete:

„Wir huldigen und schwören Herrn Sigismund und seinem Erben, Markgrafen zu Brandenburg, eine rechte Erbhuldigung und huldigen und schwören Herrn Friedrich und seinen Erben eine rechte Huldigung zu seinem Gelde nach Anweisung seiner Verschreibung, ihnen getreu, gewärtig zu sein ohne Gefährde als Gott uns helfe und die Heiligen."

An die Widerstrebenden hatte Sigismund unter dem 12. August (1412) einen neuen Gebotsbrief gerichtet, in dem es heißt: Er gebiete ihnen, Allen und Jedem, ernstlich und nachdrücklich, bei seiner Huld, indem er sie an die Heiligkeit ihres ihm geschwornen Eides und an die Treue mahne, die sie ihm schuldig seien, nunmehr ohne Widerspruch zu huldigen, ihm gehorsam und gewärtig, sowie getreulich berathen und behülflich zu sein. Sollten sie wider Erwarten fortdauernd der Ausführung seiner Gebote sich widersetzen, so werde er, so unlieb es ihm sein möchte, nach Gebühr weiter gegen sie verfahren müssen.

Gleichzeitig mit dieser Botschaft ging ein Antwortschreiben an Caspar Gans zu Putlitz und den Ständen der Priegnitz und Altmark ein. Der Ungehorsam der Stände, heißt es in dieser Botschaft, müsse ihn im höchsten Grade verwundern: die Ausreden, die dabei zum Vorwand dienten, seien durchaus unziemend und dem bisherigen Gange der Verhandlungen zuwider. Man habe vergessen oder vielmehr nicht wissen wollen, was schon vor dem Auftreten des Burggrafen in der Mark, besonders in Ungarn, mit den Bevollmächtigten der Stände

verhandelt gewesen sei. Sigismund müsse sie daher an Dinge
erinnern, deren sie selber hätten eingedenk sein sollen: er müsse
ihnen die Eide und die Huldigung in's Gedächtniß rufen, die
gerade der Herr zu Putlitz Namens der Stände und die Ab=
geordneten der Städte ihm, als ihrem rechten Erbherrn, zu
Ofen geleistet hätten, ferner, daß ihnen dort münblich und
später so oft schriftlich auf das Ernstlichste von ihm geboten
sei, den Burggrafen Friedrich als obersten Hauptmann und
Verweser der Mark aufzunehmen, demselben gehorsam zu sein
und in der vorgeschriebenen Form die Huldigung zu leisten,
endlich daß die Bevollmächtigten in Ofen dazu Ja gesagt und
Alles das zu thun gelobt hätten. Nach solchen Zusagen und
nach so vielen Geboten und Zuschriften habe er nicht ahnen
können, daß es nun noch dieses Schreibens bedürfen würde,
um sie von einem für die Mark selbst so verderb=
lichen Wege des Ungehorsams abzuhalten, zu dem
sie blos durch die unrechte Anweisung Etlicher ver=
leitet sein können. Bei schwerer Ungnade befehle
er den Edlen und Uneblen, Bürgern und allen
Einwohnern der Lande nochmals, unverzüglich dem
Burggrafen Huldigung, Gehorsam und gebührende
Unterthanenpflicht zu leisten.

18.
Der Handschuh.

Der Klostervoigt von Lehnin maß einen Reiter, der in dem Hofe eben vom Rosse gestiegen war, mit aufmerksamen Blicken von Kopf zu Fuß und sagte darauf: Mit Verlaub, Herr Ritter, ich meine, ich müßte Euch kennen.

Das meine ich auch, entgegnete der Angeredete ernst; ist's doch noch nicht gar lange her, daß ich einige Wochen lang Euer — Gefangener war.

So täuscht mich also mein Gedächtniß nicht, fuhr der redselige Voigt fort: Ihr seid der Herr Joachim von Günthersberg, der Neffe des fürtrefflichen Herrn, der sich damals — er hatte, das wissen wir wohl, seine wichtigen Gründe dafür, — Sebaldus nannte. Aber wisset Ihr, weshalb ich meiner Sache mit Euch nicht gleich vollständig sicher war? Ihr sehet viel fester und kräftiger aus, als damals. Freilich, das machte der Unfall, der Euch im Moore betroffen hatte. Aber Ihr schauet finster drein; glaubt's mir, die Erinnerung an jenen Unfall war nicht böse gemeint. Wir, will sagen ich und meine Leute, waren freilich noch mißtrauisch, als Ihr mit Sebaldus, oder vielmehr mit dem Herrn Ludolph von Günthersberg wegrittet. Aber wir haben hinterher den Zusammenhang

der Sache erfahren. Hättet Ihr die Quitzows früher so ge=
kannt, wie wir sie . . .

Laßt das! entgegnete Joachim, dessen Stirn sich jetzt noch
mehr umwölkte. Dann in einen ruhigen Ton fallend, fuhr er
fort: Heißet Einen mit mir gehen, der mir auf Eurem Kirch=
hofe das Grab meines Vaters zeige!

Folget mir, Herr Ritter! ertönte die ernste Stimme eines
Mönches, der eben vorüberschritt.

Schweigend gingen Beide nach dem Kirchhofe. In der
Mitte desselben blieb der Mönch stehen und sagte, auf einen
Grabhügel deutend: Dort ruhen die Gebeine dessen, den Ihr
einst Vater nanntet! — Der Mönch stand noch einen Augenblick
still, dann schritt er schweigend hinweg.

Vater! wiederholte Joachim, senkte sein Haupt in die Hände
und brach in Thränen aus. Darauf knieete er nieder am
Grabe, sich seinem Schmerze überlassend. Nach einer Weile
erhob er sich, schritt durch die Reihe der Gräber, der Kloster=
kirche zu, und trat in dieselbe ein. Sie war leer. Joachim
begab sich zu einem Seitenaltar, auf dem die Himmelskönigin
mit einer Krone auf dem Haupte, angethan mit einem Sternen=
mantel, prangte, kniete nieder und verrichtete sein Gebet. Hier=
auf nach der Thür zurückschreitend, erblickte er am Eingange
derselben den Abt.

Verzeihet, hochwürdiger Herr, sagte Joachim mit bewegter
Stimme, daß ich, ehe ich mich bei Euch meldete, an meines
Vaters Grabe betete und der gebenedeiten Gottesmutter meinen
Dank dafür darbrachte, daß meines Vaters Asche nun in ge=
weihter Erde ruht. Hiernächst aber nehmet auch Ihr meinen
herzinnigen Dank!

Joachim ergriff die Hand des Abtes und küßte sie.

Ich nehme den Dank, den Ihr mir zollet, sagte der
Abt, als sei er der Gottesmutter und den Heiligen dargebracht!

Nun aber saget mir: Führte allein Euer Herz Euch hierher, oder habt Ihr auch Weltliches hier zu verrichten?

Der Statthalter hat mir eine Botschaft an Euch anvertraut, entgegnete Joachim; hier ist sein Schreiben.

Ah! der vortreffliche Herr, den Gott gesandt hat zum Heile des Landes! Er ist doch wohlauf? Ich will das Schreiben lesen und Euch dann rufen lassen.

Beide waren in den Kreuzgang hinausgetreten. Der Abt schellte; ein Mönch eilte herzu. Wir haben einen Gast empfangen, sagte, auf Joachim deutend, der Abt; sorge in allen Stücken, daß es ihm an nichts fehle!

In dem Gemache, in das Joachim geführt ward, stand zwischen zwei Bogenpfeilern ein großer Schrank, in dem leichte Kleider, eine Art künstlich gewirkter Ueberwürfe, für Gäste, namentlich für Ritter hingen.

Thuet den schweren Brustharnisch von Euch, sprach der Mönch, den Schrank öffnend, mit sanfter Stimme und leget eines dieser Gewänder an, damit der Wandel Euch leicht werde in den stillen Räumen unsers Klosters!

Guter Mönch, sagte Joachim bei sich selbst, es giebt noch andere Bürden, als die des Panzers und Helmes!

Indeß der Mönch ihm beim Abschnallen seines Harnisches behülflich war, erblickte Joachim im Schrank das lange dunkle Gewand, das sein Oheim früher getragen hatte, und er bat den Mönch, es ihm zu reichen.

Als er in demselben im Zimmer einherschritt, sprach der Mönch: Wie gleichet Ihr doch ganz Eurem Oheim; nur daß auf seinem Haupte schon der Schnee des Alters lieget, indeß auf Eurem Angesichte der Jugend Rosen noch blühen! — Nach einer Pause setzte er hinzu: Wie düster aber schauet Ihr um Euch, edler Herr! Wahrlich, Eure Brust muß von einem schweren Leid bedrückt sein! Vertrauet Euch dem Abt, so

wird ein weiches, linderndes Gewand auch um Euer Herz ge=
legt werden!

Joachim schüttelte das Haupt und sagte, indem er mit un=
terschlagenen Armen stehen blieb und zu Boden starrte: Nim=
mermehr werde ich von dem Uebel, das mich drückt, ge=
nesen! —

Da erhob der Mönch die rechte Hand und sprach in
feierlichem Tone: Die Kirche hat Balsam für jede Herzens=
wunde! Vertrauet! — Mit diesen Worten verließ er das
Gemach.

Nicht lange darauf erschien Joachim bei dem Abt, der nach
ihm gesandt hatte. Das Schreiben des Statthalters Friedrich
hatte den Abt in eine frohe Stimmung versetzt, und scherzend
empfing er den Eintretenden mit den Worten: Ah, der Arzt
Sebaldus in verjüngter Gestalt! Nun, zu einem Arzt von
so kräftiger Gesundheit, wie Ihr sie Euch durch Eure Kunst
zu verschaffen gewußt habt, kann man schon Vertrauen fassen!

Ist mein Leib gesund, entgegnete Joachim, so bin ich hier
— er legte dabei die Hand auf die Brust — um so kränker!

Wie, fragte der Abt, hat die Liebe zu einem Weibe Eurem
Herzen Netze gelegt?

Joachim schüttelte sein Haupt.

Oder habt Ihr Jemand im unrechtmäßigen Kampfe er=
schlagen?

Auch dies ist nicht geschehen, hochwürdiger Herr. Meine
Todfeinde leben, und die Asche meines Vaters wird, fürchte
ich, selbst in geweihter Erde nicht Ruhe finden, ehe nicht der
gegen ihn ausgeübten Missethat Sühne geschehen ist!

Haß und Streit dieser Welt folget den Seelen nicht nach
in jene Welt; das vergesset nicht, Joachim von Günthersberg!
Mit Euren Todfeinden meinet Ihr die Quitzow's; oder rech=
net Ihr auch noch Andre dazu?

Nur sie, entgegnete Joachim.

Der Abt lud den Gast zum Sitzen ein. Dann sprach er: Ihr seid tief bewegt. Oeffnet mir vertrauungsvoll Euer Herz! Verschweiget mir nichts! Und dann möge Gott mich segnen, daß es mir gelinge, Euch Frieden zu schaffen!

Wahrlich, versetzte Joachim, mein Herz ist von tiefer Bekümmerniß umnachtet. Höret mich denn, hochwürdiger Herr, geduldig an: Als ich vor länger als einem Jahre hier in Gefangenschaft des Klosters gerieth, war ich dem Tode nahe. Ich hielt den mich betroffenen Unfall für das größte Unheil meines Lebens. Und doch sollte mir Heil aus ihm erblühen. Mein eigener Oheim war es, der mich heilete an Leib und Seele. Ich lernte das unritterliche Leben und Treiben Derer kennen, denen ich bisher gedient hatte, ich erfuhr zugleich, daß in einem von den Quitzow's unrechtmäßiger Weise begonnenen Kampfe meine Eltern das Leben verloren hatten. Mein erster Gedanke war, nach Plaue zu reiten, um zunächst an Hans von Quitzow Rache auszuüben. Durch meinen Oheim und durch Euch, hochwürdiger Herr, wurde ich zurückgehalten. Ich sei verpflichtet, ward mir gesagt, mein Schwert der allgemeinen Sache, für die der Burggraf Friedrich in naher Zeit den Kampf eröffnen werde, zu weihen. Da der Kampf gegen die Quitzow's somit in sicherste Aussicht gestellt ward, that ich Euch das Gelöbniß, auf eigene Hand nichts gegen die Mörder der Meinen zu unternehmen. Ich war damals Euer Gefangener, und Ihr hattet von meinem Versprechen meine Freilassung abhängig gemacht. Nun ging ich nach Franken, wo ich bei einem der Vasallen des Burggrafen, dem Grafen von Hohenlohe, Aufnahme fand. Mit diesem, der den Burggrafen nach der Mark begleitete, kehrte ich hierher zurück, und hoffte nun von einem Tage zum andern, der Kampf gegen die Quitzow's werde beginnen. Wie ich, wünschten auch die fränkischen Ritter und diejenigen Herren der Mark, die sich dem Burggrafen sogleich bei seinem Erscheinen angeschlossen hatten, den Kampf. Doch unser Hoffen und Wünschen führte zu nichts. Ein Andrer an des Burggrafen Stelle hätte lautes Murren von seiner Umgebung zu hören bekommen; bei ihm wagte Einer und der Andre höchstens eine leise Vorstellung, denn Alle hegen vor ihm große Ehrfurcht und hängen mit Liebe an ihm. Wir wußten nie, woran wir waren, denn seine Art ist es nicht, von dem, was er vorhat, vorher zu reden. Ist eine Sache bei ihm reif, so geht's zur That. Wir lauschten auf seine Mienen, aber er schauete heut wie gestern fest und freundlich drein, mochten nun gute oder schlechte Nachrichten eintreffen. Kam manchmal die Ungeduld in den Kreisen der Ritter lebhaft zum Ausbruch, so geschahe es wohl, daß ältere Personen, die ihn schon lange kannten, auf unsere Bemerkungen, warum er nicht Dies oder Jenes thue oder lasse, sagten, er werde wohl wissen, warum, seine Handlungsweise werde auch diesmal richtig sein und sich bewähren, wie zu andern Zeiten, und es werde sich dies hinterher sicher herausstellen. Er lebe und webe in der Sache und übersähe sie ganz, wir dagegen nur stückweise. So sprach auch mein Oheim, mit dem ich zu jener Zeit bei dem Herrn von Buch zusammentraf, und ich kam endlich dahin, daß ich mich in Geduld zu fassen suchte. Ich wünschte den Unternehmungen des Burggrafen natürlich den besten Erfolg und auch dem Lande das Heil, von einem gerechten und starken Herrn regiert zu werden. Aber meine hauptsächlichsten Wünsche zielten doch immer auf das Eine hin, das Ihr kennt. Eine Schlacht und die Quitzow's auf der Seite der Feinde, das war mein Gedanke bei Tag und bei Nacht. Wie oft habe ich im Traum mich hinein gestürzt in den Kampf und erst einen meiner Todfeinde und dann den andern im Gewühle der Schlacht aufgesucht und sie niedergehauen. Wenn ich dann erwachte und die Waffen friedlich an der Wand hängen sah, kam die alte Ungeduld wieder, und der Ingrimm faßte mich und schüttelte mich. Aber immer wieder wußte Der und Jener zu trösten. Der Blitz wird um so heftiger auf die Häupter der Widersacher niederfallen, je länger es währt! hieß es dann. Mancher sagte wohl auch: Der Blitz wird freilich dann aber auch um so gewaltiger sein müssen, denn Jene sind nicht müßig, sondern sie rüsten Tag und Nacht, machen die festen Schlösser noch fester und vermehren die Zahl ihrer Leute! — Endlich ward gesagt, der Burggraf habe die widerspenstigen Ritter beim Kaiser verklagt und dieser habe sie — einen Jeden einzeln — nach Ofen geladen. Mancher rieb sich nun vergnügt die Hände. Wie wird sie Sigismund niederdonnern, hieß es, und wie kleinlaut werden sie zurückkehren und dann zu Kreuze kriechen! — Aber die Herren dachten gar nicht daran, der kaiserlichen Einladung Folge zu leisten, was anfangs allgemeines Erstaunen erregte. Bald hörte man die verschiedenartigsten Vermuthungen aussprechen. Einer sagte: das könne nimmermehr mit rechten Dingen zugehen, die Herren müßten auf solches Wagniß hin einen starken Hinterhalt haben! — Sie stecken mit dem wankelmüthigen Sigismund unter einer Decke, sagte ein Andrer; man spiele ein falsches Spiel und führe den geraden, ehrlichen Burggrafen am Narrenseile umher! — Andere dagegen meinten: gerade jetzt habe die Angelegenheit eine vortreffliche Wendung genommen. Das Nichterscheinen der Herren an dem Hofe, um der kaiserlichen Majestät Rede zu stehen, müsse als nothwendige Folge die Verhängung der Reichsacht über die Widersetzlichen nach sich ziehen. Nunmehr sei ehestens ein kaiserlicher Aufruf an alle umwohnenden deutschen Fürsten zu erwarten, und die widersetzlichen Herren würden mit einem Schlage erdrückt werden.

Unter den Städtern, namentlich den Berlinern, fand diese Ansicht großen Anklang und erregte lebhafte Befriedigung. Hatte man doch immer die Macht der Empörer als bedeutend hingestellt und hervorgehoben, daß die Quitzow's allein vierundzwanzig Burgen und feste Schlösser im Lande inne hätten. Bis jetzt habe die Sache des Burggrafen, behaupteten die Städter, durchaus nicht so günstig gestanden, wie mancher tapfre Degen am burggräflichen Hofe gemeint habe; nunmehr aber stehe den Herren nicht mehr Friedrich allein mit seinen zwar tapferen, aber nicht zahlreichen Mannen und den mit ihm verbundenen Städtern entgegen, sondern sie hätten es mit allen umwohnenden Fürsten zu thun, da ja nun der unaufschiebbare Kampf von Reichswegen geführt werden würde. Aber nun dürfe auch von keinem Nachgeben mehr die Rede sein, sondern es müsse heißen: Nieder mit Denen, die dem Lande so lange schon jeden erdenklichen Schaden zugefügt haben! Nieder mit den frechen Landesbeschädigern! — Damit waren wir, die Mannen des Burggrafen, natürlich ganz einverstanden.

So stand die Sache im März*). Alles war in bester Stimmung, und es hieß, daß der Aufbruch in den nächsten Tagen geschehen sollte. Da kam eine Nachricht, die auf mich wirkte, als ob ein Blitzstrahl aus heiterem Himmel plötzlich vor mir niederfahre, den Boden zerspalte und ein gähnender Abgrund mir entgegenstarre. Es hieß: die Quitzow's hätten sich eines Andern besonnen und suchten einen Vergleich mit Friedrich! — Das war aber noch nicht einmal das Schlimmste. Es ward hinzugesetzt und fest behauptet: der Burggraf sei bereit, einen Vergleich anzunehmen! — Da hättet Ihr die Aufregung unter des Burggrafen Mannen sehen sollen! Wie, sagte man, einen Vergleich mit Leuten, die unsern Herrn

---

*) Im Jahre 1412.

Nürnberger Taub geheißen und gesagt haben, sie würden nicht nachgeben, und wenn es ein Jahr lang täglich Burggrafen seiner Art regnete? Einen Vergleich und keine Unterwerfung? Das wäre eine unerhörte Schmach! Nein, das darf nicht sein! — Ich hörte einen fränkischen Grafen, der aus freien Stücken mit Friedrich nach der Mark gekommen war, sagen: geschähe dies, so lasse er satteln und reite heim. — Niemand aber, Ihr werdet daran wohl kaum zweifeln, hochwürdigster Herr, ward von dieser Nachricht mehr erschüttert, als ich. Doch das Schwerste, was ich zu sagen habe, will ich nun in Kürze sagen. Das Unglaubliche ist geschehen: Dietrich und Hans von Quitzow, Caspar Gans zu Putlitz, Achim von Bredow, Albert von Holzendorf und eine Zahl ihrer Freunde sind vor einigen Tagen in Berlin erschienen, der Burggraf hat sie mit Freundlichkeit angenommen und ehegestern ist — der Vergleich zu Stande gekommen! —

Das Angesicht Joachims war blaß geworden. Nun, hochwürdigster Herr Abt, setzte er, tief Athem holend, hinzu, habe ich in meiner Heimath nichts mehr zu thun. — Unter dem Banner des Statthalters kann ich meinen Feinden nicht mehr entgegen ziehen, und zum Zweikampfe sie aufzufordern, verbietet mir mein Gelöbniß. Ich vernahm davon, daß der Statthalter an Euch ein Schreiben zu senden habe, und bat den Grafen von Hohenlohe, mich damit zu betrauen. Mein Verlangen war es, mich dem Anblicke der verhaßten Quitzows sobald als möglich zu entziehen und an meines Vaters Grabe noch einmal zu beten. Morgen will ich wieder nach Berlin aufbrechen, mich beurlauben von dem Statthalter und dann das Land für immer verlassen.

Wohin wollet Ihr Euch wenden?

Nach Preußen, zu den Deutschrittern. Dort will ich

kämpfen für eine gute Sache und, will's Gott, werde ich bald
den Tod finden. —

Joachim ließ sein Haupt sinken und starrte zu Boden.

Auch der Abt war bewegt und blickte mitleidsvollen Auges
auf den tief Gebeugten.

Nach einer Pause sagte er: Günthersberg, ich verstehe
Euren Kummer und fühle ihn mit Euch. Aber ich erkenne es
auch, daß Ihr die Sache zu schwarz sehet, ja, ich weiß es,
daß eine Zeit kommen wird, in der Ihr anders über dieselbe
denken werdet! —

Nimmermehr! rief Joachim lebhaft. Höret mich an, hochwürdiger Herr! Ich habe mit meinem Herzen gerungen von
Tag zu Tag, ich habe mich oftmals von meinem Oheim und
Andern beruhigen lassen: nun es aber geschehen ist, daß der
Fürst, für den ich mit Freuden mein Leben zehnmal hin-
gegeben hätte, mit den Quitzows Frieden geschlossen hat, so
gelobe ich hiermit, daß mein Schwert . . . .

Haltet ein! unterbrach der Abt mit feierlichem Ernst. Bei
der Würde, die mein Amt mir giebt, bei meinem grauen Haar,
an dem schon viele Jahre vorübergegangen sind, gebiete ich Euch,
Euer Wort nicht auszureden! Lasset Ihr Euch von Eurem
raschen Blute jetzt zu einem Entschlusse hinreißen, so prophezeie
ich Euch, daß bald bittere Reue über Euch kommen wird! Weiß
Euer Oheim von Eurem Ritte nach Lehnin?

Nein, er war in der letzten Zeit nicht in Berlin.

Nun, so will ich in seinem Namen, in Euers Vaters Namen,
in des Fürsten Namen, der mich mit seinem Vertrauen beehrt
hat, ja auch im Namen der heiligen Kirche, die unverdiente
Würde auf mein Haupt gehäuft hat, ein Wort zu Euch reden.
Wollet Ihr mich mit Ruhe anhören?

Ich will es, hochwürdigster Herr!

Gelobet Ihr mir auch, von dem zu schweigen, was ich Euch anvertrauen werde?

Ich gelobe es!

So höret denn! Als der Burggraf in die Mark eintritt, stand seine Sache viel übler noch, als es für Euch und für manchen Andern den Anschein hatte. Ihr wußtet nur von den innern Feinden, nicht aber von denen, die an den Grenzen des Landes standen. Weder dem Erzbischofe von Magdeburg, noch den Herzögen von Mecklenburg, noch den Herzögen von Pommern war die Kunde eine willkommene gewesen, daß Gesetz und Recht wieder zur Geltung kommen sollten in der Mark. Am meisten aber widerstrebte es ihnen, daß der Burggraf Friedrich vom Kaiser ersehen war, dies Werk auszuführen. Das Land war ja beraubt worden von ihnen im Westen und im Norden, und sie sagten sich, daß Friedrich, so es ihm gelänge, festen Fuß zu fassen in der Mark, es sich angelegen lassen sein würde, die früheren Grenzen wieder herzustellen. Ihr erkennet nun, welchen mächtigen Hinterhalt die an und für sich schon starken Gegner des Burggrafen hatten. Friedrich kannte die Lage der Dinge genau, er wußte es, daß seine Kriegsstärke sich zu der der Gegner nicht einmal verhalte wie Eins zu Zehn, kaum wie eins zu Dreißig. Dennoch kam er, was Wenige in seiner Stelle gethan haben würden, in's Land, und sein tapfres und zugleich freundliches Auftreten wirkte, daß ihm Vieler Herzen zuflogen. Ein kriegerisches Vorgehen zu jener Zeit gegen die aufsässigen Abligen wäre des Burggrafen Friedrichs und nicht minder des Landes Verderben gewesen. Indem nun Friedrich sich zunächst damit begnügte, daß die Städte und ein Theil des Adels ihm huldigten, war er zugleich eifrig beflissen, in ein gutes Vernehmen mit den benachbarten Fürsten im Westen und Süden des Landes zu treten. Schon auf seinem Hierherzuge war es ihm gelungen,

Verbindungen mit mehreren Fürsten anzuknüpfen. Einige derselben, die Grafen von Schwarzburg und der Herzog Rudolph von Sachsen, zogen, wie Ihr ja selbst wisset, mit dem Burggrafen nach Brandenburg, und die Begleitung dieser Herren war geeignet, das Ansehen des dem Lande gesandten Statthalters zu vermehren. Was Ihr aber noch nicht wisset, ist, daß Friedrich seinen ältesten Sohn Johann mit der Tochter des Sachsenherzogs Rudolph verlobte, wodurch er dem geschlossenen Bündnisse noch mehr Halt gab. Ferner hat Friedrich ein Bündniß mit dem Herzoge von Braunschweig-Lüneburg geschlossen, einem Fürsten tapferen Armes, der vor mehreren Jahren die Raubritter seines Landes männiglich niederschlug, und der wahrlich so lebhaft, wie Ihr, darauf brannte, die Landesbeschädiger der Mark zu Paaren treiben zu helfen. Durch Unterhandlungen dieser beiden, dem Burggrafen befreundeten Fürsten wurde aber noch ein Mehreres erreicht. Zwischen der Mark Brandenburg und dem Erzbisthum Magdeburg haben seit Jahrhunderten Feindseligkeiten bestanden, und auch der jetzige Erzbischof Günther war der Mark feindlich gesinnt. Die Herzöge von Sachsen und Braunschweig-Lüneburg haben es nun durch geschickte Unterhandlungen dahin gebracht, — und ich darf wohl sagen: auch ich habe das Meine dazu gethan, — daß alle Streitigkeiten zwischen Brandenburg und Magdeburg auf zwei Jahre beigelegt worden sind und die Fürsten sich gegenseitig gelobt haben, einander Beistand zu leisten, möge eine Feindseligkeit kommen, von welcher Seite sie wolle. Zu diesem Erfolge haben freilich auch die Quitzows wider Willen dadurch beigetragen, daß sie das Grenzgebiet des Erzbisthums fortgesetzt durch Ueberfälle und Brandschatzungen heimsuchten. Sehet, Alles dies geschah in der Stille; man vernahm kein Schwertgeklirr, keinen Kampfruf, kein Getön der Kriegsdromete. Aber es wurde viel damit gewonnen, ohne daß man hätte, wie es auch nach den siegreichsten Schlachten geschieht, Verluste an Menschen und an Gütern mancherlei Art zu beklagen gehabt. Ihr habt weiter keinen Wunsch, als den, das schwarzweiße Banner entfaltet zu sehen und dahin geführt zu werden, wo der Feind steht. Nichts steht Eurem kriegerischen Muthe natürlicher an, als dies, wozu noch kommt, daß im Lager der Feinde Männer vorhanden sind, die so unheilvoll in Euer Leben eingegriffen haben. In Eurem Alter, in Eurer Lage würde der edle Fürst vielleicht gerade so wünschen und denken, wie Ihr; Ihr aber wiederum würdet, wäret Ihr in seiner Stellung und hättet Ihr seine Erfahrungen, handeln, wie er, nämlich Eure kriegerische Lust, wenn sie sich unzeitig hervordränge, niederkämpfen und zu denjenigen rechtlichen Mitteln greifen, die dem Hauptzwecke, der erreicht werden soll, am zuträglichsten sind. Der Hauptzweck aber, den derjenige unverrückt vor Augen haben muß, der die Zügel der Regierung dieses Landes ergreifen soll, ist der, Einrichtungen zu treffen, die dauernde nützliche Erfolge versprechen.

Vernehmet auch noch mit Aufmerksamkeit, was Friedrich weiter that, um auf fester Bahn sein Ziel zu erreichen. Unter den Grenznachbaren des Westens und Südens war nur noch Einer, der ihm widerstrebte; das war der Graf von Anhalt. Die Unterhandlungen mit ihm hatten zwar nicht den Erfolg, daß er sich der Sache Friedrichs in einem Bündniß anschloß, wohl aber den, daß er sich von den Quitzows, die bisher auf seine Unterstützung hatten rechnen können, lossagte. Auch dies war ein Gewinn, und nun hatte Friedrich im Westen und Süden keinen Feind, wohl aber zumeist Freunde, auf deren Mithülfe er rechnen konnte. Joachim von Günthersberg, wisset Ihr, was ich auf Eurem Gesichte lese? Euch erscheint Friedrichs Verfahren als eine übergroße Vorsicht. Ihr irret! Hatten nicht die Quitzows im Norden noch an der Kriegsmacht der Herzöge von Pommern und Mecklenburg, von denen ich Euch sagte, eine mächtige Stütze? Aber auch im Norden erwarb des Fürsten weises Handeln einen Erfolg. Wie der Graf von Anhalt es gethan hatte, erklärten die Herzöge von Mecklenburg, den Quitzows ferner nicht Beistand leisten zu wollen.

So günstig stand die Sache Friedrichs, als nun obendrein jene Kunde kam, daß die Quitzows und Ihre Genossen von der Reichsacht bedroht seien. Doch ehe ich über den Burggrafen Weiteres mittheile, sagt mir, ob Ihr gegen die Art und Weise seines Handelns, wie ich sie Euch nun dargelegt habe, etwas einzuwenden habt?

Hochwürdiger Herr, entgegnete Joachim, Ihr wünschet und hoffet eine unumwundene Antwort, ein Ja oder ein Nein von mir zu hören. Ich vermag Euch aber in diesem Augenblicke weder ein Ja, noch ein Nein auszusprechen. Gönnt mir einige Zeit zur Ueberlegung! Jetzt kann ich Euch nur sagen, daß Ihr mich in meinem Urtheil über das frühere Verfahren des Burggrafen schwankend gemacht habt. Doch das Letzte, was er that, das Letzte! Da liegt's! Die Hand war ihnen an den Hals gelegt, der Statthalter hätte nur dürfen zudrücken, und sie hätten um Gnade gefleht. Statt dessen reicht er ihnen die Hand zu einem Vergleiche! — Meinet Ihr denn, hochwürdiger Herr, daß die Quitzows es ehrlich meinen mit ihrer Annäherung an den Burggrafen? Nimmermehr! Ihr Wort ist Lug und Trug! Ich kenne sie, ich weiß es, was ihnen Manneswort und Mannestreue ist! Seitdem mir mein Oheim die Augen über die Pflichten geöffnet hat, die einem Ritter zu üben obliegen, sind mir erst viele ihrer Handlungen, an denen ich früher aus Unwissenheit Theil genommen habe, im rechten Lichte erschienen. Wenn sie nicht mit Gewalt durchkommen, so üben sie Trug; scheint ihnen der Trug nicht mehr nöthig zu sein, so greifen sie wieder zur Gewalt. Jetzt glaubt der Statthalter an ihnen eine Stütze gefunden zu haben, aber gedenket an mein Wort, hochwürdiger Herr: sie werden die Gelegenheit absehen, und gerade, wenn er ihrer Hülfe am meisten benöthigt sein wird, gerade dann wird die Stütze sich in einen Speer verwandeln und ihm die Hand durchbohren! Ich mag das nicht erleben! Darum weit hinweg, wo ich von dem, was kommen wird, nichts sehe, noch höre!

Ich muß Euch nochmals mahnen, Euern Eifer zu zügeln! sagte der Abt. Wer sagt Euch denn, daß der Burggraf den Quitzows und Ihren Genossen unbedingt traut? Aber für allwissend hält er sich freilich nicht. Es wäre doch immer möglich, daß sie sich — haben doch so viele Edelleute der Mark ein Gleiches gethan — in Wahrheit unterwürfen. Sich stützen auf sie jetzt? wahrlich nein, daran denkt Friedrich nicht! Er wird dagegen Ihre Treue auf die Probe stellen und das sehr bald! —

Joachim horchte auf.

Mehr darf ich Euch nicht sagen, fuhr der Abt fort. Möget Ihr es mir aber glauben: der Tag wird kommen, an dem es aller Welt klar werden wird, ob die Herren bei ihrem Vergleichs=Anerbieten mit Wahrheit oder mit Lug umgingen! — Ihr werdet demnach nicht nach Preußen zu den Deutschrittern gehen, sondern in Eurer Heimath bleiben, um ferner Theil zu haben an dem großen Werke, im Lande einen Fels des Gesetzes aufrichten zu helfen!

Joachim erhob sich. Verzeihet mir, hochwürdiger Herr Abt, sprach er, daß ich Euch nicht zustimme! Mein Herz war, trotzdem, was ich sagte, jederzeit mit Ehrfurcht vor dem Burggrafen erfüllt; Eure Mittheilungen haben diese Ehrfurcht noch erhöht. Aber hier — Joachim legte die Hand auf die Brust, — hier sitzt ein Etwas, das ich nicht zu überwinden vermag. Mit den Quitzows unter einem Dache wohnen zu müssen, das wäre mir ein Greuel ohne Gleichen! Und dies hätte schon geschehen müssen, wenn ich in diesen Tagen in Berlin geblieben wäre. Wurde doch meinen Todfeinden Herberge im hohen Hause angeboten! Und wie oft könnte es von nun an geschehen, daß wir zusammen träfen!

Der Abt, der sich ebenfalls erhoben hatte, ging einige Male schweigend im Zimmer auf und ab. Dann wandte er sich mit einer schnellen Bewegung gegen Joachim und sprach: Joachim von Günthersberg, Ihr seid ein ehrliches, deutsches Gemüth, daher ich es Euch glaube, wenn Ihr mir saget, Euer Herz sei mit Ehrfurcht vor dem Statthalter erfüllt. Nun frage ich Euch: Heget Ihr in Eurem Herzen gleiche Ehrfurcht vor der Gemahlin des Statthalters, der holdseligen Fürstin Elisabeth?

Da war es plötzlich, als ob Joachims Auge und Angesicht heller ward. Die Hand an die Brust haltend, sagte er: Nie ehrte ich eine Frau, wie sie! — Nach einer Pause setzte er in feierlichem Tone hinzu: Ihr wisset, auf welche Art ich als Kind meine Mutter verlor. Ein Bild ist mir im Herzen zurück geblieben. Oft erschien sie mir im Traume als ein Engel am Throne des Höchsten. Wenn der Blick ihres Auges mich traf, so füllte unaussprechliche Seligkeit mein Herz. Würde und Hoheit war über sie ausgegossen. Nie sah ich ein Frauenbild, das ihr glich. Oft hörte ich die Schönheit einer Frau preisen, die mir, wenn ich sie sah, des Preises wenig werth erschien. Als es nun hieß, Elisabeth, die Gemahlin Friedrichs komme nach Berlin, hörte ich die fränkischen Ritter ihre Schönheit und Anmuth hoch erheben. In ganz Franken, ward gesagt, werde sie vom Volke nicht anders genannt, als die schöne Else. Ich kümmerte mich wenig um solche Worte. Da ward uns eines Tages die Kunde, Elisabeth sei angekommen, und wir wurden zum nächsten Tage in den Saal des hohen Hauses berufen. Als wir Alle versammelt waren, erschien Friedrich und ihm zur Seite Elisabeth. Da, hochwürdiger Herr, sah ich zum ersten Male eine Frau, die dem Bilde glich, das ich von den Engeln Gottes im Herzen trug. — So werdet Ihr denn wohl nicht daran zweifeln, daß mein Herz erfüllt ist von höchster Ehrfurcht vor Elisabeth, der Gemahlin Friedrichs. Mögen die Heiligen ihren Lebenspfad ebenen, daß sie vor jeglichem Uebel stets bewahrt bleibe! —

Es schien, als habe der Abt diese Worte mit großer Befriedigung vernommen. Nachsinnend stand er noch einen Augenblick. Dann schritt er zu einem Wandschrank, öffnete ein geheimes Fach, nahm aus demselben etwas heraus, das in ein seidenes Tuch geschlagen war, und kehrte zu Joachim zurück.

Es ist Euch sicherlich bekannt geworden, sagte er, daß der Burggraf, als seine Gemahlin aus Franken kam, derselben bis nach Lehnin entgegen ritt.

Joachim bejahete es.

Hier also trafen der Burggraf und seine Gemahlin zusammen. In diesem Zimmer haben sie gespeist. Wahrlich, ich bin noch erbaut von dem, was ich von Beiden an dieser Stätte vernahm. Doch rede ich davon ein andres Mal zu Euch; jetzt handelt es sich um etwas Anderes. Als die Fürstin in dies Zimmer getreten war, fiel ihr ein Handschuh zur Erde. Ich heb ihn auf und sagte: Wäre ich ein Ritter weltlichen Standes, so würde ich die Bitte wagen, mir den Handschuh zu schenken, damit ich ihn tragen könnte, wenn es gälte für Eure und Eures Gemahles Rechte zu streiten. Aber dennoch, fürstliche Frau, bitte ich Euch: lasset ihn in meiner Hand zurück. Vielleicht, daß ich ihn eines Tages einem ritterlichen Manne, der von schuldiger Ehrfurcht gegen Euch erfüllt ist, darreichen und ihn damit um so mehr fesseln kann an Euer fürstliches

Haus! — Huldvoll lächelnd gewährte die hohe Frau mir meine Bitte, indem sie hinzusetzte: Der, den Ihr erwählt, möge die Gabe nehmen, als sei sie ihm von mir dargereicht. Ich weiß es: Ihr werdet nur einen Mann wählen, dessen Gesinnung makellos ist! —

Der Abt schlug das seidene Tuch zurück, und Joachim erblickte einen von braunem, feinem Leder gearbeiteten und mit Goldfäden durchstickten Handschuh.

Ihr seid der ritterliche Mann, den ich erwähle! fuhr der Abt fort. Die alte, gute, große Ritterzeit ist vorüber, und doch, ist's nicht, als ob das fürstliche Paar von dem Geiste jener großen Zeit erfüllt sei? Ich weiß es von Euerm Oheim, welchen Eindruck die Schilderungen jener Blüthezeit des Ritterthums auf Euch gemacht haben. Ihr habt Euch mit Herz und Seele abgewandt von dem rohen, wüsten Leben und Treiben, das in heutiger Zeit unter den Rittern und Herren Sitte geworden ist. Auch Ihr gehört der Gesinnung nach dem Geiste jener großen Zeit an. Ihr seid darum auch würdig, ein solches Zeichen zu empfangen, über das unverbrüchliches Schweigen zu bewahren, Ritterpflicht ist.

In den Mienen Joachims war freudiges Staunen zu lesen, und als der Abt ihn fragte, ob er noch gesonnen sei, die Heimath zu verlassen, erwiederte er leuchtenden Auges: O nein, nein! Ich verlasse das Land nicht, es sei denn, daß Friedrich oder Elisabeth mich hinwegsenden, um ihnen anderer Orte Dienste zu leisten! —

So kommet denn in das Haus des Herrn, sagte der Abt, um am heiligen Altare aus meinen Händen das Zeichen des Vertrauens zu empfangen und zu hören, welche Pflichten mit der Annahme der Gabe verbunden sind!

———

19.

Die faule Grete.

Der sechste Februar des Jahres 1414 war ein kalter heller Tag. Der Erdboden, hier und da mit zusammengewirbelten Schneemassen bedeckt, war fest gefroren, ein scharfer Wind durchstrich den Wald und schüttelte funkelnden Schneestaub aus den bereiften Gezweigen. Wer heut weder einer Begegnung von Raubrittern, noch von Schnapphähnen zu fürchten gehabt hätte, würde doch nicht gern einsam durch den Wald gewandert sein, denn verwegener als sonst waren um diese Zeit die Wölfe, und manche Erzählung von Ueberfällen dieser gefürchteten Raubthiere vernahm man in Städten und Dörfern.

Mochten die Wölfe heut aber auch überall die Forsten der Mark durchstreifen, die Mitte des dichten Waldes oberhalb der Burg Friesack mieden sie gewiß, denn weithin ertönte dort vielstimmiger Ruf, Wiehern und Stampfen von Rossen, Peitschenknall und Knirschen von Rädern im festgefrornen Schnee.

Dieses Getön vernahmen auch drei eben auf einem Seitenwege daherkommende Ritter, die ein Fähnlein bewaffneter Knechte hinter sich hatten. Ritter und Rosse waren in voller kriegerischer Wehr. Die Ritter trugen außer dem Helm, den Arm- und Beinschienen und den eisernen Handschuhen auch den Blechschurz, hatten sich aber auch zum Schutz gegen die Kälte in lange, mit Wolfspelz gefütterte Obergewänder gehüllt; die Rosse trugen Behänge von Panzerwerk und Brust- und Hauptstücke von starkem Blech, auf deren letzteren wogende Federn prangten. So pflegte man nur auszuziehen, wenn es sich um eine ernste Kriegsführung handelte.

Das kann nur die große Donnerbüchse*) aus Thüringen sein, deren Räder den Boden also zermalmen, daß es mich schier dünkt, ich fühle sein Zittern hier auf dem Rosse, sagte der mittelste Reiter im schneeweißen Barte.

Ihr habt sie schon gesehen, Oheim?

Ei freilich, Joachim; ich war dabei, als — es war in Eisenach — Probe geschossen ward. Sie frißt entsetzlich viel Kraut, denn sie hat einen Schlund, daß ein schmaler Kerl bequem hinein kriechen könnte, und wenn der Büchsenmeister die Lunte anlegt, dann kracht es, als ob die Erde zerbörste, und vor der Gewalt der Steinkugeln und der eisernen Kugeln, die geschossen werden, besteht kein Mauerwerk, und wenn es noch so dick wäre. Warte Herr Dietrich von Quitzow, die faule Grete — denn also nennen die Bauern die Donnerbüchse, weil sie ihrer Schwere wegen nur langsam fortzubewegen ist — sie wird Dir jetzt mit Donnerworten verkünden, daß die Zeit der Langmuth Friedrichs vorüber ist, ihre Kugeln aber werden Dir Deine vierzehn Schuh dicken Mauern, auf deren Stärke Du getrotzt hast, wie Pulver zerstäuben!

Nun, jetzt mitten im Winter einen Feldzug gegen die Quitzows mit der Absicht, eine nach der andern ihrer Burgen zu brechen, sagte der dritte Ritter — es war dies der Herr von Buch, der sein Feuerrohr hinter sich auf dem Rosse hatte — das wird immerhin ein gutes Stück Arbeit werden!

---

*) Kanone.

Gottlob! sagte Joachim, indem er sich hoch aufrichtete im Sattel.

Da sind sie! rief Ludolph von Günthersberg. Ja, es ist die faule Grete aus Thüringen. Habt Ihr Euch wohl eine rechte Vorstellung von einem solchen Feuerrohr gemacht? An die zwanzig Pferde vorn, und zur Seite Bauern mit Stricken, Ketten und Hebebäumen, und doch ist sie kaum fortzuschaffen! — Er sprengte voran.

Als die Reiter hinzukamen, hielt der Zug.

Die Ritter betrachteten das aus eisernen Platten zusammengesetzte und mit Eisenbändern umlegte Feuerrohr, das auf einem mit unförmlichen Rädern versehenen Bohlenkasten ruhete. Von den Vorspannpferden stieg eine Dampfwolke empor.

Ludolph von Günthersberg fragte den Führer, ob der Statthalter schon vorüber sei.

Vor einer halben Stunde, entgegnete Jener, ist er uns mit dem Hauptzuge begegnet. Der Fürst Werle von Wenden, der Graf Ulrich von Ruppin und Lindow und andere hohe Herren befanden sich bei ihm. Sie zogen eine andre Straße und mögen jetzt wohl schon vor Friesack angekommen sein. Zu Abend soll ich auch noch dort eintreffen, aber die Bauern können's kaum noch schaffen. Sie schlagen auf die Pferde, wir auf die Bauern; anders geht's nicht!

Leute, sagte Ludolph von Günthersberg, thut, was Ihr könnet! Denn wisset nur: die Arbeit, die Ihr heut verrichtet, geschieht mehr noch Euch zu Gute, als dem Statthalter! Das Feuerrohr dort soll einmal Denen, die Euch fast die Haut vom Leibe gezogen, die Euch, so oft es ihnen beliebte, Eure Kinder, Euer Gut, Euer Vieh nahmen, ein Wort zurufen, daran sie gedenken werden lange Zeit! Die Mauern, zu denen ihr die Steine habt herbeischleppen müssen, sollen niedergelegt werden. —

Keiner der Bauern verzog eine Miene, einige dreheten sich zur Seite und fuhren mit den Händen unter die groben Filzhüte.

Ludolph von Günthersberg wandte sich zu Joachim und sagte: Der Druck hat das arme Volk dumpf und mißtrauisch gemacht. Wenn Gott hilft, wird's mit der Zeit anders werden!

Mit Vergunst, ihr Herren, nahm der Führer jetzt wieder das Wort, ich darf nicht länger Zeit zum Verschnaufen geben! — Hollah! vorwärts! rief er darauf, und nun wurden auf's Neue die keuchenden Pferde angetrieben und die Bauern griffen zu den Stricken, Ketten und Hebebäumen.

Der Donnerbüchse folgten einige große Wagen mit „Kraut" und Kugeln; eine ansehnliche Schaar von Reitern bildete die Nachhut.

Die Ritter trabten voran. Als die Sonne blutig roth unterging, ritten sie in's Lager vor Friesack, an dem noch gearbeitet ward, ein.

20.

Die Flucht.

In der Fensternische der „Diele" auf dem Schlosse Plaue stand einige Tage später Hans von Quitzow mit Hinko Birken von der Duba und einigen andern Rittern.

Die Handvoll magdeburgisch Volk, sagte Hans in verächtlichem Tone, indem er nach den Zelten zeigte, die sich im Westen des Schlosses ausbreiteten, diese Handvoll magdeburgisch Volk meint, mir in Plaue etwas anhaben zu können!

Er lachte. Warte, Herr Günther von Magdeburg, fuhr er fort, Dein Rücken soll Dir nicht umsonst gejuckt haben! Mögen sie sich erst sicher fühlen! Indeß werde ich von Dietrich erfahren, wann er eintreffen kann. Und dann mache ich einen Ausfall, und wir nehmen den Pfaffen mit seinen Knechten in die Mitte, und was dann noch ganze Schädel behält, soll schneller heimkommen nach Magdeburg, als es hergekommen ist! Aber das Volk ist keck, es hat sich hier zur Rechten etwas weit vorgewagt. Kommt, wir wollen ihm ein paar Kugeln senden!

Hans stieg mit seinen Freunden auf den vordersten Thurm. Auf einem jeden der drei Thürme Plaue's befanden sich zwei kleine Geschütze, die ein- und zweipfündige Kugeln schossen.

Hans von Quitzow hatte keine Ahnung davon, daß es sich

von Seiten des Statthalters um ein gemeinsames Unternehmen gegen seine Partei handelte. Vor kurzer Zeit war von ihm ein Einfall in das Magdeburgische unternommen worden, der für ihn glücklich ausgefallen war. In einem Treffen an der Stremme hatten die Quitzower den größten Theil der Mannschaften des Erzbischofs von Magdeburg niedergehauen und ihre Führer Peter Kotze und Gebhard von Plotho gefangen genommen. So kam es, daß Hans von Quitzow meinte, die feindliche Bewegung beziehe sich allein auf ihn. Indeß waren um ein und dieselbe Zeit, wie hier Plaue, sämmtliche Hauptschlösser der Quitzow'schen Partei belagert worden. Gegen Friesack war, wie mitgetheilt wurde, der Statthalter Friedrich selbst gezogen, der Herzog Rudolph von Sachsen hatte mit seinen Mannen und Knechten Golzow eingeschlossen, und dem Ritter Hans von Torgow war aufgegeben worden, mit den Mannschaften der Städte Jüterbogk, Treuenbrietzen und Belitz und der Abteien Lehnin und Zinna das Schloß Beuthen zu belagern. Auf Golzow befehligte Wichart von Rochow, auf Beuthen der quitzow'sche Hauptmann und Rottmeister Hans von Predöhl.

Auf keinem der Schlösser vermuthete man etwas von der Gleichzeitigkeit des Angriffs.

Hans war indeß mit dem Richten eines Geschützes beschäftigt, das von dem Büchsenmeister geladen worden war. Der Büchsenmeister legte die Lunte auf das Kraut, und mit Gekrach fuhr die Kugel aus der Büchse.

Schon dieser eine Schuß brachte die von Hans beabsichtigte Wirkung hervor. Es entstand eine lebhafte Bewegung im Lager. Die vorderen Zelte wurden abgebrochen und auf entfernteren Stellen aufgeschlagen. Hans warf sich in die Brust. Wie eine Heerde Sperlinge fahren sie auseinander!

lachte er. Doch hier bläst der kalte Wind durch die Löcher. Ein Trunk warmen Würzweins wird uns gut thun!

Die Ritter stiegen wieder hinab nach der Diele, die „Jungherrlin" erschienen alsbald mit Speisen und dampfendem Getränk, und Hans nöthigte die Gäste, zuzulangen, indem er es an gutem Beispiele nicht fehlen ließ.

Ueber die Magdeburger ward viel gespöttelt und gelacht. Wenn aber Jemand den Namen des Statthalters zufällig nannte, so wurden die Gesichter ernst, namentlich blickte dann Hans so wüthend mit seinem einen Auge drein, daß man sah, er betrachtete Jenen als seinen Todfeind. Dem früheren Spotte war grimmer Haß gefolgt. Aber es verstummte auch die Lust, als ein Gast des Putlitz Erwähnung that. Putlitz war bei einer Fehde, die er trotz des Verbotes Friedrichs begonnen hatte, in die Gefangenschaft des Ritters Hans von Redern gerathen und wurde nun in der Burg Ziesar in strengem Verwahrsam gehalten. Sie haben Dir die Flügel gebunden, Hans! sagte Quitzow mit drohender Miene. Aber Geduld, wir werden Deinen Käfig brechen und Dir die Flügel lösen! Unser Plan ist bald vollständig zur Reife gediehen, und dann soll Ausländern und Inländern, die unsere Feinde sind, das Verderben auf den Hals fahren!

Hans sagte dies, ohne zu ahnen, welche verderbliche Wetterwolke über sämmtlichen Häuptern seiner Partei hing, ohne zu ahnen, welche zerschmetternden Schläge auf einigen Orten bereits niedergefahren waren.

Da ward ein Abgesandter des Erzbischofs angemeldet, der ein Schreiben von seinem Herrn überbrachte. Hans ließ den Hauskaplan herberufen, der das Schreiben verlas. In demselben hieß es, nicht nur das Schloß Golzow, sondern auch das Schloß Hundeluft sei gestern genommen und die Städte Rathenow und Brandenburg von Kriegsleuten des Statthalters besetzt worden, Wichard von Rochow, der Golzow vertheidigt habe, habe sich der Gnade des Burggrafen übergeben. Endlich ward der Rath hinzugefügt, Hans möge bei Zeiten ernstlich überlegen, ob er nicht am besten fahre, wenn auch er sich und sein Schloß der Gnade des Statthalters überantworte.

Das Gesicht des Ritters Hans, der mit steigender Erbitterung zugehört hatte, war noch röther geworden, als es sonst schon war. Lüg' Du und der Teufel! rief er jetzt unter einem Lachen voll Hohn und Ingrimm. Der vermaledeite Pfaff' hat in seinem Leben schon so viel zusammen gelogen, daß es ihm auf eine Handvoll mehr oder weniger nicht ankommt. Mit Deinen Lügen fängst Du Narren, aber keine Quitzow's, Du Pfaff' von Magdeburg! Wichart sich der Gnade des Statthalters übergeben! Da müßt' ich den nicht besser kennen! — Dann wandte er sich gegen den Abgesandten und sagte: Sag' Deinem Herrn, was Du eben von mir gehört hast und füge bei, daß, wenn er mir noch einmal solch Lügenwerk übersendet, ich den Ueberbringer vor seinen Augen auf der Mauer werde aufhenken lassen. Nun scheer' Dich zum Teufel!

Der Abgesandte, den man mit verbundenen Augen eingeführt hatte, wurde wieder abgeführt.

Die Gäste stimmten in den von Hans eingeschlagenen Ton ein, und es wurden allerlei Dinge über Pfaffenlist und Pfaffentrug vorgebracht.

Bei der lauten Unterhaltung vernahm man nichts von einem Lärmen, der sich auf der Seeseite des Schlosses erhoben hatte. Dort war, von dem dichten Schneegestöber begünstigt, das nur einige hundert Schritte zu sehen erlaubte, ein Mann über den festgefrornen See gekommen. Nahe der Burg schon, war er von den Magdeburgern bemerkt worden. Sie hatten ihn mit großem Halloh verfolgt, er aber war, da man ihn auf

Plaue auch bemerkt und er sich durch Zeichen als Freund zu erkennen gegeben hatte, durch die sogenannte Nothpforte in die Burg gelangt, ehe seine Verfolger, die von der Mauer mit Bolzen und Pfeilen empfangen wurden, nahe genug herbei gekommen waren.

Dieser Mann, der ausgesagt hatte, er komme von Friesack her, ward jetzt bei Hans angemeldet.

Von Friesack? rief Hans lebhaft. Her mit dem Mann! Der bringt gute Botschaft! Nun genade Dir Gott, Du Pfaff da draußen!

Hans hoffte auf das Bestimmteste Zusage wegen Zuzuges von seinem Bruder.

Aber auf dem Angesichte des Kriegsmannes, der jetzt eintrat, stand nichts von guter Botschaft geschrieben. Er blickte darein wie Einer, der all' sein Hab und Gut verloren und für den auch selbst das Leben keinen Werth mehr hat.

Was für ein verteufelt' Gesicht schneidest Du denn? sagte Hans. Bist Du von der Hetze so hin? Oder haben sie Dir einen Bolzen nachgesandt, der Dich getroffen hat? Du bist Hinko, meines Bruders getreuer Knecht, — ich kenne Dich wohl. So rede nun!

Hinko hatte auf die an ihn gerichteten Fragen, ohne aufzusehen, mit dem Haupte geschüttelt. Jetzt sagte er mit einer Stimme, die wie aus dem Grabe herauftönte: Herr Ritter, ich wollte, daß ich Euch bessere Botschaft zu bringen hätte. Aber, was sein muß, muß sein; so höret: Dietrich, Euer Bruder, ist geflohen; es ist Alles aus!

Kerl, rief Hans, plagt Dich Satanas? Wie sollte Dietrich dazu kommen, aus seiner starken Burg Friesack zu entfliehen?

Friesack gehört uns nicht mehr; sie haben uns die Burg genommen.

Wer?

Der Statthalter.

Hans sprang vom Sessel auf und packte den Knecht an den Hals. Kerl, sagte er, wenn Du nun nicht bald zur Vernunft kommst, so lasse ich Dich auf die Folter werfen!

Hinko blieb ruhig. Die faule Grete hat es gethan, sagte er.

Da hört Ihr's! rief Hans; dem Kerl ist das Gehirn krank geworden; er redet Wahnwitz!

Hinko schüttelte das Haupt. Ich wollte, sagte er mit einem schweren Seufzer, ich wäre irrsinnig, und Dietrich wäre noch, was er war — Herr von Friesack! Aber mein Hirn ist gesund, und Dietrich ist nicht mehr, was er war. —

Aber was faselst Du von der faulen Grete?

So nennen sie die ungeheure Donnerbüchse, mit der sie uns die Mauern an einer Stelle niedergelegt haben. Ach, Herr, zehn Gewitter können nicht ein solches Gekrach hervorbringen, als diese eine Donnerbüchse, zehn Blitze, in einem Blitze vereint, haben nicht solche Gewalt, wie eine Kugel aus dem Ungethüm. Herr Dietrich hat die Erfindung der Geschütze verflucht und die Städte dazu, von denen sie ausgegangen ist.

Hans hatte seine Hand von Hinko's Halse zurückgezogen und starrte ihn sprachlos an. Er begann das ihm anfangs unmöglich Scheinende für möglich zu halten.

Wie aus einer Betäubung erwachend, fragte er jetzt plötzlich: Dietrich geflohen? Sagtest Du nicht so?

Ja, Herr, Euer Bruder ist geflohen. Als er sah, daß kein Halten mehr war, machte er einen Ausfall, und dabei hat er sich auf die Flucht begeben.

Hans ballte die Fäuste und stampfte auf den Boden. Mein Bruder vor dem Nürnberger auf der Flucht! rief er. Eher hätte ich es für möglich gehalten, daß der Himmel in

Stücke bricht. Wie konnte Dietrich unserm Stamme diese Schmach zufügen! Wenn es wahr ist, dann . . . .

Herr, versündigt Euch nicht gegen Euren Bruder! Wie schwer es ihm ward, zu fliehen, — ich hab's gesehen. Aber was sollte mein armer Herr thun, nachdem die Mauer von den Kugeln durchbrochen und der Statthalter sich zum Sturm anschickte?

Narr!

Ich verstehe Euch, Herr. Ihr meint, er hätte mit dem Schwerte in der Hand lieber den Tod suchen, als fliehen sollen. Aber, Herr, hätte Dietrich nicht auch lebendig in die Hände des Statthalters fallen können?

Du hast recht! rief Hans, indem er die geballten Fäuste erhob. Gefangener des Nürnberger! Das ist ein Gedanke, um den Verstand zu verlieren!

Und dann, fuhr Hinko fort, vergesset auch nicht, daß Dietrich in der Gefangenschaft nichts mehr für Euch hätte thun können!

Ist er zu den Pommer=Herzögen?

Freilich, Herr, und mit ihnen gedenkt er in's Land zu fallen. Und sagen läßt er Euch, Ihr sollet Euch halten, so lange es geht, Ihr und die Freunde im Lande. Bald sollet Ihr erwünschtere Kunde von ihm vernehmen.

Diese letztere Nachricht beruhigte den Ritter Hans wieder in etwas. Die Hände auf dem Rücken haltend, ging er mit starken Schritten im Zimmer auf und ab. Hinko hatte zu verständig gesprochen, als daß er an der Wahrheit der Mit= theilung noch hätte zweifeln können. Nun sah er wieder einen Hoffnungsschimmer. Gelang es seinem Bruder, die Pommern= Herzöge sogleich in den Kampf hinein zu reißen, so konnte, da diese über eine starke Macht zu verfügen hatten, das Blatt leicht sich wenden, Dietrich seine Ehre herstellen und der Statt=

halter um den errungenen Vortheil gebracht werden. Aber freilich, es blieb auch genug übrig, das Grund zu starken Befürchtungen gab. Die Nachricht über die Einnahme der festen Schlösser Golzow und Hundeluft schien dem Ritter Hans jetzt nicht mehr so unglaublich. Der Statthalter hatte, wie es schien, starke Verbindungen und — vor allen Dingen — er war in Besitz der mörderischen Donnerbüchse! — War es nicht zu vermuthen, daß er sich von Friesack zunächst gegen Plaue wenden würde? Und würde Plaue widerstehen können, da doch Friesack nicht zu halten gewesen war? Freilich, Plaue hatte ein noch stärkeres Mauerwerk, als Friesack; jedoch wer konnte die Macht der Donnerbüchse berechnen? Daß es seinem Bruder gelingen würde, die Pommern-Herzöge zum Zuge zu bewegen, hoffte Hans auf das Bestimmteste; er rechnete eben auf den Haß dieser Fürsten gegen den Statthalter und auf seines Bruders Ueberredungsgabe. Aber ob sie rechtzeitig eintreffen würden? Auch berechnete Hans den üblen Eindruck, den die Flucht seines Bruders im Lande machen würde.

Gedanken dieser Art durchblitzten den Ritter Hans, indem er auf und ab ging. Er war aber ein zu guter Feldherr, als daß es ihm nicht alsbald klar gewesen wäre, daß das Gebot der Klugheit fordere, jegliche Art von Besorgniß tief im Herzen zu verbergen und der Umgebung Zuversicht zu zeigen. Urplötzlich eine andere Miene und Haltung annehmend, sagte er, er sei im ersten Augenblicke überrascht gewesen, er sähe aber jetzt, daß Dietrich's Handlungsweise richtig gewesen sei. Habe er doch dem Bruder selbst gerathen, unter Umständen, wie sie eingetreten seien, zu handeln, wie er gehandelt habe. Lasse man dem Statthalter den kurzen Triumph, der ihn sicher mache; sein Fall werde um so entschiedener sein! Plaue sei viel stärker als Friesack, und er möchte die Donnerbüchse sehen, die die Mauern von Plaue niederzulegen im

Stande sei. Und wenn die Kugeln selbst ein Loch schlügen, so sei man damit noch nicht in der Burg. Ein Sturm lasse sich mit Mannschaften, wie er sie habe, abschlagen, und das Loch lasse sich wieder füllen. So werde man sich ohne Noth halten können, bis der Bruder mit der verheißenen Hülfe komme, und dann wolle man Abrechnung halten für Alles mit einem Male!

In noch günstigerer Weise stellte bald darauf Hans den Hausleuten die Sache dar, und kurze Zeit darnach schaueten die Knechte noch heiterer darein als sonst, weil jeder der sichern Meinung war, der Statthalter werde vor Plaue in eine Falle gelockt, und wenn er glauben werde, er sei dem Ziele nahe, so werde wie Sturm und Hagelwetter ihm das Pommernvolk, geführt von seinen Herzögen und Dietrich, in den Rücken fallen, und dann werde man aus Plaue einen Ausfall machen und Alles in Grund und Boden schlagen.

Hans war von jetzt ab bald auf den Thürmen, bald auf den Mauern, bald auf den Höfen unter den Knechten und traf Anordnungen verschiedenster Art. So heitern Angesichts, wie jetzt, hatten seine Leute ihn lange nicht gesehen. Niemand ahnte, wie es in seinem Innern aussah. Am nächsten Tage zog neues Kriegsvolk herzu, und Hans sah vom Thurme, wie die Zahl der Zelte sich mehrte. Der Himmel war trübe, es schneiete ohne Aufhören. Hans hatte zwei gewandte Leute ausgesandt, die sich verkleidet in die Stadt Plaue einschleichen sollten, um zu hören, was man dort rede. Sie waren noch nicht zurückgekehrt. Am Tage darauf kam draußen wiederum Zuzug, und Hans sah es an den Bannern, daß es fränkisches Volk war. Er mußte sich demnach sagen, der Statthalter sei von Friesack herbei gekommen und habe wohl auch die Donnerbüchse mitgebracht. Am Abende war er wieder mit den Freunden auf der Diele zusammen, und es wurde dort geplaudert und gescherzt, wie gewöhnlich. Da es ihm aber namentlich heut blutsauer ward, seine steigenden Besorgnisse zu verbergen, so schützte er etwas vor und zog sich ein Weilchen auf eine der Kemenaten zurück, die ein Bogenfenster in der Mauer hatte. Er warf sich in einen am Fenster stehenden Sessel. In einem weiten Bogen brannten die feindlichen Wachtfeuer. Schon nach ihnen zu schließen, mußte die Zahl der Feinde bedeutend sein. Die ausgesandten Boten waren immer noch nicht zurückgekehrt; er war wie abgeschlossen von der Welt, und die Ungewißheit machte ihm seine Lage fast unerträglich. Mehr und mehr begann er zu fürchten, es werde mit Plaue gehen, wie es mit Friesack gegangen sei. Dieser Gedanke drückte mit zermalmender Schwere auf ihn. Jetzt waren seine Leute noch guten Muthes; aber wenn die Wirkungen der Donnerbüchse beginnen würden, was dann? — Das Ungewöhnliche der Wirkung dieses Geschützes würde ihnen, fürchtete er, den Muth bald genug benehmen. Und dann stand ihm in Aussicht, Gefangener des Fürsten zu werden, den er als Todfeind haßte. Jetzt begann der Gedanke in ihm aufzusteigen, ob es nicht schlimmsten Falles das Beste sei, es zu machen, wie sein Bruder, nämlich zu fliehen. Da hörte er aber im Geiste das Hohngelächter der Feinde. Eines schien nicht minder übel zu sein, als das Andere; Beides erwägend, trat ihm der kalte Schweiß auf die Stirn.

Da sah er im Lager einen rothen Feuerstrahl aufleuchten, dem ein furchtbarer Donner folgte, und gleich darauf stürzte eine Zahl schwerer Steine aus dem Bogen des Fensters mit furchtbarem Gepolter neben ihm nieder.

Er sprang erschreckt auf und verließ die Kemenate, erschien aber mit ruhigem Gesicht auf der Diele bei den Freunden, die bereits auf den Beinen waren, um ihn aufzusuchen. Sie verschießen Kraut und Kugeln zur Nachtzeit, sagte er; wir wollen's am Tage thun. Da donnerte ein zweiter Schuß. Man hörte einen scharfen Anschlag der Kugel und Prasseln von Steinen auf dem Hofe. Noch ein dritter Schuß folgte, dann hörte das Schießen für heut auf.

Hans verbrachte die Nacht mehr wachend als schlafend auf seinem Lager. Ein Gedanke beschäftigte ihn im Wachen und im Traume: er hielt es für gerathen, einen Ausfall und den Versuch zu machen, die große Donnerbüchse zu verderben.

Am folgenden Tage blieb Alles im Lager ruhig, worüber Hans sich nicht wenig wunderte. Er schöpfte wieder Hoffnung. Vielleicht, sagte er sich, hat die Donnerbüchse bei den gestrigen Schüssen Schaden gelitten, oder man ist genöthigt, sich auf die Ankunft der Pommern vorzubereiten. Oftmals war er den Tag über auf dem Thurm, aber er vermochte aus den Bewegungen im Lager keinen Schluß zu ziehen. Das Gerathendste schien ihm immerhin, einen Ausfall zu unternehmen. So wie nun die Dunkelheit eingetreten war, ließ er aufsitzen, die Zugbrücke fiel, und Hans jagte an der Spitze der Schaar dem Lager entgegen. Die Quitzower waren dem Feinde schon nahe, als sie erst bemerkt wurden. Nun entstand Lärm im Lager. Hans hatte sich die Gegend genau gemerkt, wo er den Feuerstrahl hatte aufblitzen sehen. Die durch die Plötzlichkeit des Angriffs im Lager hervorgerufene Verwirrung war groß und Hans schon dem Orte, auf dem die Donnerbüchse und eine Zahl kleinerer Büchsen, die Friedrich aus berliner Kirchenglocken hatte gießen lassen, sich befanden, nahe, ehe geordnete Massen sich ihm entgegen warfen. Die Geschütze waren durch Schanzkörbe gedeckt und von einem breiten Graben umzogen, und Hans sah bald, daß er sie mit seinen Reitern nicht werde erreichen können. Nun blieb ihm nur noch übrig, die Zeit zu nützen, um dem Feinde so viel als möglich Schaden zuzufügen. Er gab den Seinen ein gutes Beispiel; es

warb gewaltig eingehauen, und manches Feindes Blut färbte
den Schnee. Da stürmten aber von allen Seiten Massen
mit lautem Kriegsruf herzu, und Hans sah, daß es Zeit war,
umzukehren, wenn er nicht in Gefahr gerathen wollte, abgeschnitten zu werden. Er gab das Zeichen, und zurück jagte die
Reiterschaar. Der nachfolgende Feind war noch eine gute
Strecke entfernt, als schon die Zugbrücke emporrasselte und
das Thor sich klirrend schloß.

Hans hatte zwar das eigentliche Ziel seines Ausfalles nicht
erreicht, war aber dessenungeachtet mit dem Ergebniß zufrieden. Er wie seine Leute fühlten sich durch das, was geschehen war, gehoben; der Ausfall, bei dem sie unter den über-
raschten Feinden gewaltige Hiebe ausgetheilt hatten, war ihnen
eine angenehme Abwechslung gewesen.

Im Wesentlichen ward dadurch freilich die Lage der Ver-
theidiger von Plaue nicht verändert, weshalb auch die Empfindungen der Hoffnungslosigkeit sich bei Hans bald wieder ein-
stellten. Die üble Stimmung nahm am nächsten Vormittage,
an dem die Luft so klar war, daß man die Schanzkörbe von
der Burg aus deutlich erkennen konnte, noch zu, da Hans
sah, wie der Graben vor den Geschützen erweitert und dadurch
es ihm um so unmöglicher gemacht wurde, bei einem neuen
Ausfalle dieselben zu erreichen.

Von solchen Betrachtungen wurde indeß Hans bald durch
das Donnern der faulen Grete abgelenkt, das jetzt wieder an-
hob und ohne Unterbrechungen bis zum Abend währte. Wie
es schien, waren die Schüsse sämmtlich auf eine Stelle der
Mauer gerichtet. Innen war an dem Mauerwerk nichts zu
sehen, aber es war nach den merkbaren Erschütterungen zu
vermuthen, daß die Außenseite der Mauer vielleicht schon stark
beschädigt war. Eine zur Abendzeit mit Blendfackeln auf der
Mauer angestellte Untersuchung ergab die erschreckende Gewiß-

heit, daß, wenn am nächsten Tage mit Schießen fortgefahren
würde, der Durchbruch der Mauer unvermeidlich sei. Hans
erkannte, daß es schon morgen zum Sturme kommen könne.
Gefangenschaft oder Flucht — zwischen Beiden hatte er nun
zu wählen. Im verzweifelten Kampfe lag zwar noch die
Möglichkeit, erschlagen zu werden. Aber zum Sterben hatte
er keine Lust, nicht, weil er feig war, sondern weil damit für
ihn die Möglichkeit aufgehört hätte, Rache an dem Statthalter
zu nehmen. Er wollte leben bleiben und frei bleiben, um
Rache zu üben. Wie und auf welche Art — er wußte es
nicht, aber er hoffte, es werde doch auf die eine oder die andere Weise geschehen können. So beschloß er denn, in der
Nacht die Burg zu verlassen. Sein Weib ward starr vor
Schrecken, als er ihm sagte, was er vorhabe. Doch eine kurze
Darlegung brachte sie zu der Ueberzeugung, daß Hans unter
den obwaltenden Umständen am besten thue, sein Heil in der
Flucht zu suchen, und daß die Burgleute am wenigsten übel
fahren würden, wenn die Uebergabe von Plaue am nächsten
Tage stattfände. Nicht günstig für die Flucht war es, daß
der Mond schien. Indeß Hans hatte in Bezug auf die Zeit
keine Wahl mehr. Um Mitternacht ward die Nothpforte geöffnet, und Hans verließ, von einem weißen, bis auf die Füße
reichenden Mantel umhüllt, die Burg. Er eilte nach der
nahen Havel, die nicht besetzt war. Gelang es ihm, ungefährdet das in geringer Entfernung befindliche Rohr zu erreichen, so war der erste Schritt zu seiner Rettung geschehen.
Kein Laut ließ sich ringsum vernehmen, leise durchschritt er
den tiefen Schnee, und nach kurzer Zeit befand er sich im
Rohre. Nun noch den Hengst, dann bin ich geborgen! sagte
er sich. Er hatte einem Knechte befohlen, ihm seinen weißen
Hengst nachzuführen. Lauschend stand er im Rohre. Die
Wachtfeuer brannten hier und dort, aber es war Alles still

im Lager. Er hörte die Nothpforte knarren und sah von fern Knecht und Pferd. Heiliger Leonhard, Schutzpatron der Pferde, stehe mir bei! sprach er bei sich. Der Knecht war mit dem Pferde dem Rohre nahe, Hans gab ein leises Zeichen, der Knecht erwiederte es und kam herzu. Das Pferd warf das Haupt zurück, als es plötzlich einen Mann im weißen Mantel vor sich sah. Hans, der nicht darauf achtete, daß seine Erscheinung dem Thiere ungewohnt vorkommen mußte, griff ungestüm nach dem Haupte desselben; das Pferd scheuete sich, machte Kehrt und galoppirte davon, gerade auf das Lager zu. Der Knecht war, das Pferd beim Namen rufend, einige Schritte nachgeeilt; aber weder dies, noch der gotteslästerliche Fluch, den Hans ausstieß, vermochten es, das wildgewordene Pferd zur Rückkehr zu bewegen. Nun gedachte Hans, die Flucht zu Fuße fortzusetzen und ging weiter in das Rohr hinein. Er glaubte noch unbemerkt zu sein, allein nicht weit von ihm stand hinter einem Weidenbaum ein Bäuerlein, das, so wie Hans im Rohre verschwunden war, so schnell als seine Füße es zu tragen vermochten, dem Lager zueilte. Dort war es indeß auch schon lebendig geworden, denn man hatte den Hengst aufgegriffen, und derselbe war als das Leibpferd des Besitzers von Plaue erkannt worden. Kaum hatte das Bäuerlein erzählt, was es gesehen, so jagten drei magdeburger Reiter dem Rohre zu. Hans ward bald entdeckt, und man rief, auf ihn einreitend, ihm zu, sich zu ergeben. Hans hatte sein Schwert gezogen und schlug in wildem Ungestüm um sich. Da ward ihm das Schwert aus der Hand geschlagen, die Reiter sprangen nieder, ergriffen ihn, warfen ihn in den Schnee und banden ihm, trotz seiner verzweifelten Gegenwehr, die Hände auf den Rücken. Dann ward er auf ein Pferd gesetzt und dem Lager zugeführt. Die Freude Derer, die ihn gefangen hatten, war groß, nicht minder die der Herzuströmen=

ben. Was in des Gefangenen Herzen vorging, läßt sich ermessen. Einer der Kriegsleute riß einen Feuerbrand aus dem Feuer und hielt diesen dem Ritter entgegen, damit Alle sein Gesicht sähen. Hans sah nur Augen voll Hohn, hörte nur Ausrufe voll Spott und Verwünschungen. So ward er ins Lager geführt.

21.
Der Landfriede zu Tangermünde.

Es war Friede im Lande, die Quitzows und ihre vornehm=
sten Anhänger waren von Friedrich in wenigen Tagen nieder=
geworfen worden. Gleich darauf hatten sich ihm diejenigen
Abligen, die ihm bisher noch offen oder heimlich Gegner gewesen
waren, so wie auch die, die allein aus Furcht vor den Quitzows
ihm bisher noch fern geblieben waren, angeschlossen; die Mark,
für die Friedrich einen Monat später mit Zustimmung der
nach Tangermünde berufenen Stände ein Landfriedensgesetz
verkündete, hatte endlich, nach unsäglicher Noth, wieder auf=
athmen können.

Die Urkunde, durch die der Landfriede verkündet ward, ist
zu wichtig, als daß sie nicht mitgetheilt zu werden verdiente.
Sie lautet:

Wir Friedrich u. s. w. bekennen öffentlich mit diesem Brief, daß
wir angesehen haben den mannigfachen Schaden, der den Landen
der Mark zu Brandenburg in den vergangenen Zeiten durch Mord,
Raub und Brand verderblich geschehen und widerfahren ist. Um
dem zuvorzukommen und zu wehren und mit Gottes Hülfe die Lande
fernerhin nach unserm Vermögen in ein friedliches Wesen zu bringen,
haben wir mit Rath, Vollwort und Wissen aller und jeglicher
Herren, geistlicher und weltlicher, der Mannen und Städte beider
Marken zu Brandenburg, auch des Grafen zu Ruppin, seiner Lande,

wie auch der Priegnitz diejenige Einigung geboten und die Satzungen bestimmt, die hier folgen, und gebieten festiglich einem jeden Einwohner der Mark Brandenburg, dieselben unverbrüchlich zu halten. "Zum Ersten sollen geistliche und weltliche Herren, Mannen und Städte unsern Frieden innerhalb und außerhalb des Landes stets fest und unverbrüchlich ohne alle Gefährdung halten. Wer unser, unserer Lande oder einer der Unsrigen Feind ist, dem sollen alle andern Herren, Mannen und Städte und Einwohner der genannten Lande auch Feind sein und ihm feindlich nachstellen, ihn weder hausen noch hegen, noch ihm mit Speise und Trank oder etwas Anderem Vorschub leisten, noch in irgend Etwas Gemeinschaft oder Vernehmen mit ihm haben heimlich oder offenbar.

"Ferner sollen alle geistlichen und weltlichen Herren, beschloßte und unbeschloßte Mannen, wie auch alle Städte, Jeder dem Andern, und namentlich dem nächsten Nachbarn die Räuber, Missethäter und Landesfeinde, die er in Erfahrung gebracht, namhaft machen und beschreiben. Wohin solche Räuber oder Missethäter kommen, da sollen sie angehalten, gefangen gesetzt und festgehalten werden, und soll denen, die sie befeinden, davon Nachricht gegeben und zu ihrem Recht verholfen werden.

"Niemand soll unsere noch der Lande Feinde in unserm Lande sichern oder geleiten, auch keinen Frieden mit ihnen machen ohne unser Wissen und Zustimmung. Wer solche Uebelthäter oder Räuber entdeckt, soll sie uns und den Unsrigen unverzüglich anzeigen; thut er dies nicht, und wir erfahren es dann der Wahrheit gemäß, so soll der selbst, der es verschwiegen hat, gleich den Uebelthätern Strafe erleiden.

"Ferner soll Niemand sich vor Mordbrennern durch eine Abfindung oder Brandschätzung zu schützen suchen. Wo Jemand, Mannen oder Städte, mit Raub und Brand beschädigt werden sollen, da müssen sie die Sturmglocken läuten lassen, und Alle, die davon hören und dazu aufgefordert werden, sollen die Feinde verfolgen und ihnen mit Treue nachstellen, sie einzufangen und festzuhalten, um den Schaden abzuwenden. Wen das Gerücht bezeichnet, sollte er auch bei wirklicher That nicht ergriffen werden, den wollen wir zur Rechenschaft ziehen und vor uns kommen lassen, daß er sich redlich entschuldigen könne, wo nicht, nach Gebühr leide.

"Auch sollen alle Herren, Mannen und Städte die Knechte, welche in ihren Diensten sind, einen Monat nach Erlaß dieses Briefes kund thun und namhaft machen und denselben aufgeben, daß sie alle unsere vorstehenden Gebote fest und unverbrüchlich halten; wo dies aber nicht geschieht, da sollen die Herren selbst für ihre Knechte eintreten und für sie mit verantwortlich sein.

„Endlich sollen alle Herren, Mannen und Städte ihre weltlichen Gerichte redlich bestellen, also daß Jeglichem unbedingtes Recht widerfahren möge, und Niemand soll dem Andern in sein Gericht übergreifen.

„Wer unsere vorstehenden Gebote und Satzungen übertritt, oder nicht vollkommen einhält, den wollen wir an Leib und Gut nach Gebühr richten und strafen."

Dieses von Friedrich mit Zustimmung der Stände gegebene Gesetz wurde streng gehandhabt. „So guten Frieden hatte der Burggraf dem Lande verschafft," sagt die Magdeburger Chronik, „wie dasselbe seit Karls IV. Zeiten nicht mehr genossen hatte, daher man es als eine besondere Schickung der Gnade des Allmächtigen pries."

Wie in der Magdeburger Chronik wird auch in andern gleichzeitigen Schriften die Niederwerfung der gefährlichen Raubritter als ein Segen für das Land dargestellt. Fahrende Sänger verherrlichten die That Friedrichs in Liedern. [34])

Den Quitzows und ihren Genossen war durch den Gerichtshof ihre ganze Habe ab- und diese dem Statthalter zugesprochen, Plaue, dem Abkommen gemäß, zerstört und die Ländereien zwischen der Mark und dem Erzstift Magdeburg getheilt worden. Werner von Holzendorf hatte dem flüchtigen Dietrich von Quitzow, der plündernd und brandschatzend sich in den nördlichen Grenzgebieten noch eine Zeitlang bemerkbar gemacht hatte, Vorschub geleistet. Das Gericht bezüchtigte deshalb ihn, der von Friedrich noch kurz vor seiner gesetzwidrigen That durch Beweise besonderen Vertrauens geehrt worden war, der Untreue gegen seinen Herrn

und erklärte ihn daher des Gutes, das er von dem Burg=
grafen besessen, für verlustig.

Friedrich zeigte sich gegen ihn, wie auch gegen andre Ablige, die er mehr für Verführte, als für Verführer hielt, als groß= müthiger Sieger; Mancher, der bis dahin sein Todfeind ge= wesen war, wurde nun sein glühender Anhänger.

22.
Noch einmal Lehnin.

Seit der Niederwerfung der Quitzows waren drei Jahre vergangen. Friedrich befand sich, während seine verständige Gemahlin Elisabeth das Regiment in der Mark führte, zumeist in Costnitz, wohin geistliche und weltliche Würdenträger von Sigismund zu einer Kirchenversammlung zusammen berufen worden waren, deren Hauptzweck es sein sollte, die Kirche „an Haupt und Gliedern" zu reinigen.

Die Absicht Sigismunds war gut; die Mängel der „Kirche" lagen vor aller Welt zu offen, als daß nicht ein jeder Einsichtige hätte Abstellung derselben wünschen müssen.

In der Mark Brandenburg mochte Niemand von lebhafterer Theilnahme an den Costnitzer Bestrebungen erfüllt sein, als der Abt von Stich in Lehnin und Ludolph von Günthersberg. Ludolph hatte sein kriegerisches Gewand ab= und wieder sein dunkles Gewand angelegt. Mit seinem Leben ging es zu Ende; er fühlte, daß seine letzte Stunde nahe sei.

Es verging kaum ein Tag, an dem nicht Beide, Ludolph und der Lehniner Abt, von den Bestrebungen der Kirchenversammlung sprachen. Die Versammlung der Kirchenmänner, die in Costnitz stattfand, war die großartigste, die das Mittelalter erlebt hat. Außer dem einen der drei gleichzeitigen

Päpste waren in Costnitz erschienen fünf Patriarchen, dreiund=
dreißig Cardinäle, siebenunddreißig Erzbischöfe, einhundertfünf=
undvierzig Bischöfe, dreiundachtzig Weihbischöfe, fünfhundert
sonstige geistliche Würdenträger, vierundzwanzig päpstliche Secre=
taire, siebenunddreißig Deputirte von Universitäten, zweihun=
dertsiebzehn Doctoren der Theologie, dreihunderteinundsechszig
Doctoren beider Rechte, eintausendundvierhundert Magister der
freien Künste und etwa noch fünftausendunddreihundert Priester
und sonstige Gelehrte.

Der Abt war (und darin stimmte er mit einer großen
Zahl von Männern überein, deren Gesinnung keineswegs
schlechthin mißgeachtet zu werden verdient,) der festen Ueber=
zeugung, daß eine so ansehnliche Zahl von kirchlichen Würden=
trägern die Uebel, von denen die Kirche bedrückt war, erkennen
und auch den guten Willen und die nöthige Kraft haben
würden, jene zu beseitigen. Namentlich ging seine Hoffnung
dahin, daß die Wirren, die durch das Auftreten des Glaubens=
helden Huß hervorgerufen worden waren, ihre Erledigung finden
würden. Die Einheit der Kirche zu retten, galt ihm als die
höchste Pflicht der Versammlung; diese Einheit herzustellen,
erschien ihm kein Opfer, selbst das Leben des Huß nicht
zu hoch.

Ludolph war zum Theil anderer Meinung. Der reforma=
torische, ein Jahrhundert später im deutschen Volke erst festen
Boden findende Gedanke, daß nur Rettung aus der kirchlichen
und der damit zusammenhängenden allgemeinen Noth zu fin=
den sei, wenn man, mit Aufgabe der äußern Einheit, sich, wie
einst die Jünger, um die hochheilige Person Jesu schaare und
sich, im Gegensatz zu den, das christliche Leben verdeckenden
Kirchensatzungen, den Einwirkungen des Wortes Jesu mit
innigem Glauben hingäbe, — dieser Gedanke freilich hatte sich
in dem Geiste des für seine Zeit hervorragenden Ludolph auch

noch nicht zu vollständiger Klarheit entwickelt. Aber er mißtrauete der Kirchenversammlung und hing mit Vertrauen an Huß. Er sagte sich: die Kirche ist verweltlicht. Werden nun die Träger der Kirche, die durch die Verweltlichung äußere Vortheile gewonnen haben, sittliche Stärke genug besitzen, ihre weltlichen Vortheile zu opfern? — Er zweifelte daran. In diesem Sinne sprach er gegen den Abt. — Wenn dieser ihn im Hinblick auf Huß fragte, ob er eine Kirchentrennung wolle, so verneinte er dies mit aufrichtigem Herzen; dennoch aber wünschte er, die Lehre des Huß möge nicht gewaltsam unterdrückt und ihm, dem muthigen, frommen Manne, möge kein Leides zugefügt werden.

Als nun die Kunde von der Verbrennung des Glaubenshelden nach Lehnin kam, da war der Eindruck, den dieselbe auf den Abt und auf Ludolph hervorbrachte, den Ansichten Beider entsprechend. Der Abt gehörte nicht zu den Fanatikern der Kirche, er jubelte nicht; aber er sagte, das Opfer sei nothwendig gewesen, um Frieden zu gewinnen. Ludolph glaubte nicht an den Frieden, er hatte eine Ahnung von den Schreckenskämpfen, die sich bald erheben sollten; der Scheiterhaufen war ihm mit nichten ein Beweis, daß Huß unrecht gehabt habe.

Aber in einem andern Punkte waren Beide vollkommen einig: in der Freude, daß in Costnitz die feierliche Belehnung des Burggrafen Friedrich zum Kurfürsten und Erzkämmerer des heiligen römischen Reiches vor sich gehen sollte. Dem Kaiser Sigismund war es endlich gelungen, alle Hindernisse zu beseitigen, die sich seinem längst gehegten Wunsche, seinen fürstlichen Freund, den Burggrafen von Nürnberg, „der allezeit seine rechte Hand gewesen war," zum Kurfürsten zu erheben. Die feierliche Belehnung fand denn auch am 18. April 1417 zu Costnitz statt.

Ein Bericht über die Belehnung, der von einem dem Abt

befreundeten Priester nach Lehnin gesandt ward, lautete folgendermaßen:

„Am 18. April empfing der hochwürdige Herr, Herr Burggraf Friedrich von Nürnberg, Fürst, in der achten Stunde vor dem Imbiß sein Kurfürstenthum in der Mark Brandenburg an dem obern Markt zu Costnitz. An demselben Markt war gezimmert an das hohe Haus (genannt zu dem Hasen) eine fast weite und breite Steege uff (eine Freitreppe) über das Gewölbe bis an die Stiegen und vor dem Stiegen eine Ebene (ein freier Raum), da wohl vierzig Mann mochten stehen. Die Ebene war oben verdeckt mit großen und schönen goldenen Tüchern, Alles hoch empor. Und gegen der Mauer hing ein weit schön großes güldenes Tuch. Wenn einer von der Erde auf hin sah, so wähnte er, es brenne Alles vom Golde. Und auf der Ebene war ein hoher Sessel gemacht mit einem güldenen Kissen und darob ein klein gülden Tuch und hinten an dem Rücken ein Lasur blau Tuch mit Gold. Neben dem Sessel waren zwei Stühle gemacht, zu jedweder Seite einer, da wohl auf einem Stuhl vier Mann sitzen mochten, und waren die Stühle ein wenig niedriger als der Sessel des Königlichen Stuhles. Und an demselben Tag früh zu des Tages Aufgang, da ritten alle die Posauner, die da zu Costnitz waren, durch die Stadt allenthalben und die Pfeiffer. Und ritten alle mit ihnen des Burggrafen Diener und sonst viel Volks aller Herren, die ihm helfen wollten, und die ihm ihre Herren zu Ehren sandten. Und hatte ihr Jeglicher einen Stecken oder einen Trommel zur Hand, die da wohl eine Elle lang waren, und an ihn jeglichen Stecken war vorn ein rothes Fähnlein von rothem wollnen Tuch. Und führten zwei köstliche Ritter auf Rossen der Eine ein Panier mit dem Wappen der Markgrafschaft zu Brandenburg, der Andere des Burggrafen Schild von Nürnberg. Das Reiten thäten sie in die drei Stunden durch die Stadt. Und an dem dritten Ritte, das war vor der neunten Stunde, da sammelten sich zusammen alle Fürsten, Kurfürsten, Herzöge, Grafen, Freyen, Ritter und Knechte, die ihm dienen wollten und ritten für des Burggrafen Herberge auf dem Fischmarkte, vorn an für das Haus, das man nennt das hohe Haus, welches inne hatte Heinrich von Tettenkosen, Bürger zu Costnitz. Und deren Jglicher war ein Fürst, Herzog, Graf, Ritter oder Knecht, gab man Stecken mit solch rothem wullnen Fähnlein in die Hand. Und ritten mit Ihm also die beide kleinen

Gäßlein aus hin, und durch die Mörder Gassen und Neuen Gassen und herwieder um Sankt Pauls Gassen inher an dem obern Markt. Und man führte die zwei Panier allweg an den Spießen vor ihm. Und ward des reitenden Volks allsoviel, daß sie mußten halten an der Ring Gassen. Ein Theil mußte die Sicht hinabreiten, ein Theil aber vor Sankt Lorenz. Dennoch waren der Rosse als viel, daß sie Sankt Pauls Gassen auf ihn haben gedrängt in einander und für Sankt Pauls Brunnen gesteckt in einander, daß Niemand zu Fuß dadurch hinkommen mocht. Und mochten die großen Herren kaum an dem Markt bleiben vor großem Gedräng. Und alle Häuser und Dächer und alle Gugerlein, die da mochten an dem Markt sein, die waren all voll Leute, Geistlich und Weltlich, Frauen und Männer, Juden und Jüdinnen und allerlei Leute. In dem allen Gedrang geschah Niemand nichts, da Niemand getretten, noch sonst Niemand betrübt ward. Da nun Burggraf Friedrich von Nürnberg mit den Seinigen und mit den Panieren an den Markt also kam, da hielt er also still.

„Da ging unser Herr, der Römische König, her aus dem Haus zum hohen Hafen, und setzte sich mitten in den Sessel.

„Und gingen ihm zwei Kardinäle nach und drei Bischöfe, nicht darum, daß er ihn zu dem Lehn bedurfte, sondern sie wollten es durch Wunder schauen (sie wollten Zuschauer sein). Nach diesen ging sein oberster Kanzler. Da sie nun für den König kamen, hieß er einen Cardinal zu einer Seiten neben dem Sessel auf dem Stuhl sitzen, und den andern Cardinal zur rechten Hand. Der hatte einen besiegelten Brief in der Hand mit zwei Insiegeln. Und es hatte der König auf seinem Haupte eine guldene Krone mit eitelm Gulde. Und ward angelegt als ein Evangelier, der das Evangelium singen will. Und also ward ihm von der Bühne gerufen auf hin zu kommen. Da ging des Ersten auf hin Herzog Ludwig von Bayern, Pfalzgraf bei Rhein und war angelegt als ein Letzner. Und trug in seiner Hand den Gilgen und das Scepter. Und stund hinter dem Cardinal zu der rechten Seite oder Hand, zwischen dem Römischen König oder Kanzler. Und nahm das bloße Schwert bei der Handhabe zwischen den Knopf und Gehülz und hob es hoch empor, und steckte die Spitze des Schwertes in unseres Herrn des Königs Haupt zu allervorderst in die Scheidel (hielt es mit der Spitze gegen das Haupt gekehrt). Und hub das Schwert also still, allbieweil man ben Brief laß und das Lesen wehret. Und um die Bühne saßen auch ein Cardinal und fünf Erzbischöff und sonst andre Bischöfe, die hinaufgegangen waren, zuzuschauen.

"Darnach ging auch hin Burggraf Friedrich von Nürnberg, und die zwei Ritter mit ihm, die das Panier trugen, einer zu der einen Seiten, der Ander zu der andern Seiten. Und alsbald sie aufhin kamen zu der obersten Sprossel oder Stapfel, da knieten sie alle drei nieder. Und stunden bald wieder auf und gingen für den Römischen König und knieten aber alle drei nieder. Und da hieß der König ben Kanzler den Brief lesen, der sagte, was er dem heiligen Römischen Reich verbunden wäre zu thun, und was sein Amt wäre, und wie er wählen sollt, so das Reich besetzt wurd, und was er schwören sollte.

"Da nun der Brief gelesen war, sprach der Römische König: Herr Kurfürst des heiligen Römischen Reichs und lieber Oheim, wollt Ihr das schwören? — Da antwortete Burggraf Friedrich: Mächtiger König, gern! — Also waren die Leute allenthalben nun so züchtig und so still, daß man alles dieses wohl sehen und hören mochte. Und als er nun geschworen hatte, nahm unser Herr, der Römische König, dem Ritter, der das Panier trug, daran war das Wappen Brandenburg mit dem Speer aus des Ritters Hand und gab das mit seiner Hand in des Burggrafen Friedrich Hand. Darnach nahm er das Scepter, den Apfel mit dem Kreuz, aus des Herzogs Ludwig von Bayern, Pfalzgrafen bei Rhein Hand und gab ihn auch dem Burggrafen von Nürnberg. Und darnach nahm er das Panier, da die Wappen an waren von Nürnberg aus des andern Ritters Hand in seine Hand und gab ihn Burggraf Friedrich von Nürnbergs Hand. Da das geschah da nahm erst Herzog Rudolf von Sachsen das bloße Schwert aus des Königs Haupt, und stund erst auf. Und fingen alle Pfeifer und Posauner an zu pfeifen und zu posaunen, so strenglich, daß Niemand sein eigen Wort mochte hören. Da aber also belohnt wurde, da legte ihm Herzog Rudolf das Schwert in den Schoos und nahm es anstatt wieder und steckte es ihm wieder in sein Haupt. Und also ritt männiglich heim und zogen sich wieder ab, und aßen den Imbiß bei den Burggrafen, die er dann geladen hatte. Und des Tages kamen zu dem Imbiß, die er geladen hatte, unser Herr, der Römische König, alle Kurfürsten, Herzoge, Grafen, Freyen, Ritter und Knechte, die Erzbischöfe,

Bischöfe und gelehrte Leute und alle Geistliche ohne die Cardinäle, die aßen mit keinem weltlichen Herrn nicht. Des Tages begabte er den Kanzler, des Königs Thürhüter, alle Posauner und Spielleute."

Beide, der Abt und Ludolph von Günthersberg, wurden durch diesen Bericht hoch erfreut. Die Stellung Friedrichs in Brandenburg war durch die Erhebung zum Kurfürsten des Reiches außerordentlich befestigt worden; nun durfte um so weniger befürchtet werden, daß das Land wieder in den alten Zustand der Gesetzlosigkeit zurückfallen würde. Ludolph, der von Tag zu Tag seine Kräfte schwinden fühlte, hatte nur noch einen Wunsch, den: seinen Neffen Joachim, der mit Friedrich nach Costnitz gezogen war, noch einmal zu sehen. Und dazu war Aussicht vorhanden. Durch den Mann, durch den dem Abte jener Bericht eingehändigt worden war, hatte Joachim seinem Oheim sagen lassen, der Kurfürst habe ihn mit einer Botschaft an Elisabeth nach Tangermünde betraut und von dort werde er nach Lehnin hinüber kommen.

Der Frühling war diesmal früh eingekehrt in's Land, die laue Luft hatte die Knospen der Linden und Buchen geöffnet und Gras und kleine Blümlein mancherlei Art auf den Wiesen und Höhen um Lehnin und auf den Gräbern im Kloster hervorgelockt. Schon durchschritt der Storch die Sümpfe, und die Schwalben bauten an den Pfeilern und Gesimsen der Klosterkirche fleißig an ihren neuen Wohnungen. Ludolph ließ sich täglich, wenn die Sonne recht warm schien, hinaus führen auf den Platz, auf dem Joachim vor Jahren, als er verwundet in die Gefangenschaft des Klosters gerathen war, oft gesessen, und auf dem er ihm zuerst durch seine Mittheilungen die große Vergangenheit seines Volkes geöffnet, den Geist wahrer Ritterlichkeit enthüllt und seinen Sinn dem Edlen zugewandt hatte. Die Besitzungen des Hauses Günthersberg waren Joachim auf's Neue zugesprochen worden, und Ludolph konnte hoffen, daß sein Neffe sich nach der Rückkehr des Fürsten auf seinem väterlichen Erbe wieder anbauen werde.

Endlich traf Joachim in Lehnin ein. Ludolph empfing ihn mit Freudenthränen, erhob dann seine Hände und sprach: Gnädiger Gott, Du hast mir erfüllt, um was ich Dich bat; nun will ich gern sterben!

Durch Joachim hatte Elisabeth in Tangermünde die Botschaft von der nun öffentlich vollzogenen Erhebung ihres Gemahls zum Kurfürsten des Reiches erhalten, und es war ihm gestattet worden, der Fürstin auch noch mündlich über Manches Bericht zu erstatten.

Oheim, sagte er, so wie sie ist, so denke ich mir die edelsten Fürstinnen der alten großen Ritterzeit, von denen Du mir erzähltest; Anmuth und Würde erfüllen ihr Wesen in gleichem Maaße. Wahrlich, ich habe in Costnitz im Laufe der letzten zwei Jahre der fürstlichen Frauen viele gesehen, aber wo wäre die, die ihr gleichkäme? Wäre sie unter Tausenden von erlesenen Frauen, die Kleider trügen, wie ihren Leib sie schmücken, man würde sie doch auf den ersten Blick als die Krone ihres Geschlechts herauserkennen. Nach Schönheit, Gestalt und hehrer Gesinnung scheinen Beide, Friedrich und Elisabeth, für einander geboren zu sein. Als sie die Botschaft gelesen hatte, strahlten ihr Auge und Angesicht von hoher Freude. Gott hat Alles wohlgemacht! sagte sie. Wer hätte es geglaubt, als mein Gemahl vor Jahren mir sagte, unsere Lebensbahn führe uns in dies wüste, von Gewaltthätigkeiten der schlimmsten Art zerrüttete Land, und die fürstliche Pflicht gebiete es, unser schönes Frankenland zu verlassen, — wer hätte es damals geglaubt, daß Alles so kommen würde? — Ja, Gott hat Alles wohlgemacht! — Darnach rief sie ihre beiden Söhne, die jungen Prinzen Johann und Friedrich herbei und sagte zu ihnen: Sehet, dieser Ritter kommt von Eurem Vater;

laffet Euch von ihm erzählen! — Da nun die Prinzen sich an mich machten, sagte mir die Fürstin, ich möge, wenn es mir behage, im Schloß, im Hof und im Ziergärtlein mit ihnen umhergehen, was ich auch that, und wobei ich dem älteren Prinzen, der meine Hand ergriffen hatte, viel von dem Vater erzählen mußte, während ich den jüngeren Prinzen, der nicht sprach, mich aber mit seinen hellen Augen fröhlich anschauete, meist auf dem Arm trug. In der Nacht beherbergte mich der Voigt des Schlosses, und am nächsten Tage habe ich mich von der Fürstin beurlaubt und gesagt, daß ich Euch, meinen Oheim, der Ihr erkrankt seiet und nach mir Verlangen trüget, hier in Lehnin besuchen wolle, wobei sie mir auftrug, Euch und dem hochwürdigen Abt ihren gnädigen Gruß zu entbieten.

Es war heut der letzte Tag, an dem die Sonne Ludolphs müden Leib auf dem Platze in der Nähe der Gräber mit ihren warmen Strahlen erquickte. Joachim, Herzenssohn, sagte er, ich fühle es, meine letzte Stunde nahet, ich werde den Anbruch des neuen Tages nicht mehr erleben. Der Abt hat mir gelobt, daß mein Leib, umhüllt von einem Mönchsgewand, ruhen soll neben der Asche meines Bruders, Deines Vaters. Ich sterbe gern, denn in Dir blühet unser Geschlecht, kräftig an Leib und in gleicher Gesinnung, fort, und Du hast Dich mit Leib und Leben einem Fürsten verpflichtet, den Gott als Retter in dieses Land gesandt hat. Erinnere Dich dessen, was ich Dir sagte, Joachim, als es hieß, ein Burggraf von Nürnberg werde als Statthalter in unsre Mark kommen. Niemand wußte in der Mark von ihm; ich hatte ihn kennen gelernt; mir stand es klar vor Augen, daß das Land von ihm Segen zu erwarten haben werde. Was ich Dir sagte, was ich, im Lande umherreisend, verkündete — es ist eingetroffen.

Das freche Räuberthum liegt darnieder, des Landmanns Hand bestellt wieder mit Hoffnung, die Ernte sein nennen zu können, die lange Zeit brach gelegenen Aecker, fröhlichen Muthes greift der Handwerker wieder zu seinem Werkzeug, und der Kaufherr wagt sich wieder hinaus auf die Landstraße, ohne vorher sein Testament gemacht zu haben. Wird es das Land vergessen, daß Friedrich es war, der dies Werk vollbrachte? Und wenn man es — es pflegt also zu gehen! — vergißt in Städten und auf dem Lande, so vergiß Du es nicht, mein Herzenssohn! Hänge Du fest mit Herz und Gesinnung an dem Fürsten, der dies Land dem deutschen Reiche erhalten hat! Ja, Joachim, beherzige dies Wort, denn es enthält lautere Wahrheit! Im Ost ist das deutsche Reich vom Slaventhume gefährdet. Die Deutschritter haben das Deutschthum bis nach Preußen hinein getragen. Allein die Kraft dieses Ordens hat sich erschöpft; der gute Geist, der ihn erfüllte, und ihn siegreich werden ließ, ist von ihm gewichen. Die Polen haben ihm bereits viel des herrlichen Landes, das er in seinen bessern Tagen gewonnen hatte, abgenommen. Das Slaventhum war durch Jahrhunderte lange Kämpfe zurückgedrängt worden; die Zerrüttung der Mark schien es einzuladen, sich wieder des Landes zwischen der Oder und Elbe zu bemächtigen. Indem nun Friedrich die Mark im Innern sicherte, hat er zugleich einen festen Damm gegen das zurückfluthende Slaventhum aufgerichtet.

Ludolph machte eine Pause. Dann fuhr er fort: Mir ist's, als öffnete sich meinen Blicken die Zukunft. Der fürstliche Stamm, der jetzt in der Mark Brandenburg festen Fuß gefaßt hat, wird sich als treuer Schirmer und Hüter deutschen Geistes im Osten des Reiches bewähren; ihm ist die Mission zugefallen, von der der einst so viel verheißende Orden der

Deutschritter abgewichen ist. Gott der Gnade, segne das Geschlecht der Hohenzollern!

Des frommen, weisen Ludolphs Schauen hat sich bewahrheitet, seine Wünsche sind erfüllt, ja noch übertroffen worden. Die Hohenzollern haben im Osten Deutschlands im Laufe von vierhundert Jahren durch Mühen und Kämpfe ohne Gleichen ein Reich aufgerichtet, das sich nicht allein als ein fester Grenzwall gegen das Slaventhum, sondern auch als der sichre Hort Deutschlands bewährt hat, und, will's Gott, auch ferner bewähren wird.

Anmerkungen.

1. „Haus" ohne weiteren Zusatz bezeichnet ein befestigtes Gebäude.
2. Der böhmische Groschen oder Dickpfennig hatte anfangs — nach unserm heutigen Gelde berechnet — den Werth von 7 Sgr., ein Schock = 14 Thaler. In der Zeit, in der unsre Erzählung spielt, war der Werth der böhmischen Groschen schon auf etwa 5¼ Sgr. gesunken.
3. Dieser in altgothischem Stil durchgeführte Bau gilt als der werthvollste und gediegenste des ganzen Mittelalters für Berlin. In Bezug auf künstlerisch ausgeführte Bauwerke blieb Berlin, ob es gleich das Haupt des märkischen Städtebundes war, anderen märkischen Städten, wie Brandenburg, Stendal, Prenzlau, Frankfurt, weit zurück.
4. Ypocras war einer der zu jener Zeit sehr geschätzten „Würzweine", bereitet aus gutem Rothwein, Zucker, Ingwer und Zimmet.
5. Wie zu allen Zeiten gegen Modethorheiten, so ward auch damals gegen die Mode der Schnabelschuhe geeifert. Die bisweilen 12 und mehr Zoll langen und nach oben gekrümmten Spitzen waren mit Wolle, Werg oder Baumwolle ausgestopft. Bei Vornehmen waren die Schnäbel bisweilen mit Schnitzwerk verziert, mit Metall, sogar mit Silber überzogen und ihnen an den Enden die Form von Klauen, Hörnern auch von menschlichen Gesichtern gegeben. Auch wurde es Mode, Schellen an den Spitzen anzuhängen. Die Böhmische Chronik klagt, daß nicht einmal die Strafe des Himmels Eindruck gemacht habe. Es war im Jahre 1372, so erzählt sie, da lag ein Gewitter über dem Städtlein Trebnitz und dem Schloß Koschtialow, und der Blitz schlug in das Schloß und schlug dem Burggrafen Albrecht von Slawietin und seinem Weibe beiden die Spitzen von den Schuhen hinweg, ohne daß den Füßen ein Schaden geschah. „Solches war desselben Tages an andern Orten mehr geschehen, nichts desto weniger ward aber die verdrießliche Hoffahrt nicht abgelegt, sondern ein jeglicher trug sein Haupt empor und that in seinem kurzen Röcklein und langspitzigen Schuhen als wie ein Storch einherschreiten." Die Mode ward trotz des Eiferns dagegen und der Unbequemlichkeit, die sie verursachte, lange Zeit (vom 13. bis 15. Jahrhundert) beibehalten. Ging es zur Schlacht, so geschah es bisweilen, daß die Kriegsleute sich der Schnäbel an den Schuhen entledigten. Als die österreichischen Herren in der Schlacht von Sempach (1386) beschlossen, mit dem Bauernvolk zu Fuß

zu fechten, hieben sie die Schnäbel von den Schuhen. In demselben Jahre fuhren die Kasseler, als die Belagerer abgezogen waren, „etliche Wagen voll der spitzigen Schnäbel, so die Kriegsleute des Sturmes halber abgeschnitten hatten," in die Stadt.

6. Der Zattelschmuck war um jene Zeit so beliebt, daß sogar Ritter, wenn sie in voller Rüstung waren, ihn, wie uns J. Falke in seinem schätzenswerthen Kulturwerke „Die deutsche Trachten- und Modenwelt" erzählt, nicht entbehren mochte. Häufig sah man die Zatteln hellfarbig aus allen Fugen der Rüstung hervorbringen, so daß die Eisenmänner bis auf den Boden hin von ihnen umwallt waren.

7. J. Scheible sagt in seinem Werke „Die gute alte Zeit": Die „Getheiltheit" wurde sogar auf den Schnitt der Kleider ausgedehnt, so daß z. B. der eine Aermel und Hosenschenkel weit, der andere enger sein konnte, oder daß überhaupt die eine Seite ganz anders geformt und gefärbt sich darstellte als die andere. Indessen geschah es auch sehr oft, daß die Theilung sich nicht gerade nach der ganzen Länge erstreckte, sondern nur den Ober- oder Untertheil des Körpers, das ist entweder nur die Hosen oder auch nur das Wamms oder den Rock betraf. Es war nicht weniger häufig, die getheilte Kleidung so geordnet zu finden, daß die linke Seite des oberen Körpertheiles mit der rechten des unteren Körpertheiles und hinwiederum die rechte Seite des oberen mit der linken des unteren Körpertheiles gleich bekleidet war, und daß z. B. das Wamms auf der linken Seite roth, auf der rechten gelb gefärbt war. In diesem Falle waren dann die Schuhe wieder nach der Farbe des Wammses und die Mütze nach der Farbe der Hosen getheilt; also ein vierfacher Wechsel der Theilung. Daß durch diese bizarre Tracht das Ebenmaß des menschlichen Körpers völlig aufgehoben wurde, fällt in die Augen. Diese getheilte Kleidung erhielt sich mehrere Jahrhundert lang mit Unterbrechung.

8. In einem alten Liede heißt es:
  „Die Mutter gab mir Glöckchen
  Und hing sie an mein Röckchen."

In dem Gedichte „Reinecke de Voß" findet sich folgende Stelle, die ebenfalls auf die Mode der Schellentracht hinweist:
  „Dar quemen (kamen) veele Heren mit grotem Schal."

Die Form der Schellen war verschieden, einfach rund, wie wir sie heut noch finden, birnförmig, schneckenhausartig gewunden oder auch ähnlich den Glocken. Bisweilen wurden die Schellen an einer Art Wehrgehenk getragen, das dann den Namen Hornfessel führte. In der Limburger Chronik heißt es: „Die Mannspersonen haben noch vor hundert Jahren eine Zierd getragen, welches man Hornsessel geheißen. A. 1466 kaufte Jacob Rohrbach von Enge Froschin ein Hornfessel pro 145 fl. — ist ein Borten, ein Handbreit von Sammet oder Guldenstück gemacht, auf einer Achsel hinten und vornen unter dem andern Arm zugeschleift worden. Dieses ist mit schönen Perlen oder blümichten Flieder und voller Silber, auch vergulter Schellelein voll gehenkt gewesen, wobei man von weitem ihre Zukunft hat hören können. Es hat solche Zierd herrlich und ansehnlich gestanden, wie auch ein Sprichwort davon entstanden: Wo die

Herren sein, da klingeln die Schellen. Und sind die Schellen vor alter Zeit eine besondere Zierd vornehmlicher, stattlicher Leut und Personen gewesen, wie aus dem Hohenpriester des jüdischen Volkes Rock zu erkennen, aber als solche Pracht und Tracht in ein Mißbrauch gerathen, also daß solche Herren ihre Schellen den kurzweiligen und Schalksnarren allein gelassen und zur stummen Zierde gegriffen."

9. Von welcher außerordentlichen Wirkung das Gemüthsleben auf den gestörten körperlichen Organismus ist, zeigt die Schrift: „Die Macht des Gemüths von Hufeland und Kant."

10. In jener Zeit spielte das Wunderblut auf vielen Orten eine große Rolle. Hier regnete es Blut, dort vergoß ein Marien-, ein Evangelisten- oder ein Heiligenbild auf Anrufung der Priester zu gewissen Zeiten blutige Thränen; an andern Orten wieder hatten Juden aus teuflischem Haß gegen den Heiland Hostien mit Nadeln durchstochen, und es waren helle Blutstropfen hervorgequollen. Es waltete offenbar bei allen diesen Dingen der allergröbste Betrug vor. So ist es auch wahrscheinlich, daß der Geistliche zu Wilsnack sein eignes Blut für das des Heilandes ausgab. Indeß ist auch noch eine andre Erklärung des letzteren Vorfalls nicht gerade unmöglich. So hat u. A. der berühmte protestantische Kirchenlehrer Neander den Vorgang in anderer Weise erklärt. Er erzählt die Niederbrennung der Kirche und die Vorfindung der mit rothen Flecken versehenen Hostien und fährt dann fort: „eine Erscheinung, wie sie ähnlich seit dem Alterthume öfter vorgekommen, von verschiedenen Standpunkten in's Wunderbare gedeutet worden ist, deren Grund jedoch die Fortschritte der neuern Naturforscher erkennen gelassen haben. Brot und ähnliche Stoffe werden an feuchten Orten von einer dem unbewaffneten Auge unsichtbaren animalischen Schöpfung, deren Bestandtheile nur das Mikroskop zu erkennen vermag, bedeckt, und das Gebilde nimmt die Färbung des Blutes an." Ob nun das Wilsnacker Wunder durch Selbsttäuschung oder absichtlichen Betrug zu Stande gebracht worden ist, mag unerörtert bleiben; soviel aber ist unzweifelhaft, daß die Priesterschaft das Wunder in betrügerischer Art ausbeutete.

11. Die Anfänge des Ablasses finden wir in den ältesten Zeiten der christlichen Kirche, als in derselben der Geist des göttlichen Stifters noch waltete. Aus diesem Geist entsprang der fromme Gebrauch, über die Reinheit der Gemeindemitglieder mit Bruderernst zu wachen. Der offenkundige Sünder wurde zugleich ausgestoßen. Ging der Ausgestoßene in sich und gab er das Verlangen kund, wieder in die Gemeinde aufgenommen zu werden, so mußte er sich schweren und langwierigen Bußübungen unterziehen. Diese bestanden vornehmlich in freiwillig übernommenen Entbehrungen und Tugendübungen, namentlich in Werken der Barmherzigkeit. Zeigten sich nun in seinem Leben entschiedene Spuren der Reue und Besserung, so geschah es, daß ihm etwas von der Zeit der ihm bestimmten Bußübungen abgelassen wurde. Dies war der Nachlaß oder Ablaß in seiner ursprünglichen reinen Bedeutung.

Aber der fromme Geist, der jene heilbringende Form geschaffen hatte, schwand, der Geist schlechterer Zeitalter behielt die Form bei, bildete aber ihren Inhalt um. Man machte — je nachdem — die Buß-

Übungen zu einer vernichtenden Waffe oder zu einem bloßen Scheine, endlich zu einem gemeinen Mittel der Besteuerung.

Den Fürsten und Vornehmen dieser Welt, sofern sie sich nur zu denen, die dem Namen nach „Kirchenfürsten" waren, gut zu stellen wußten, wurden die Bußübungen bequem gemacht, ja man erlaubte ihnen sogar, bezahlte Stellvertreter — unsre Erzählung hat einen solchen stellvertretenden Pilger vorgeführt — für sich eintreten zu lassen. Mehr und mehr aber neigte die Kirche sich dahin, das Geld selbst in Empfang zu nehmen, und sie erfand, um den Schein ihrer Heiligkeit nicht zu verlieren, sondern ihn sogar noch zu vergrößern, eine neue Lehre, die Lehre von dem sogenannten geistlichen Schatze. (Wir haben gesehen, wie der Mönch unserer Erzählung sich auf diesen Schatz berief.)

Jesus, die Apostel und die Heiligen, sagte man, haben überschüssige Verdienste, und die Summe, den Schatz dieser überschüssigen Verdienste, haben wir zu verwalten und können davon austheilen nach unserm Ermessen! —

So war der Ablaß zu einer gemeinen finanziellen Maßregel herabgesunken, mittelst der die Geistlichkeit die abergläubische Menge in schamloser Weise beraubte.

Wurden doch sogar, um die Einnahmen ergiebiger zu machen, zukünftige Sünden besteuert, wie auch Gelder für den Erlaß von Strafen Verstorbener angenommen!

In der That, man weiß nicht, ob man mehr staunen soll über die Gottlosigkeit der Geistlichen, die da vorgaben, daß sich ihre Macht sogar bis in jene Welt hinein erstrecke, oder über die Blindheit des Volkes, das solche Zustände so lange Zeit zu ertragen vermochte.

Der Ablaßhandel wurde unter den geistlichen Herren förmlich verpachtet. Ein Theil dieses Sündengeldes wurde freilich zu Kirchenbauten verwandt, jedoch keineswegs, um christliches Leben zu pflegen, vielmehr lediglich in der Absicht, durch die Großartigkeit der kirchlichen Gebäude die äußere Geltung der Geistlichkeit zu erhöhen.

12. So wurden diejenigen Landedelleute genannt, deren Schlösser nicht mit einer Mauer, sondern nur mit einem Zaune von starken Bohlen umgeben waren.

13. Nach Klöden stammen die Quitzows von alten Wendenhäuptlingen ab.

14. Hüllmann sagt in seinem Werke „Städtewesen des Mittelalters": Fluchen und Schwören bei Trunk und Spiel und die ausgelassensten Lästerungen gegen Gott, Maria und die Heiligen war ein Gebrechen der Zeit. (Es ist hier vornehmlich die zweite Hälfte des 14. Jahrhunderts gemeint.) Fünf Bischöfe, die von Trier, Speier, Straßburg, Freisingen und Würzburg, fanden sich in Würzburg zusammen, nebst fünf Rheinpfalzgrafen und einem Burggrafen von Nürnberg. Diese elf Herren gaben sich das Wort, sich fortan „der gotteslästerlichen Reden beim Zutrinken" zu enthalten und dies auch ihren Beamten und Unterthanen zu befehlen; doch wollten sie mit ihrer Dienerschaft an dieser Vereinbarung nicht gebunden sein, wenn sie an den fürstlichen Höfen in Norddeutschland Besuche machten, als in Sachsen, Brandenburg, Pom-

mern, Mecklenburg, „weil man da nicht umhin könne, auf solche Weise Bescheid zu thun." Kaiser Karl IV hatte sich redlich bemüht, den brandenburgischen Adel für bessere Sitten empfänglich zu machen; es war ihm nicht gelungen.

15. Pfaffe galt zu jener Zeit keineswegs als ein Schimpfwort.

16. Einen Ort „auspochen" hieß in der Sprache jener Zeit ihn ausplündern, wonach in der Regel die Häuser angezündet wurden.

17. Diese Angabe ist aus dem Werke Klödens: „Die Quitzows und ihre Zeit" entnommen.

18. Groß war die Zahl der im In- und Auslande berühmten Biere, die in der Mark gebraut wurden. Berliner berühmte Biere waren: Bullerbuck, Hofbier und Mublnecker. Das oben genannte Bier: „Mord und Todschlag" ward in Kyritz gebraut; aus Werben bezog man ein Bier „Cerberus", aus Belitz ein starkes Gebräu „Beelzebub" genannt.

19. Das Glas war um jene Zeit noch so hoch im Preise, daß selbst auf den Burgen der reichsten Edelleute in der Regel Horn-, selten Glasscheiben zu finden waren. In den Kirchen und reichen Abteien kam es zuerst als Fensterschmuck zur Anwendung.

20. So hießen die Hofjunker und Pagen jener Zeit.

21. „Aus dem Stegreif leben" hieß, auf der Landstraße gelegentlich Kaufleute überfallen und berauben. Daher „Stegreifritter."

22. „Die fürnembsten und gebräuchlichsten der Kräuterweine," heißt es in einer alten Schrift, „sind: der Wermuthwein, Roßmarinwein, Salbaywein, Hirzzungenwein, u. s. w." „Claret hat einen kleinen Unterschied mit dem Ypocras, allein daß der Claret von Honig und Weißwein gemacht und mit Saffran gefärbt wird."

23. Die magdeburger Schöppen-Chronik sagt über den Vorgang in Ofen: „Sie (die Abgeordneten der märkischen Städte) klagten dem römischen Könige der Lande Mißstand und Nothdurft, und namentlich klagten sie die von Quitzow an und etliche andre Mannschaft und Landsassen und deren Helfer, die dem Lande überlegen waren mit Schlössern überall, die sie unter sich gebracht hatten, und von denen sie die Lande groß beschädigten, und die mit andern Herrn und Landen umher große Kriege führten; sie baten den König, daß er Rath finden möchte, daß solche Unsteuer, Krieg und Schaden beigelegt und niedergehalten werden möge."

24. Der Cistercienserorden, der zur Zeit seiner Blüthe gegen 2000 Klöster inne hatte, wurde 1098 gestiftet, als bereits andre Mönchsorden ihrer Mission untreu geworden waren, und die Mitglieder derselben mehr für ihren Leib als für ihre und Andrer Seelen sorgten. Ihrem Gelübde nach sollten die Cistercienser sich mit Gelehrsamkeit nicht befassen, sondern, in Armuth lebend, Wohlthätigkeit üben, wüste Landstriche zum Ackerbau tüchtig machen u. s. w.: sie sollten, um es kurz zu sagen, gewissermaßen geistliche Bauern sein. So lange der Orden diesem Gelübde nachlebte, war seine Wirksamkeit von großem Segen.

25. In den „Märkischen Forschungen, Band II." heißt es: „Die häuslichen Geräthe, Löffel, Schüsseln, Teller, waren (in früherer Zeit!)

von Holz, das Trinkgefäß ein irdener Topf. In jeder Zelle befanden sich als Bett ein Strohsack mit Decke, ein einfacher Tisch und Stuhl, ein irdenes Näpfchen mit Weihwasser, ein hölzernes Crucifix und einige papierne Bilder."

26. „Unter den Askaniern ist die Mark im Vergleich mit den folgenden bayerischen und luxemburgischen Fürsten sehr glücklich gewesen. Sie trugen alles Mögliche dazu bei, um ihre Länder und Unterthanen glücklich zu machen: sie sorgten für Ordnung und Gerechtigkeit und setzten in verschiedenen Städten, als in Salzwedel, Soldin u. s. w. Schöppenstühle ein, die so berühmt waren, daß auch Auswärtige in schweren Rechtshändeln, besonders zu Salzwedel, sich Raths erholten und Recht nahmen. Der Schöppenstuhl zu Brandenburg wurde zum obersten Gerichtshof erklärt. Sie begünstigten den Ackerbau und legten selbst Weinberge und Hopfengärten an, und wenn sie eingerichtet waren, so schenkten sie erstere den Klöstern und letztere den nächstgelegenen Städten zu fernerer Kultur.
Möhsen's Geschichte der Wissenschaften in der Mark Brandenburg."

27. Ungefährdet eine Reise durch die Mark zu machen, ward damals in Deutschland, den Chroniken jener Zeit zu Folge, für eine Unmöglichkeit gehalten.

28. So berichtet E. Fidicin in seinem neuesten Werke: „Das Berliner Rathhaus. Eine Denkschrift."

29. In diesem Punkte hatte der Bürger recht. Alle Chronisten jener Zeit beklagen den Verfall der kaiserlichen Macht. „Woher," fragt einer derselben (Theodor de Niem) „stammen alle jene gottlosen Fehden und Verwüstungen, welche Bischöfe, Fürsten, Grafen und Edle unabläßig treiben, als daher, weil sie nicht nach dem Gesetze ergriffen, nach der Gerechtigkeit für das, was sie thun, gestraft werden; denn des Kaisers Macht ist zu schwach, und wenn er solches Unheil für den Augenblick stille gemacht hat, so weiß er für ein wirksames Heilmittel gegen die Unfriedfertigen nicht zu sorgen. — Ja so weit geht die Habgier der Kur- und andrer Fürsten, daß sie gegen den Kaiser und das Reich Aufruhr und mit fremden Königen und Fürsten Bündnisse machen, so daß des Sallust Worte auf sie passen: ihre Gewaltlust und Habgier besudle, verwüste Alles, lasse nichts Heiliges noch Ehrwürdiges, das sie nicht nach Gewinn und Lust niederwerfen." — Ueber die Kaiser sagt derselbe Chronist: „Wie heißen sie doch allezeit Mehrer des Reiches, die dem Reiche auch nicht die kleinste Veste zugewonnen, wohl aber immer neue Lande und Städte dahin gegeben haben, um diesen oder jenen Vortheil für sich und ihr Haus zu gewinnen."

30. Finkenaugen („vienken Ogen") d. h. feine Augen. Sie waren aus reinem Silber geprägt und trugen ein Zeichen, welches das Ansehen eines Auges hatte.

31. Zur Mark Brandenburg gehörte damals:
1. Die Altmark. (Nur einige Grenzgebiete waren Gegenstand des Streites mit dem Erzstift Magdeburg).
2. Die Mittelmark (in älterer Zeit „Neumark" genannt, ehe die jetzige „Neumark" zu Brandenburg kam) mit den Landen Lebus,

Barnim, Zauche, Teltow, Havelland, Glyn und der Grafschaft Lindow oder Ruppin.
(Das Land Lebus mit Frankfurt, Müncheberg, Fürstenwalde, Seelow wird öfter von der Mittelmark geschieden. Die heute zur Mittelmark gehörigen Theile Beeskow, Storkow, Zossen und Teupitz kamen erst später von der Lausitz hinzu).
3. Die Priegnitz.
4. Das Land Sternberg, d. i. der südlich von der Warthe gelegene kleinere Theil der „Neumark," deren größerer Theil zur Zeit dem deutschen Orden gehörte. Zum Lande Sternberg gehörte auch das Johanniterthum Sonnenburg.
5. Ein Theil der Uckermark, welcher sich größtentheils in den Händen der Pommern befand.
32. Die kurfürstliche Residenz, das „Hohe Haus" genannt, war zu Anfang des 14. Jahrhunderts gebaut worden und lag in der Klosterstraße neben dem Grauen Kloster. Ein Theil dieses Gebäudes ist das heutige Lagerhaus.
33. Ueber den Antheil, den der Abt von Lehnin an diesen Erfolgen hatte, sagt die Magdeburger Schöppenchronik: „Aber der Herr (Friedrich) war klug und nahm in seinen Rath den ehrwürdigen und geistlichen Herrn, Herrn Heinrich Stich, Abt zu Lehnin, — der war gewandt: er bewog durch Ueberredung um des Besten willen viele von der Mannschaft, daß sie sich dem Herrn zuwenden und sich nach ihm richten sollten."

34. Altes Lied vom Markgraf Friedrich und den Quitzows.

Der milder christ von hemelrich
Der marke zu troste sicherlich
Hat geben marggraff friderich
Den edlen fursten lobesamen.

Hy ist ein furste vom hoger ardt;
Hen und hen, war hy sisch kardt,
Hy sy leie ader wolgelardt,
Dy loben alle synen nahmen.

Dy werlich wol zu loben stadt,
Gott selber in siner majestadt,
Mit des gantzen hemels radt,
Den fursten hat erwecket.

Sint vns der Kayser ist endtwesen,
Hat kein man werlich niy gelesen,
Das enich furste wer gewesen,
Die dy rober hat erschrecket,

Alse her friderich hat getan,
Dy wedder synen hulden wolden stan,

So die kukuk wedder den kran,
Die dar vleget schwynde.

Die quitzoen hatten geschworen einen eyt;
Wie sy den fursten mach den leidt,
Darzu waren sie mit liste bereidt
Met irem ingesinde.

Sie wugen den fursten so eyn scherff:
Hy was or tand von nurenberg.
„Hat hy vor vnse schlote gewerff
„Des wiln wy wol genesen:

„Vor dusent sy wy ohne var:
„Ader regend fursten noch eyn jar,
„Des achten wie klene, so eyn har,
„Sy bringen hunen oder riesen:

„Sy komen varen oder ryden,
„Mit bussen, tartzen oder mit blyden:
„Dy wiln wy warlich so verschyden,
„Dat twey den dridden laden."

Dy furste wolde fechten sunder schwerdt.
Hy gaff den quitzowen pantzer und perdt;
Doch was hy vor en ouveruert
Vnd wuch der lande schaden.

So hy rede hadde verloren,
Den grauen von hohenloh woblgeboren,
Darto synen andern radt geschworen,
Dy gott behute vor aller schwer;

Dat leyd die furste vorbedachte.
Na striden iagete hy gar sachte.
Lifflichen mit en kosete vnd lachte:
Na frede stund all syn beger.

Die quitzowen waren von doler mut.
Sy spraken: „gulde it hant ader hut,
„Wy hebben die schlote in vnser fut,
„Hy schal vns nicht verjagen!"

Des worden die fursten balde voreynt
Dit mit ritterschapp weren beleynt
Und sich mit truwen hetten vorseint
Mit frunden und mit magen.

Die reise wardt lenger nicht gespart
Die edlen fursten von hocher ardt,
Sy togen to der heruardt
Sy wolden stryden alle.

Dy bischop von meydeburg quam zu handt
Er günter von schwarzborg is by genannt,
To plawe vor dem schlote gerandt,
Mit groten lobeschalle.

Den edlen heren van hassen
Schall man fürstlichen passen
Thor golzow vpper gassen,
Vor die gute veste.

Hy lit dar schweuen syne van:
Hy sprak: „Gy ritters, wol hiran,
„Ik will hyr an ein stormen gan,
„Ein ydermann du dat beste!"

Darnegest sach man wanken
Thu frysick bey den plancken
Vil manningen stolten francken,
Dy wolden ritter werden.

Dy sprungen hoch, als dy duwen:
Sy worden geschoten durch die stelen hufen;
Dat man die pyle musste vthclufen,
Vnd vylen to der erden.

Sy schoten mit bussen grote steine
Die ritter ripen algemrine:
„Help vns maria, maghet reine,
„Dat wy dysen homut sturen!"

Maria was dar schire bereit,
So sy nach vil maningen deit
Dy na oren huldem stelt,
Vnd halg die bangir fhusen.

Dat weder was gar vngestaldt:
It regende, snyde vnd was gar kaldt,
Her friderich kreich der schlote gewaldt,
So ith gott sulwer wolde.

Plawe, frysick und rathenow;
Dy hulden den heren, des weren sy frow:

Dartu dy van buten und goltzow,
Recht so dat wesen scholde.

Des togen dun dy fursten von eyn,
Ein yderman nach syner heim.
Vil was ir geschoten durch dy bein,
Dat sy dy krucken reden.

* * *

Ach richer gott, die furste gut,
Alle tidt sy hy von dy behut
Dorch dyn vil hilge, dure blut:
Hy steit nach guden freden!

Darto syne edle frawe zart,
Lat sy von dy nicht syn geschart!
So sint sy beide wol bewart,
In dynem ewigen rike.

Dat wi alle kamen aldar,
Des helpe vns maria sunder var,
An der hiligen engel schar,
Dar wy leuen ewichlike!

* * *

Dy uns dissen regen sanck,
Niclaus vppschlacht is he genandt,
To brandenborch is he wol bekandt:
Hy louet dy fursten mit flite.

www.ingramcontent.com/pod-product-compliance
Lightning Source LLC
Chambersburg PA
CBHW020810230426
43666CB00007B/951